세계 최고의 성장시장 **아시아**
황금시장에
투자하라

세계 최고의 성장시장 **아시아**

황금시장에 투자하라

김현동(이데일리 경제부 기자) · **지영한**(이데일리 산업부 기자) 지음

나무생각

머리말

저금리 시대의 돌파구 해외 투자,
위험을 최소화하고 수익은 극대화하라!

저금리 시대가 본격적으로 도래했다. 설상가상으로 세계에서 유래가 없을 만큼 한국은 고령 사회로 빠르게 진입하고 있다. 노후 준비가 절실하지만 저금리로 인해 마땅한 대응 수단이 없다.

이에 따라 리스크를 조금 감내하더라도 주식, 부동산 같은 위험자산에 투자해 저금리를 극복하려는 움직임이 일고 있다. 2004년부터 불거진 가계의 주식 펀드 붐이 이를 증명한다.

때마침 해외 투자에 대한 규제가 완화되고 있어 해외 주식과 부동산에 대한 가계의 관심도 빠르게 늘고 있다.

특히 2006년 주거용 해외 부동산의 투자 규제가 전면 자유화되고, 중국 펀드가 대박을 터뜨린 이후 해외 주식과 부동산 투자는 개인의 자산관리에서 빼놓을 수 없는 분야가 됐다.

최근 정부가 해외 투자 펀드의 주식 양도 차익에 대해 비과세 방침을 밝히고, 투자 목적의 해외 부동산 취득한도를 300만 달러로 상향 조정하면서 해외 주식과 부동산 투자에 대한 관심은 절정에 달하고 있다.

그렇다면 해외 투자는 어떻게 해야 하는 것일까? 모든 투자가 그렇듯 해외 투자 역시 위험을 최소화하면서 수익을 극대화하는 것이 원칙이다.

올해 초의 '차이나 쇼크'로 전 세계 금융시장이 혼란에 빠졌던 것처럼 해외 투자는 언제 어떤 일이 생길지 예상하기 어려운 영역이다.

많은 전문가들이 '장기 분산 투자'를 강조하는 것도 이 때문이다. 국내든 해외든 주식이나 부동산에 '몰빵' 투자하는 것은 절대 금물이다. 국내뿐 아니라 해외로 자산을 분산 투자해야 혹시 있을지 모를 위험을 최소화할 수 있다.

해외 투자의 필요성에 대해서는 누구나 공감한다. 그러나 해외 투자처에 대한 정보는 빈약하기 짝이 없는 실정이다. 근래에는 주식과 펀드를 통한 해외 투자가 붐을 이루지만, 상당수의 투자자들은 소위 '묻지마' 투자에 나서고 있는 것도 현실이다.

지난해 베트남 주식 투자를 위해 증권계좌를 개설한 후 한국은행을 방문했을 때의 일이다. 한국은행에서 해외 주식과 관련된 업무를 담당하는 직원은 조사역 한 명뿐이다. 이 직원은 혼자 해외 주식 투자와 관련된 업무를 모두 처리하고 있었다. 증권사 같은 기관 투자가를 제외하고 개인이 해외 주식에 직접투자하기 위해 한국은행을 찾은 것은 저자가 처음이었다고 한다.

해외 투자 열풍이 불고 있다고는 하지만 아직 많은 사람들은 중국 주식을 직접 살 수 있는지 여부조차 모르는 경우가 많다. 베트남이 뜬다고 하지만 베트남 주식 시장의 존재에 대해 제대로 아는 사람을 찾기란 쉽지 않다.

주위를 둘러보면 중국이나 인도, 베트남에 한 번쯤 다녀오지 않은 사람이 드물다. 중국, 인도, 베트남의 주식과 부동산에 투자하는 방법에 관한 책을 쓰기로 마음먹은 것도 이 때문이다. 기왕 해외 투자를 한다면 우리에게 낯익은 곳에서 제대로 한번 해보자는 것이다. 더구나 중국, 인도, 베트남은 세계에서 경제가 가장 빠르게 성장하고 있는 나라들이 아닌가.

이 책은 크게 네 부분으로 구성되어 있다. 먼저 해외 주식과 부동산 투자를 위해 반드시 알아야 하는 외국환 거래 규정을 소개하고, 중국, 인도, 베트남의 주식 시장, 세 나라 부동산 시장의 구조 및 실전 투자 사례를 집중 소개한다. 이어 해외 투자를 위해 꼭 필요한 중국, 인도, 베트남에서 예금계좌를 개설하는 방법을 설명한다.

이 책은 외국환 거래 규정 설명, 중국과 인도 주식(베트남 '실전! 계좌 개설에서 주문까지' 포함) 및 부동산 시장 부분은 김현동이 집필을 맡았다. 베트남 주식과 부동산은 지영한이 책임 집필했다.

이제 투자도 세계화 시대다. 그러나 투자의 세계에서 공짜 점심은 없다. 중국이나 인도, 베트남에 투자했다고 바로 부자가 되는 것은 아니다. 세계는 넓고 투자할 곳도 많지만 자신이 투자하는 나라에 대해 잘 모르고 있다면 해외 투자는 백전백패일 수밖에 없다.

2007년 김현동, 지영한

CONTENTS

CONTENTS

대기업 부장 A씨(40)는 해외 부동산 투자를 심각하게 고민 중이다. '1가구 2주택 양도세 중과'라는 세금 폭탄을 피할 수 있기 때문이다. 해외 부동산의 가격 거품 얘기가 나오지만 초등학생인 아이의 조기 유학을 준비하고 있어 기왕이면 서두르자는 생각이다. 마침 정부도 해외 부동산 구입에 대한 규제를 완화하고 있어 제도적 어려움도 줄었다. 1998년 외환위기 당시 강남에 있는 30평형대 아파트를 구입했던 A씨는 2006년 마포의 주상복합 아파트에 입주했지만 양도세 중과를 피하기 위해 마포 아파트를 팔아 6억 원 정도의 자금을 마련했다. 그 돈으로 미국 캘리포니아에 있는 단독 주택을 구입할 계획이다.

　벤처기업 임원인 30대 중반의 B씨는 중국 상하이에 있는 한 오피스텔에 투자하기 위해 부동산 중개업체와 협의 중이다. 자기자금 10만 달러(약 1억 원)에 나머지는 현지 금융기관의 부동산담보대출(모기지론)을 받기로 했다. 중국 정부는 상하이를 동북아 금융허브로 키우겠다는 계획이고, 이곳 시내 오피스텔은 세계적 기업들의 현지 주재원들이 수시로 드나들고 있다.

　지난해 부동산 투자에 실패해 살던 아파트를 처분하고 전셋집으로 옮긴 주부 C씨(42). 그동안 국내 주식 투자로 쏠쏠한 재미를 봤지만 부동산에서는 번번히 고배를 마셨다. C씨는 작년부터 중국과 인도의 주식 투자를 시작했다. 10년 뒤를 보고 투자를 결정했기 때문에 단기 주가에는 초연해졌다. 코스닥에 투자해 매일 초조하게 주가를 보던 때를 생각하면 주식 투자가 그렇게 즐거울 수 없다.

1. 해외 투자 지금 시작하자

글로벌 재테크 시대

떠오르는 시장, 아시아에 투자하라

글로벌 재테크 시대

해외 투자 바람이 무섭다. 몇 년 전만 해도 해외 투자는 돈 많은 사람들의 탈세나 합법적 증여를 위한 수단으로 치부됐었지만 최근 1~2년 사이 보통 사람들의 장기 투자 수단으로 자리잡아 가고 있다. '친디아 펀드' '베트남 펀드'가 불티나게 팔린다는 기사가 이젠 전혀 새삼스러울 것이 없다.

해외 투자에 대한 인식이 바뀐 데는 우리 경제의 기초 체력이 튼튼해졌다는 배경이 깔려 있다. 과거 외환위기를 겪었던 우리나라의 외환보유고는 이제 세계 3위 권으로, 달러가 넘쳐 나는 것을 걱정할 정도이다. 2006년 주거용 해외 부동산 투자 규제를 대폭 완화한 것도 보유 외화를 해외 투자로 유도하기 위한 한 방편이다.

이제까지가 다른 나라에 상품을 팔아 외화를 벌어들이는 수출의 시대였다면, 지금은 우리 자본으로 해외시장에 투자해 돈을 벌어들이는 투자의 시대가 된 셈이다.

과거 해외 투자를 가로막던 규제들도 대부분 풀렸다. 해외 부동산 구입이 자유화됐고, 투자 목적의 해외 부동산 취득도 허용됐다. 해외 주식이나 채권도 일정한 절차만 거치면 투자가 가능하다.

저녁이 되면 왼쪽 화려한 불빛의 동팡밍주를 비롯하여 와이탄 주변의 건물들에 하나, 둘 불이 켜지며 화려함을 뽐낸다.
상하이 와이탄에서 바라본 푸동 전경

떠오르는 시장, 아시아에 투자하라

해외 투자에서 가장 중요한 것은 어느 지역을 투자 대상으로 선택할 것인가이다. 경제가 젊고 활기차게 움직이는 곳에 투자해야 많은 이익을 얻을 수 있기 때문이다. 현재 세계에서 경제가 가장 빠르게 성장하는 곳은 바로 우리와 인접한 아시아 국가들이다. 그 중에서도 중국, 인도, 베트남은 세계 경제를 이끄는 엔진 역할을 하고 있다. 해외 투자를 생각한다면 이런 곳에 투자해야 한다.

중국, 인도, 베트남은 풍부하고 값싼 노동력, 넘쳐나는 천연자원이라는 공통분모를 갖고 있다. 이 세 나라는 해외 자본을 적극 유치하는 정책을 통해 경제 성장의 속도를 내고 있다.

이들 나라를 방문하면 과거 우리나라의 1970~1980년대 경제발전 시기와 유사한 풍경들을 흔히 볼 수 있다. 동시에 경제가 빠르게 발전하고 있음을 알려주는 광경도 쉽게 발견할 수 있다.

중국 상하이에는 최첨단 건물들이 늘어서 있다. 뒷골목에는 여전히 낡은 건물들이 산재해 있지만 이미 이 도시는 세계적인 경제도시로 성장하고 있다. 인도와 베트남도 마찬가지이다. 시내 곳곳의 낡은 건물들 사이로 새로운 건물들이 속속 들어서고, 거리에는 오토바이와 함께 자동차 수가 엄청나게 늘었다. 화물을 잔뜩 실은 트럭들이 새로 뚫린 고속도로 위를 내달리는 모습에서 경제 성장의 속도를 가늠할 수 있다. 이것들은 모두 이들 나라의 경제가 빠르게 변화하고 있으며, 동시에 나라의 미래를 내다볼 수 있는 상징들이다.

과거 우리나라 경제가 1986년 아시안게임과 1988년 서울올림픽을 계기로 한 단계 도약했던 것처럼 중국과 인도, 베트남 역시 경제 도약을 위한 발판을 마련해두고 있다. 중국은 2008년 베이징올림픽과 2010년 상하이엑스포를 통해 한층 성숙한 경제 도약을 목표로 하고 있다. 이미 세계 3위 경제대국으로 발돋움한 중국은 10년 후 세계 1위의 경제대국으로 성장할 가능성이 충분하다.

인도는 현재 2010년 뉴델리 아시안게임을 위한 인프라 구축에 한창이다. 이미 델리 시내에 지하철 공사를 완료했고, 2010년까지 델리 국제공항을 새롭게 만든다

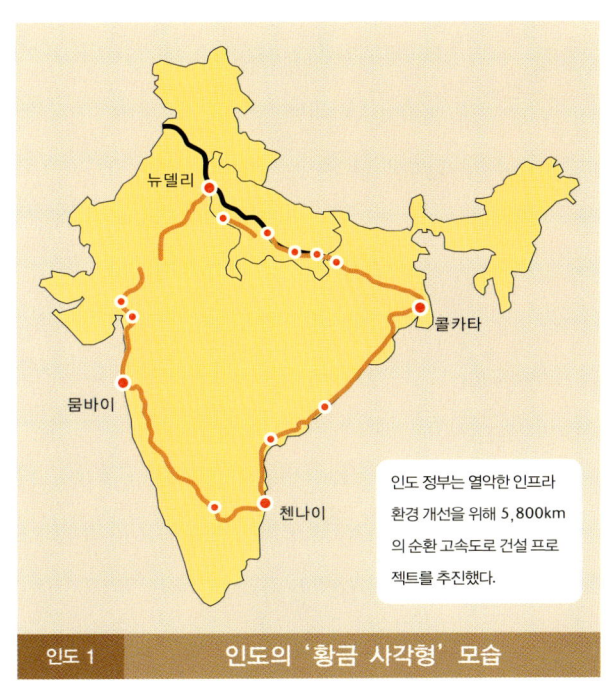

인도 정부는 열악한 인프라 환경 개선을 위해 5,800km의 순환 고속도로 건설 프로젝트를 추진했다.

인도 1　　인도의 '황금 사각형' 모습

는 계획이다. 악명 높은 사회기반 시설을 정비하기 위한 계획의 일환으로 뉴델리~콜카타~첸나이~뭄바이를 잇는 황금 사각형(Route of The Golden Quadrilateral)을 이미 완성했다.

세계 경제의 마지막 '블루 오션(blue ocean)'이라는 베트남 역시 세계무역기구(WTO) 가입을 계기로 주목받고 있다. 몇 년 전만 해도 자전거로 가득했던 베트남 거리는 신형 오토바이가 장악했고, 벤츠, 마이바흐, BMW 등 고급 자동차들이 거리 곳곳에 모습을 드러내고 있다.

베트남 경제는 2002년 이후 연간 7% 이상 성장을 지속하고 있다. 인구의 절반 이하가 25세 미만의 젊은 층이고, 4%에 불과한 문맹률, 연간 20%에 달하는 민간소비 증가율 등은 베트남의 저력을 단적으로 보여준다.

세계적인 투자은행 메릴린치는 〈2006년 베트남 투자 보고서〉에서 '아시아의 마지막 미개척 시장'이자 '10년 묻어둘 주식'으로 베트남을 평가했다. 또 '2016년 베트남의 10가지 변화'라는 전망을 내놓기도 했다. 메릴린치가 제시한 10년 후 베트남의 미래는 다음과 같다.

- 앞으로 2년 내에 당신은 베트남에 투자하고 있을 것이다.

- 주식 시장의 시가총액과 거래량 급증. 2년 내 시가총액 100억 달러

- 베트남 증시 주가지수(VN) 1,000포인트 돌파

- 인프라 투자 폭발. 향후 5년 내 1,400억 달러 투입 예상

- 부동산 붐. 5년 안에 상업용·주거용·관광용 부동산 개발 열풍

- 인도네시아와 필리핀을 제치고 관광대국으로 부상

- 기업설명활동(IR)에서부터 인수·합병(M&A)까지 기업 상대 컨설팅시장

급팽창

- 금융서비스 급변. 신종 금융상품과 중개서비스 급증

- 베트남 출신 고급 인재 양산

- 금융업 발달 계기로 인력조달 확대

T·I·P

호찌민 시내 쉐라톤호텔 한켠에는 한국에도 없는 노키아의 명품 휴대전화 '베르투 (Vertu·사진)' 매장이 있다. 베트남 경제의 발전을 보여주는 대표적인 사례다. 1인당 국민소득이 640달러에 불과한 나라에서 대당 800만 원이 넘는 휴대폰이 팔린다는 것은 엄청난 부가 만들어지지 않고서는 상상할 수 없다.

회사원 K씨(34)는 요즘 밤잠을 설친다. 지난해 말 2,000만 원을 들여 매입했던 중국 주식 가격이 계속 오르고 있기 때문이다.

최근 중국 주가가 크게 오르면서 투자수익률이 100%를 훌쩍 넘어섰다. 처음 중국 주식을 샀을 때는 3년 이상 묻어두기로 했는데, 수익률이 100%를 넘어서자 긴장되기 시작했다. K씨는 중국 경제가 앞으로도 고속성장을 계속 할 것이라 믿고 얼마 전 중국 주식을 2,000만 원 정도 더 사기로 결정했다.

주식이라면 코스닥(KOSDAQ) 시장의 벤처기업만 알던 J씨(60). 인도 여행을 다녀온 뒤 인도의 매력에 푹 빠졌다. 활기찬 거리 풍경과 경제발전으로 늘어난 중산층을 본 후 인도 주식을 사기로 마음먹었다. J씨는 은퇴 후 여유자금으로 쓰려던 5,000만 원을 인도 펀드에 가입했다.

국내 적립식 펀드와 해외 주식 투자 사이에서 고민하던 직장인 J씨(39)는 얼마 전 베트남 펀드에 가입했다. 은행 예금금리로는 만족할 수 없는 상황에서 국내 주식은 너무 불안해 10년 정도 믿고 투자할 대상으로 베트남을 찍었다. 이제 막 걸음마를 시작한 베트남 경제가 10년 후면 또 하나의 중국으로 변신할 거라고 예상되기 때문이다.

2. 해외 주식 투자

해외 주식, 직접투자 혹은 펀드

해외 주식, 직접투자 혹은 펀드

몇 년 전만 해도 해외 주식에 투자한다는 것은 상상할 수 없는 일이었다. 벤처거품이 사라지면서 주식 투자로 패가망신한 사람들이 여전히 남아있고, 우리나라 주식도 잘 모르면서 다른 나라 주식에 투자한다는 건 미친 짓이나 다름없었다.

그러나 2005년 적립식 펀드 열풍과 해외 투자 규제 완화, 이른바 '브릭스(BRICs · 브라질, 러시아, 인도, 중국을 통칭해 부르는 말)' 경제의 눈부신 성장에 따른 중국, 인도의 주가 급등으로 해외 주식 투자를 바라보는 일반인들의 시각도 바뀌었다.

주식 투자는 한 나라의 경제에 투자하는 것이다. 우리나라가 두 자릿수 경제성장률을 기록했던 때에는 우리 주식도 매력적인 대상임에 틀림없었다. 그러나 이제 우리나라의 경제는 5%에도 미치지 못하는 낮은 성장률에 허덕이고 있다. 반면 중국, 인도, 베트남 등은 초고속 성장을 지속하고 있다.

국내 주가와 비교했을 때 이들 나라의 주가가 상대적으로 저렴하다는 점도 해외 투자의 매력이다. 60만 원대의 삼성전자 한 주(株)를 살 돈으로 9홍콩달러대의 세계 4위 석유회사인 중국 페트로차이나(PetroChina) 주식을 500주 이상 살 수 있다. 과거 삼성전자 주가가 20만 원에도 미치지 못했을때 이 회사의 미래를 보고 투자했던 것처럼 중국과 인도, 베트남에는 세계적으로 도약할 기업들이 넘치고 있다.

중국이나 인도, 베트남 주식을 사는 방법은 크게 두 가지이다. 먼저 해당 국가의 주식 시장에서 직접 주식을 사는 것이다.

직접투자는 투자자 본인이 직접 투자 시점과 대상을 선택할 수 있다는 점에서 매력적이다. 적절한 시점에 종목을 잘 선택하면 펀드 투자와 비교도 할 수 없는 높은 수익률을 낼 수 있다.

과거 우리나라에 벤처 열풍이 불 당시 코스닥에 투자한 개인이 떼돈을 벌었던 것처럼 요즘 중국이나 인도, 베트남에서는 주식 투자로 벼락부자가 된 사례가 종종 있다. 실제 일본에서는 2000년 초 중국 주식 투자에 성공해 부자가 된 샐러리맨들이 더러 있었다. 중국, 인도, 베트남 주식 시장에는 이런 벼락 부자가 생길 기회가 여전히 존재한다.

개인이 해외 주식에 직접투자하기 위해서는 먼저 투자 가능 여부부터 확인해야 한다. 중국 주식 시장에서는 아직 위안화 표시 A주식을 외국인 개인 투자자가 직접 살 수 없다. 인도에서는 외국인 개인 투자자의 주식 취득이 거의 불가능하다. 베트남의 경우 개인이 직접 주식을 살 수 있지만 복잡한 절차와 비용이 필요하다.

개인이 해외 주식 투자를 하려면 해당 국가의 투자 제도와 시장 정보를 숙지하는 것은 기본이다. 경제 상황과 각종 제도, 기업정보 등을 일일이 확인해야 한다는 점도 개인 투자자 입장에서는 상당한 수고가 될 수 있다.

우리나라에서는 굿모닝신한증권(www.goodi.com)과 리딩투자증권(www.leadingkorea.com) 등이 중국 주식 투자를 중개하고 있어 현지에 가지 않아도 주식 투자를 할 수 있다. 국내 주식에 투자할 때처럼 증권사 지점을 방문해 외화증권 계좌를 개설한 뒤, 원화를 미국 달러화나 홍콩달러로 환전해 자신이 원하는 종목을 사고팔 수 있다. 온라인 증권사인 리딩투자증권의 경우 국민은행에서도 외화증권 계좌를 개설할 수 있다. 환전과 주식 매수·매도 주문은 전화를 통해서만 가능하다.

아직 인도나 베트남 주식을 중개하는 국내 증권사는 없다. 따라서 인도나 베트남 주식을 직접 사기 위해서는 현지 증권사를 통해 계좌를 개설한 뒤 전자메일이나 국제전화로 주문을 해야 한다. 이런 불편을 피하려면 해외 주식에 투자하는 펀드에 가입해야 한다. 해외 펀드 투자는 개별 종목보다는 해당 국가에 투자하는 경우가 많아 세계 경기 흐름과 투자 대상국의 경제 상황만 제대로 파악하면 안정적인 수익을 얻을 수 있다.

투자 대상과 상품도 다양하다. 해외 펀드는 해외 투자 펀드와 역외 펀드(Offshore Fund)로 나뉜다. 해외 투자 펀드는 국내 자산운용사들이 국내 투자자들로부터 투자자금을 모아 해외 주식이나 채권에 투자하는 펀드를 말한다. 역외 펀드는 피델리티나 슈로더 같은 유명 해외 자산운용사가 국내와 해외 투자자들로부터 모은 자금으로 전 세계 주식·채권 시장에 투자하는 펀드를 말한다.

국내 자산운용사들이 많이 팔고 있는 '펀드 오브 펀드(Fund of Fund)'는 해외 자산운용사들이 운용 중인 펀드에 재투자하는 펀드로, 이미 운용수익률이 검증된 펀드에 재가입한다는 점에서 안정적인 수익률을 기대할 수 있다. 하지만 이중으로 펀드에 가입하는 것이라 수수료가 이중으로 부과돼 일반 펀드에 비해 비용 부담이 높다.

해외 펀드는 국내 펀드 상품처럼 은행이나 증권사 창구에서 살 수 있다. 대부분 미국 달러화를 기초로 투자가 이뤄지기 때문에 달러화 환율 변동에 따라 투자수익률이 달라질 수 있다는 점에 주의해야 한다. 즉 펀드에 가입할 때 투자자가 낸 원화는 미 달러화로 환전돼 표시되고, 투자수익률도 달러화를 기준으로 계산된다. 때문에 펀드에 투자한 시점보다 원화 환율이 떨어졌을 경우 달러화로 환산한 펀드의 투자수익률이 의외로 낮을 수 있다. 물론 달러에 대한 원화 환율이 크게 올랐다면 펀드 투자 수익률에 환차익까지 얻을 수 있다.

해외 펀드 투자는 투자자금을 회수하는 기간이 국내 펀드보다 길다는 점을 기억하자. 국내 펀드는 일반적으로 돈을 돌려달라고 한 지 3일 뒤면 받을 수 있지만, 해외 펀드는 환매를 요청한 날로부터 7일째 되는 날 돈을 찾을 수 있다. 해외 펀드 투자는 반드시 여윳돈으로 해야 하는 이유다.

일반 펀드에 비해 투자수익률이 높은 헤지 펀드는 환매일로부터 실제 돈을 받기까지 10일 이상이 걸리는 경우도 많다.

해외 펀드 투자 시에는 판매·운용 보수 등 펀드 가입에 따라 발생하는 비용을 꼼꼼이 따져봐야 한다. 가입 시점에 미리 선취수수료를 내는 경우를 제외하고 매년 일정액이 빠져나갈 뿐만 아니라, 수익률이 마이너스인 상황에서도 기본적인 비용이 공제된다는 점을 잊지 말아야 한다.

30대 후반의 평범한 직장인 O씨(37). 대학 시절 그에게는 세계적인 건축가가 되겠다는 꿈이 있었다. 그러나 대학 졸업 후 들어간 건설회사에서 그는 자신이 그토록 혐오하던 평범한 샐러리맨이 되어 버렸다. 시간이 갈수록 회사에 대한 불만만 쌓였고, 결혼생활에서는 아무런 희망을 찾지 못했다. 그런 그에게 유일한 낙은 매주 한 번씩 구입하는 복권. 복권 당첨은 그에게 남은 마지막 꿈이다.

그런 그에게 요즘 새로운 꿈이 생겼다. 지난해 중국 주식에 투자한 이후 '대륙의 꿈'에 푹 빠졌다. 중국 주식을 공부하면서 세상을 바라보는 시선도 '부정'에서 '긍정'으로 바뀌었다.

2006년 중국 펀드에 2,000만 원을 투자한 H씨(38). 그는 1년만에 투자 원금의 절반에 달하는 1,000만 원의 이익을 남겼다. 2007년 초 주가 조정과 '차이나 쇼크'로 수익률이 많이 떨어졌지만 그는 여유만만한 표정이다. 중국 경제의 성장세가 여전하고, 2008년 베이징올림픽이 예정되어 있어 주가가 계속 오를 것으로 확신하기 때문이다.

그에게 '차이나 쇼크' 같은 '사건'은 한 단계 도약하기 위한 과정에 불과했고, 중국 주식은 여전히 더 나은 내일이 기대되는 시장이다.

3. '대륙의 꿈' 중국 주식 투자

중국 주식을 사야 하는 이유

    우리는 흔히 주식 투자를 '꿈'에 비유한다. 성장 가능성이 높은 주식에 투자하는 것을 '꿈에 투자한다'거나 '꿈을 산다'고 말한다. 중국만큼 이 비유가 잘 맞는 곳이 있을까. 중국에 투자하는 것은 중국 대륙의 미래에 투자하는 것이다.

    중국의 2005년 경제성장률은 9.9%, 세계에서 가장 높은 경제성장률이다. 세계적인 투자은행인 골드만삭스는 중국을 포함한 브릭스 국가가 앞으로 40년 안에 G6(미국, 일본, 독일, 영국, 프랑스, 이탈리아) 경제를 넘어설 것이라고 전망했다. 세계적인 투자기관들은 중국이 30년 안에 미국을 제치고 세계 최고의 경제대국이 될 것이라는 전망을 잇달아 내놓고 있다. 지금 중국 주식에 투자하는 것은 내일의 '세계 최강대국'의 주식을 사는 것이다.

    중국 경제는 최근 4년간 연평균 8% 이상의 초고속 성장을 누렸다. 이런 경제성장률을 기록한 나라는 중국이 유일하다. 이런 나라의 주식을 사지 않는 것은 앉아서 돈을 날리는 것이나 다름없다. 우리나라 경제가 1988년 서울올림픽을 계기로 한 단계 도약한 것처럼, 중국은 2008년 베이징올림픽으로 세계 3위의 경제대국에 올라설 것이 분명하다. 2010년에는 상하이엑스포도 있다. 중국의 미래는 세계 경제의 미래라 해도 과언이 아닐 것이다.

2005년 '세계 10대 뉴스' 중 하나는 중국의 위안화 절상이었다. 중국은 그동안 다른 나라 통화에 대한 위안화 가치를 일정 범위 내로 묶어두는 '페그제(고정환율제도)'를 실시해 왔다. 2005년 7월 21일 이 제도를 폐지하고, 미국 달러화에 대해 8.3위안으로 고정돼 있던 위안화 가치를 8.1위안으로 절상했다.

그 이후 위안화 가치가 추가로 절상될 것이라는 기대감으로 외국인 투자자들은 너도나도 위안화 자산을 사기 위해 중국으로 몰려들고 있다. 위안화를 살 수 있는 최고의 투자 방법이 중국 주식이다. 향후 위안화가 추가 절상될 때 환차익과 함께 주가 상승에 따른 시세차익까지 얻을 수 있기 때문이다.

'1달러=8위안'인 위안화 가치가 '1달러=7위안'으로 추가 절상된다고 가정해 보자. 지금까지 8,000위안(1,000달러)으로 살 수 있었던 상품을 7,000위안으로 살 수 있다. 1달러=8위안이던 때 중국 주식을 8,000위안(1,000달러)만큼 샀다면 그 돈의 가치가 1,000위안만큼 늘어난 셈이다.

중국 주식 시장은 최근 5년간 긴 잠에 빠져있었다. 2001년 6월 중국 정부가 국유기업 개혁의 일환으로 상장 국유기업이 보유했던 비유통주를 시장가격에 매각하겠다고 발표하면서 주식 시장이 급락했다.

2001년 12월 세계무역기구(WTO) 가입으로 주가가 일시적으로 회복됐지만 2002년 7월부터 재차 하락세로 돌아서 2003년 사스(SARS), 2004년 중국 정부의 경기과열 억제책 발표 등으로 하락세가 지속됐다. 2005년 상하이 증권거래소의 종합주가지수는 1997년 이후 최저치를 기록했다.

그러나 2005년 하반기부터 주식 투자 규제가 완화되고, 정부가 시장 개혁 조치를 잇달아 내놓으면서 주가는 회복세로 돌아섰다. 2006년부터는 중국 정부의 개혁 조치가 연이어 발표되고 주가는 본격적인 상승세를 보이기 시작했다. 중국증권감독관리위원회(CSRC)는 2006년 5월 8일 그동안 금지해왔던 상장기업의 신주 발행을 전격 허용했다. 이와 함께 전환사채(CB) 및 여타 증권 발행도 허용했다. 같은 해 5월 18일에는 주식 시장에서의 우량주

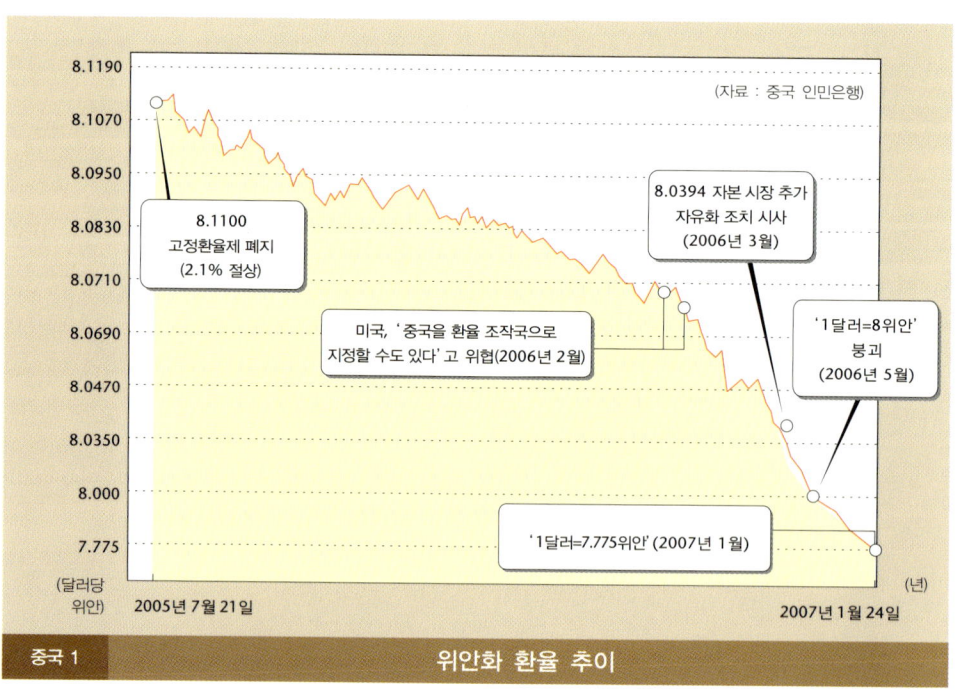

| 8.1190 |
8.1070	(자료 : 중국 인민은행)
8.0950	
8.0830	8.0394 자본 시장 추가 자유화 조치 시사 (2006년 3월)
8.0710	8.1100 고정환율제 폐지 (2.1% 절상)
8.0690	미국, '중국을 환율 조작국으로 지정할 수도 있다'고 위협(2006년 2월)	'1달러=8위안' 붕괴 (2006년 5월)
8.0470	
8.0350	
8.000	
7.775	'1달러=7.775위안' (2007년 1월)

(달러당 위안) 2005년 7월 21일   (년) 2007년 1월 24일

중국 1   위안화 환율 추이

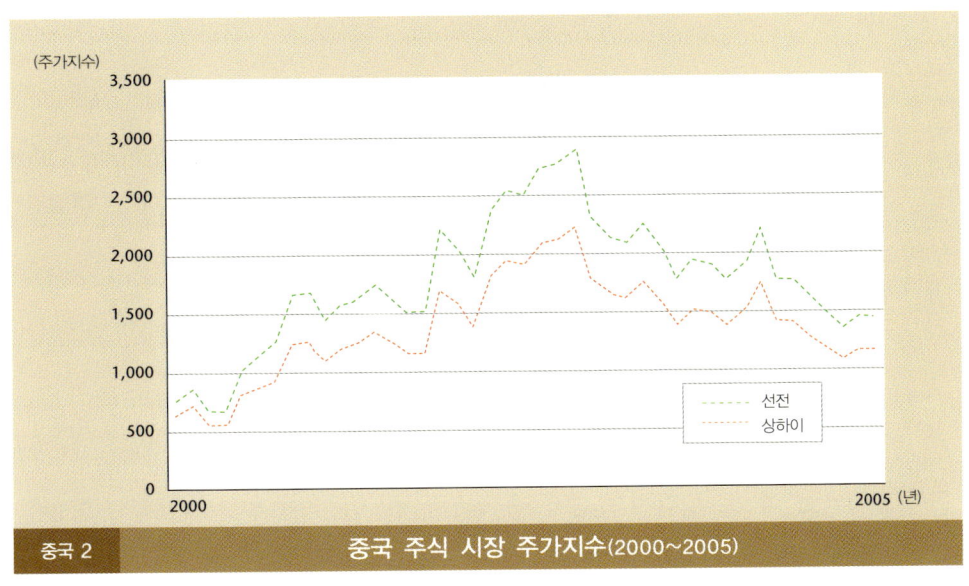

(주가지수)

중국 2   중국 주식 시장 주가지수(2000~2005)

식 공급과 유동성 확대를 위해 기업공개(IPO)도 재차 허용하기로 했다. 자산 규모 중국 2위 은행인 중국은행(BoC)이 홍콩 증시에 상장된 것도 이때다. 중국은행을 기점으로 공상은행 등 우량 기업들의 상장이 줄을 이었다. 결국 중국 증시는 2006년 세계에서 가장 주가상승률이 높은 시장으로 탈바꿈했다.

중국 정부는 2006년부터 외국인 기관투자자들이 중국 주식을 더 쉽게 매수할 수 있는 방안을 내놓고 있다. 중국 주식 시장의 고질적인 문제였던 비유통주 매각 문제도 마무리 단계다. 외국인과 내국인 투자자로 나뉘어 있던 A주와 B주 시장 간의 통합 논의도 빨라지고 있다. 외국인 투자자들은 이미 중국 주식을 대거 사들이고 있다. 큰돈을 벌려면 지금 바로 중국 주식을 사야 한다.

중국 주가는 싼 편이다. 우리나라 삼성전자 주식 한 주(株)를 사려면 60만 원 정도가 필요하지만 홍콩 증시에 상장된 중국 본토기업 주식인 H주㈱의 평균 가격은 약 4.3홍콩달러(약 600원)에 불과하다. 주가가 낮다고 기업가치가 떨어지는 것은 아니다. 중국에는 레노보(Renovo)나 하이얼(Haier) 같은 세계적인 기업들이 많다. 중국 경제의 성장 가능성을 감안하면 앞으로 글로벌 경쟁력을 갖춘 중국 기업들이 더 늘어날 것이다. 세계적인 기업의 주식을 지금처럼 싼 가격에 살 수 있다는 것은 행운이다. 삼성전자 주가가 10만 원이었을 때를 생각해 보면 지금 중국 주식은 바겐세일 중이다.

쇼핑이나 술자리를 한 번만 참으면 세계적인 기업의 주식을 살 수 있다. '꿈을 산다'고 생각하면 중국 주식에 투자하는 것이 복권보다 훨씬 현실적이고 가능성이 높다.

T·I·P

'대륙의 꿈' 중국에 투자하라

- 세계 최고의 경제성장률. 2008년 베이징올림픽, 2010년 상하이엑스포 개최 예정
- 위안화 추가 절상에 따른 환차익과 주가 상승에 따른 시세차익
- 2000∼2005년간 바닥을 다진 중국 증시는 대세 상승 국면으로 진입
- 중국 주식 투자 위험이 크게 줄었다. 시장이 완전히 개방되기 전에 중국 주식을 사라.
- 소액을 투자한 것이니 모두 잃어도 상관없다. 꿈을 사는 것이다.

중국 주식 시장

중국 주식 시장의 규모는 크지 않다. 주식 시장의 규모 측정 지표인 시가총액(총 발행주식에 주가를 곱한 것)이나 거래대금 기준으로 보면 중국 주식 시장은 아시아에서 5위권에 불과하다. 전체 경제에서 주식 시장이 차지하는 비중도 미미하다.

2005년 중국의 국내총생산(GDP)은 18조 2,000억 위안(약 2조 3,000억 달러). 중국의 양대 증권거래소인 상하이와 선전 증권거래소의 2005년 말 기준 시가총액은 3조 1,700억 위안(약 3,920억 달러)으로 GDP의 17.4%에 불과하다. 브릭스 국가들의 GDP 대비 시가총액 비중이 평균 62%라는 점을 감안하면 중국 주식 시장은 지나치게 과소평가되어 있는 셈이다.

중국의 증권시장은 본토의 상하이(上海) 증권거래소와 선전(深圳) 증권거래소, 홍콩의 홍콩 증권거래소로 나뉜다. 1990년 말 개설된 상하이 증권거래소와 1991년 초 문을 연 선전 증권거래소는 위안화로 거래되는 'A주' 시장과 미 달러화 또는 홍콩달러로 거래되는 'B주' 시장으로 구분된다. B주는 1992년 처음 발행됐고, 상하이 증권거래소의 B주는 거래와 결제가 미국 달러화로 이뤄진다. 선전 증권거래소 B주 시장의 거래 통화는 홍콩달러이다.

A주는 중국 증시의 90% 이상(시가총액 기준)을 차지하지만 외국인들의 참가가 제한되어 있다. B주는 당초 외국인을 상대로 발행됐지만 내국인의 참여 비율이 90%에 달하고, 주식의 70%가 국유기업 지분이어서 실제 거래는 거의 없다. 이처럼 B주 시장의 거래가 위축되면서 이 시장에서 거래되는 주식의 가격은 A주 시장에 비해 낮다.

중국 정부는 당초 외국인의 투자자금을 끌어들이기 위해 B주 시장을 열었으나, B주를 발행한 기업이 적고 기업 정보가 부족해 A주에 비해 투자자들의 관심에서 멀어졌다. 이를 해결하기 위해 중국 정부는 2001년 2월 내국인의 B주 투자를 허용했다. 2002년 12월에는 외국인의 A주 시장 참가를 허용하는 '적격 외국인 기관 투자가(QFII · Qualified Foreign Institutional Investors)' 제도를 도입했다. 이로써 중국 정부의 승인을 받은 외국 기관 투자가들은 A주를 살 수 있게 됐다.

2006년 2월부터는 QFII 승인을 받지 않은 외국 기관 투자가도 일정 규모 이상의 지분을 장기적으로 투자하면 A주 시장에서 주식을 살 수 있도록 해 외국인 투자자들이 중국 주식을 싹쓸이하듯 사들이고 있다.

홍콩 주식 시장은 크게 H주(株)와 레드칩으로 나뉘어 있다. 'H주'란 홍콩 증시에 상장된 중국 기업을 총칭하는 말로 대형 · 국유기업이 이에 속한다. 'H주' 시장은 미국의 '주식 투자 귀재'로 유명한 워렌 버핏(Warren Buffett)이 H주의 '페트로차이나(中國石油 · PetroChina)'를 사면서 유명해졌

자료 1	아시아 주요국 주식 시장 (2006년 2월 기준)					
시장	상장기업수			시가총액	전년비	거래대금
	국내 기업	국외 기업	소계			
한국	1,628	0	1,628	758,716.40	49.40%	134,325.50
도쿄	2,337	28	2,365	4,648,334.10	30.30%	571,642.90
오사카	1,059	1	1,060	3,057,635.70	33.00%	26,636.00
상하이	833	0	833	317,366.50	-2.60%	28,783.40
선전	541	0	541	127,671.30	-7.90%	17,008.20
홍콩	1,130	9	1,139	1,184,720.20	34.60%	65,793.10
대만	691	5	696	484,659.50	6.00%	48,691.60
인도	4,782	0	4,782	609,506.70	53.80%	15,844.00
싱가포르	458	213	671	282,006.50	23.40%	14,340.80
태국	505	0	505	137,242.70	5.60%	8,608.10

(단위 : 백만 달러 자료 : 세계거래소연맹(WFE))

다. 우리에게도 잘 알려져 있는 '칭다오(靑島) 맥주'가 홍콩 증시의 상장 1호 기업이다(1993년 7월 상장).

2001년 2월 외국인 전용이던 B주가 중국 국내 투자자들에게 개방되면서 주가가 3배 이상 급등했다. 이때 일본에서 '중국 주식 붐'이 일어 일본 자금이 대대적으로 홍콩으로 몰려들었고, 주식 부자들이 속출하기도 했다.

'레드칩'은 H주 이외의 중국자본이 홍콩에 설립한 기업 주식으로 통신·서비스·IT 기업이 많다.

홍콩 주식 시장은 국제 회계기준이 적용돼 있어 실적을 부풀리거나 투자한 기업이 망하는 일이 거의 없다. 또 세계적으로 유명한 기업들이 많이 상장돼 있어 중국 주식에 처음 투자하거나 배당금을 주는 종목 위주로 투자할 경우 안성맞춤이다.

　최근 중국 경제 발전으로 씀씀이가 커진 본토 사람들이 홍콩으로 건너와
싹쓸이 명품쇼핑과 주식 투자에 나서면서 홍콩 증시가 다시 한번 주목을 받
고 있다.

T · I · P

QFII와 QDII

'적격 외국인 기관 투자가(QFII)'란 위안화 표시 유가증권에 투자할 수 있는 권한을 받은 기관을
말한다. 2003년 5월 26일 UBS증권과 일본의 노무라증권을 시작으로 현재 40개 이상 기관이 승
인을 받았다.

이 제도는 2001년 세계무역기구(WTO)에 가입하면서 5년 내 자본 시장을 개방하겠다는 약속 이행
차원에서 만들어졌다. 이를 위해 우선 일정 조건을 갖춘 해외 투자기관들에게 위안화 표시 A주 거
래를 허용한 것이다. QFII 승인은 자산 규모가 100억 달러(약 10조 원)를 넘고, 중국 내에서 일정
기간 영업을 해야 하기 때문에 쉽지 않다. 현재 국내 금융기관 중 QFII 승인을 받은 곳은 전무하
다. QFII 승인을 받은 투자가라도 특정 기업 지분을 10% 이상 보유할 수 없고, 전체 외국인 투자
자의 지분 비율이 20%를 넘을 수 없다. QFII 승인을 받기 위해서는 상하이 증권거래소나 선전 증
권거래소에 신청서를 제출해야 하고, 국가 외환관리국(SAFE)이 승인 여부와 투자한도를 결정한다.
승인 후 일정 시점이 지난 뒤 투자한도를 부여한다. 중국 정부는 QFII의 투자한도를 100억 달러로
확대한 데 이어, 2006년부터는 QFII에 부과하던 자본이득세를 면제하기도 했다.

중국 주식 시장에는 QFII 외에 QDII(적격 국내 기관 투자가제도 · Qualified Domestic Institu-
tional Investors)와 CDR(중국예탁증서 · China Depository Receipts)이라는 독특한 제도도 있다.
'QDII'란 일정 규모의 중국 내 기관 투자가들에게 일정 한도 내에서 해외 증권 투자를 허용하는 제
도이다. QFII가 외부 투자자금이 중국 내로 들어올 수 있도록 문을 연 것이라면, QDII는 중국 내부
의 투자자금이 밖으로 빠져나갈 수 있도록 자본 시장의 문호를 개방한 것이라 할 수 있다. 중국 입
장에서는 위안화 절상 압력 완화와 과도한 외환보유액 및 무역수지 흑자 등 거시 경제의 불균형 해
소의 일환인 셈이다. 'CDR'은 국내에서 발행된 원주(原株)를 기초로 해외에서 발행되는 주식예탁
증서(DR)의 중국판(版)이라고 할 수 있다. 홍콩 기업들이 CDR을 많이 이용하고 있다.

중국 주식 투자 ABC

　중국 현지에서 외화예금 계좌를 개설하면 현지 증권사에서 증권 계좌를 개설한 뒤 직접 주식 매매 주문을 할 수 있다. 현지 증권사를 방문하면 증권사의 추천 종목과 투자 전문가들의 조언을 들을 수 있을 뿐 아니라 현지 사정을 직접 보고 느낄 수 있다. 중국에 투자하면서 중국에 한번도 가보지 않는 것은 자신이 투자한 회사가 어떤 일을 하는 곳인지 모르는 것과 같다.

　중국 현지에서 주식을 살 경우 수수료가 국내에서 투자할 때보다 적다. 국내 증권사를 통해 중국 주식을 사면 매매대금의 1% 가까운 매매수수료를 내야 한다. 현지에서 주문을 할 경우 수수료는 국내의 절반 이하 수준이다.

　다만 중국 증권사에서 계좌를 개설하고 주문할 때 의사소통상의 불편은 감수해야 한다. 증권사에 아직 영어로 의사소통을 할 수 있는 직원이 많지 않아 현지인이나 중국어에 능통한 사람과 같이 가는 것이 좋다. 중국 증권사에도 '홈 트레이닝 시스템(HTS)' 이라는 온라인 주식 거래 프로그램이 있지만 중국어를 모르면 사용이 어렵다.

중국에 가는 것이 여의치 않다면 중국 주식이나 채권에 투자하는 해외 펀드 상품에 가입할 수 있다. 현재 국내 증권사나 은행 상품 판매 창구에는 중국에 투자하는 펀드 상품이 넘쳐난다.

중국 펀드에 가입할 때는 투자 대상은 무엇인지, 운용방법은 어떤지, 판매 및 운용 보수 등 비용은 얼마인지 꼼꼼하게 살펴봐야 한다. 펀드 투자는 자신의 돈을 전문가에게 맡기는 것이기 때문에 사전에 철저한 준비와 검토가 필수다. 국내에서 판매되는 중국 펀드 대부분은 중국 본토 주식 시장이 아닌 홍콩 증시에 상장된 기업에 투자하고 있다. 거래 통화도 미국 달러화라 위안화 절상에 따른 수혜를 기대하기 어렵다. 중도에 환매할 경우 환매 수수료를 내야하고, 기간도 7일 정도 걸린다.

국내에서 직접 중국 주식을 사는 방법도 있다. 본인임을 증명할 수 있는 신분증만 있으면 증권사 창구나 은행에서 몇 분 만에 외화증권 계좌를 개설할 수 있다. 현재 굿모닝신한증권, 리딩투자증권, 우리투자증권, 한국투자증권, 현대증권 등이 중국 주식 매매를 중개한다.

주의할 점은 중국 현지에서와 마찬가지로 국내 증권사에서도 A주 시장에 상장된 기업 주식은 살 수 없다. 국내에서 주문이 가능한 주식은 상하이 증권거래소와 선전 증권거래소의 B주와 홍콩 증권거래소 상장 종목으로 한정된다. QFII 승인을 받은 외국인 투자자만 A주식을 살 수 있도록 제한되어 있기 때문이다.

중국 3	중국 주식 매매 가능한 국내 증권사
대우증권 www.bestez.com	1회 거래금액 5,000만 원부터다. 전화 주문(768-3777, 3782) 방식
리딩투자증권 www.leadingkorea.com	온라인 증권사. 홍콩 증시 상장 주식과 B주 매매를 중개한다. 최소 예수금은 200만 원. 국민은행에서도 외화증권 계좌를 개설할 수 있다.
한국증권 www.truefriend.com	홍콩 증시와 B주 매입이 가능하다. 최소 예수금은 500만 원. 전화 주문(768-5510) 방식
현대증권 www.investchina.co.kr	외화증권 계좌에 최소 5,000만 원을 입금해야 주식 매수 주문을 할 수 있다. 전화 주문(2014-1588) 방식

중국 4	중국 주식 시장
중국 주식 시장 거래 시간	
상하이 · 선전 증권거래소	09 : 15 ~ 09 : 25(개장 전 동시호가) 09 : 30 ~ 11 : 30(오전장, 한국시간 10 : 30 ~ 12 : 30) 13 : 00 ~ 15 : 00(오후장, 한국시간 14 : 00 ~ 16 : 00)
홍콩 증권거래소	09 : 30 ~ 10 : 00(개장 전 동시호가) 10 : 00 ~ 12 : 30(오전장, 한국시간 11 : 00~13 : 30) 14 : 30 ~ 16 : 00(오후장, 한국시간 15 : 30~17 : 00)
중국 주식 시장 거래시스템 · 결제기간 · 거래대상	
상하이 · 선전 증권거래소	가격 우선 주문 원칙, 가격변동폭 ±10%(특별 관리주식 ±5%) A주 시장 : T+1영업일, B주 시장 : T+3영업일 / 주식, 채권, 회사채
홍콩 증권거래소	결제기간 : T+2영업일 거래대상 : 보통주, 우선주, 전환 우선주, 채권, 워런트
거래 수수료 및 세금	
상하이 · 선전 증권거래소	거래 수수료 0.4%(인지세 0.1%, 중개수수료 0.3%) 비거주 외국인 배당소득세 20%(B주 시장)
홍콩 증권거래소	배당소득세, 자본이득세 비과세 중개수수료 0.005%(ETFs는 중개수수료 없음)
중국 주요 증권사	
국태군안증권(國泰君安證券)	공상은행과 제휴 www.gtja.com.cn
신은만국증권(申銀万國證券)	B주 거래순위 1위 www.sywg.com.cn

중국 주요 증권사	
중국은하증권(中國銀河證券)	종합 거래순위 1위 www.chinastock.com.cn 영문 홈페이지 www.chinastock.com.cn/indexEnglish.html
해통증권(海通證券)	www.htsec.com 영문 홈페이지 있음. 온라인 주식거래 소프트웨어 다운로드 가능
국신증권(國信證券)	종합 거래순위 2위 www.guosen.com.cn
남방증권(南方證券)	www.sostock.com.cn
중국 주식 시장 주요 주가지수	
상하이 증권거래소 A주 지수 (SHANGHAI A)	상하이 증권거래소에 상장된 A주의 주가를 지수로 만든 것 1990년 12월 19일을 기준 지수 100으로 해서 집계된다.
상하이 증권거래소 B주 지수 (SHANGHAI B)	1992년 2월 21일 100을 기준지수로 2001년 2월 19일 개설
상하이 증권거래소 종합주가지수 (SHANGHAI COMPOSITE)	상하이 증권거래소에 상장된 A주와 B주 주가를 합산해 집계한 주가지수. 1990년 12월 19일 기준지수 100으로 산출된다.
선전 증권거래소 A주 지수 (SHENZHEN A)	선전 증권거래소에 상장된 A주 주가를 집계해 산출한 주가지수 1991년 4월 3일 100을 기준지수로 산정
선전 증권거래소 B주 지수 (SHENZHEN B)	1992년 2월 28일을 100으로 산정되며, 2001년 2월 19일 외국인 투자자들에게 개방됐다.
선전 증권거래소 종합주가지수 (SHENZHEN COMPOSITE)	선전 증권거래소에 상장된 A주와 B주 주가를 합산해 집계한 지수 1991년 4월 3일 100으로 해서 산정
홍콩항생 H주 지수 (HSCEI · HANG SENG CHINA ENT INDEX)	홍콩 증권거래소에 상장됐고, 항생 본토주가지수(HSMLCI · Hang Seng Mainland Comp Index)에 포함된 중국 국영 기업(H주) 주식을 구성종목으로 해서 산정된 주가지수. 정식명칭은 항생중국기업 지수다. 2000년 1월 3일을 2,000을 기준지수로 해서 산정된다.
중국 주식 정보 제공 사이트	
차이나넷	종목 상승 순위 등을 볼 수 있다. www.china.org.cn
차이나스톡	중국 주식 투자 정보를 제공하는 국내 사이트 www.chinastock.co.kr
야후홍콩	홍콩 증시 상장 기업 정보와 주가차트, 경제 뉴스 등 제공 hk.finance.yahoo.com
신화파이낸스	중국 관련 경제 뉴스 제공 www.xfn.co.kr
넷차이나	중국 주식 정보 제공 일본 웹사이트 www.netchina.co.jp

T • I • P

중국의 증권감독기관 '중국증권감독관리위원회(www.csrc.gov.cn)'

모든 투자가 그렇지만 중국 주식에 투자하려면 중국 정부의 정책 정보를 발 빠르게 입수해야 한다. 중국의 증권 관련 정책을 입안하고 실행하는 곳이 중국증권감독관리위원회(CSRC · China Securities Regulatory Commission)다. 우리나라로 치면 금융감독위원회, 금융감독원에 해당한다.

자본 시장과 관련된 새로운 법률 제정과 기존 법률 규정 개선 작업뿐만 아니라 투자자 보호 제도 마련, 상하이 · 선전 증권거래소 감독, 기관 투자가 육성, 증권시장 개방 작업을 총괄한다.

이 기관의 위상을 알 수 있는 사건이 하나 있다. 2002년 말 중국증권감독관리위원회 주석이 저우 샤오촨(周小川)에서 상 푸린(尙福林)으로 교체됐다. 상 푸린 주석은 중국의 중앙은행인 인민은행 총재와 중국 건설은행장을 역임한 인물이다. 저우 샤오촨은 현재 인민은행 총재를 맡고 있다.

중국 주식, 어떤 종목을 살까

주식 투자의 처음이자 마지막은 종목 선택이다. 아무리 거시 경제 상황을 잘 알고 있어도 실전에서 좋은 종목을 골라야 돈을 벌 수 있다. 중국 주식에 투자하기로 결정했다면 이제 어떤 종목을 선택할지 알아보자.

홍콩 증권거래소에 상장된 기업은 1,139개 사(2006년 2월 현재). 상하이 증권거래소와 선전 증권거래소에 상장된 기업은 1,000개가 넘는다. 2006년 2월 현재 상하이 증권거래소에 833개 사, 선전 증권거래소에 541개 사가 상장돼 있다.

중국은 위안화 표시 A주 시장에 대한 외국인의 직접투자를 허용하지 않아 중국 본토 증시 투자는 B주 시장에서만 가능하다. B주 시장은 미국 달러화(상하이)나 홍콩달러(선전)로 거래가 체결되고, A주 시장에 비해 거래량과 상장 종목 수가 적다는 것이 단점이다.

가전 기업

중국은 이미 2001년에 일본을 제치고 세계 최대 가전 생산국으로 자리 잡았다. TV, 에어컨, 세탁기 등의 세계 시장점유율은 각각 36%, 50%, 24%에 달한다. 중국을 세계 최대 가전 왕국으로 만든 일등 공신이 하이얼과 TCL이다. 우리나라로 치면 중국판 삼성전자와 LG전자라 할 수 있다.

하이얼 최근 국내에서도 에어컨 등 가전제품을 판매하고 있는 세계적인 가전업체 하이얼(Qingdao Hairer · 600690 · www.haier.com)이 상하이 A주 시장에서 거래되고 있다. 12월 결산법인으로 직원은 1만 1,394명.

1984년 산둥성 칭다오에서 조그마한 냉장고 공장으로 출발해 현재 11개국, 13개 현지 공장에서 96종 15만여 제품을 생산하는 세계적인 종합 가전 메이커로 탈바꿈했다. 하이얼은 세계에서 가장 영향력있는 100대 브랜드 중 중국 기업으로서는 유일하게 95위에 오르기도 했다. 냉장고, 에어컨, 세탁

	매출액	매출액증가율(%)	주당순이익(EPS)	EPS 증가율(%)
			〈하이얼〉 수익표	
2005	16,481.70	7.84	0.2	-35.28
2004	15,283.50	30.96	0.31	0.76
2003	11,670.80	1.08	0.31	-8
2002	11,546.30	1.17	0.33	-35.9
2001	11,412.60	136.88	0.52	24.8
2000	4,817.80	21.48	0.42	26.76
1999	3,966.00	3.95	0.33	12.7
1998	3,815.50	-0.05	0.29	-11.77

(단위 : 백만 위안   자료 : 블룸버그)

기 등 4대 제품의 중국 내수 시장점유율은 모두 30%를 넘는다.

TCL 선전 A시장에서는 중국의 4대 TV 제조업체인 TCL(TCL Corp. · 000100 · www.tcl.com)이 상장되어 있다. 12월 결산법인. 직원 6만 5,506명.

하이얼보다 3년 앞서 설립된 TCL은 광둥성 훼이저우에서 시작했다. 지방 정부가 운영하던 이 회사는 처음에는 소형 오디오 카세트를 만드는 공장에 불과했으나, 지금은 통신장비, PC, TV, VCD, 에어컨, 냉장고, 세탁기 등을 만드는 종합 가전업체로 성장했다. 2001년에는 휴대전화 사업에도 뛰어들었고, 2002년 독일 TV 제조업체인 슈나이더 일렉트로닉스를 인수, 2003년 에는 프랑스 최대 가전업체 톰슨의 TV 부문을 인수해 세계를 놀라게 했다. 2004년 초 상하이 증시에 상장됐다.

〈TCL〉 수익표				
	매출액	매출액증가율(%)	주당순이익(EPS)	EPS 증가율(%)
2005	51,659.10	28.48	-0.12	-201.64
2004	40,209.50	42.42	0.12	-65.92
2003	28,232.4	27.79	0.36	34.23
2002	22,093.60	73.32	0.27	-
2001	12,747.50	15.29	-	-
2000	11,057.20	-	-	-

(단위 : 백만 위안   자료 : 블룸버그)

중국 주식에 처음 투자하는 경우라면 홍콩 증시부터 시작하는 것이 바람직하다. 홍콩 증시는 상장 기업에 대한 감독 규정이 엄격하고 상하이나 선전 증시에 비해 시장 정보를 쉽게 얻을 수 있다. 국내외 기관 투자가들이 중국 투자의 대안으로 홍콩 증시에 많이 투자하고 있다는 점에서 시장 안정성도 높다. 다만 중국 기업 중 홍콩 시장에 상장된 기업이 많지 않다는 것이 단점이다.

홍콩 증시의 대표적인 주가지수인 항생지수(Hang Seng Index)에 편입된 종목이나 H주 구성종목 중 투자 유망한 종목을 찾아보자(괄호 안의 종목 코드는 특별한 경우를 제외하고는 모두 홍콩 증시 상장종목 코드).

통신 기업

차이나 모바일(홍콩) HSBC 홀딩스 다음으로 지수 비중이 높은 종목은 차이나 모바일(홍콩)(China Mobile Hong Kong · 941 · www.chinamobilehk.com). 12월 결산법인이고 직원은 9만 9,104명이다. '차이나 모바일' 은 중국 최대 휴대전화 사업자로 우리나라로 치면 SK텔레콤에 해당하는 회사이다. 중국 이동통신 시장의 65%를 점유하고 있다. 2008년 베이징올림픽 공식 후원사로,

	매출액	매출액증가율(%)	주당순이익(EPS)	EPS 증가율(%)
2005	243,041.00	26.33	2.71	27.83
2004	192,381.00	21.3	2.12	17.13
2003	158,604.00	23.37	1.81	6.47
2002	128,561.00	28.14	1.7	12.58
2001	100,331.00	54.39	1.51	20.8
2000	64,984.00	68.25	1.25	212.5
1999	38,623.00	46.61	0.4	-32.2
1998	26,345.00	70.1	0.59	13.46

〈차이나 모바일(홍콩)〉 수익표

(단위 : 백만 위안 자료 : 블룸버그)

WCDA 사업자 허가를 받을 것으로 기대되고 있다. 세계적인 투자은행인 메릴린치증권이 2006년 3월 투자보고서에서 홍콩 증시의 이동통신 종목 중 유일하게 '매수' 투자 의견을 제시한 종목이다(12개월 목표주가로 43홍콩달러).

차이나 유니컴 차이나 모바일 외에 SK텔레콤이 지분을 매입한 중국 2위 이동통신 업체 차이나 유니컴(China Unicom · 762), 중국 2위 유선전화 사업자인 차이나 넷컴(China Netcom · 906) 등이 항셍지수에 편입되어 있다.

SK텔레콤은 지난 2001년 같은 CDMA 방식인 차이나 유니컴(www.china unicom.com.hk)과 무선 인터넷 서비스 등 전략적 제휴를 맺은 바 있다. 상하이 증권거래소 A주 시장(종목코드 600050 · www.chinauni com-a.com)에도 상장되어 있다.

〈차이나 유니컴〉 수익표

	매출액	매출액증가율(%)	주당순이익(EPS)	EPS 증가율(%)
2005	87,048.80	10.07	0.39	9.5
2004	79,087.10	21.21	0.36	6.55
2003	65,249.20	78.26	0.34	-15.85
2002	36,604.10	24.53	0.4	12.48
2001	29,392.90	24.06	0.36	22.41
2000	23,692.50	35.77	0.29	222.22
1999	17,450.00	24.39	0.09	125
1998	14,028.70	4.9	0.04	-33.33

(단위 : 백만 위안   자료 : 블룸버그)

차이나 텔레콤 중국 1위 유선전화 사업자인 차이나 텔레콤(China Telecom · 728 · www.chinatelecom-h.com)은 H주 구성 종목이다. 통신망 임대 사업과 함께 인터넷과 데이터 서비스를 제공하고 있다. 12월 결산법인으로 직원은

24만 4,867명.

〈차이나 텔레콤〉 수익표				
	매출액	매출액증가율(%)	주당순이익(EPS)	EPS 증가율(%)
2005	169,310.00	5.02	0.34	-5.56
2004	161,212.00	6.37	0.36	100
2003	151,553.00	38.32	0.18	28.57
2002	109,564.00	59.84	0.14	40
2001	68,546.00	-3.49	0.1	-64.29
2000	71,021.00	8.78	0.28	-6.67
1999	65,291.00	-	0.3	-
			(단위 : 백만 위안 자료 : 블룸버그)	

ZTE 중국은 머지 않아 3세대(3G) 이동통신 사업자를 선정할 예정이다. 3세대 이동통신 서비스가 실시되면 휴대전화 사업자는 물론이고 통신장비 업체들도 덩달아 호황을 맞는다. 통신장비 업체인 ZTE(中興通信 · 763 · www.zte.com.cn)는 3세대 이동통신 서비스 실시와 관련해 주목해야 할 업체이다. 선전 증권거래소에도 상장되어 있다(종목코드 : 000063).

〈ZTE〉 수익표				
	매출액	매출액증가율(%)	주당순이익(EPS)	EPS 증가율(%)
2005	21,575.90	1.68	1.34	-14.65
2004	21,220.10	24.56	1.57	22.66
2003	17,036.10	57.8	1.28	45.46
2002	10,795.90	14.35	0.88	66.04
2001	9,440.90	-	0.53	-
			(단위 : 백만 위안 자료 : 블룸버그)	

자원개발 기업

중국은 세계에서 가장 빠른 경제성장률을 기록하고 있는 나라이다. 경제 성장이 빠르다는 것은 그만큼 자원에 대한 수요가 많다는 것을 의미한다. 중국의 원자재 수요에 힘입어 구리, 아연, 알루미늄 등 세계 원자재 가격은 2006년부터 사상 최고치를 경신했다. 이처럼 원자재 가격이 고공행진을 할 때는 원자재를 직접 만들거나 정제하는 회사 주식을 사야 한다. 중국은 세계 최대 구리·철광석 소비국이다.

장시쿠퍼 중국 1위 구리 제련업체 장시쿠퍼(JCC · 江西銅業 · 358 · www. jxcc.com)를 주목하자. 최근 3년간 매출액과 수익성이 급속도로 증가하고 있다. 골드만삭스는 2006년 3월 투자보고서에서 장시쿠퍼의 12개월 목표주가로 6.7홍콩달러를 제시했다.

	매출액	매출액증가율(%)	주당순이익(EPS)	EPS 증가율(%)
2005	13,177.50	24	0.68	62.74
2004	10,627.30	96.04	0.42	118.95
2003	5,420.90	62.93	0.19	196.88
2002	3,327.10	11.06	0.06	-50
2001	2,995.80	-15	0.13	184.44
2000	3,524.50	29.95	0.05	350
1999	2,712.20	11.71	0.01	150
1998	2,427.80	-21.02	0	-97.86

〈장시쿠퍼〉 수익표

(단위 : 백만 위안   자료 : 블룸버그)

운난 구리 선전 증권거래소 A시장에는 운난 구리(Yunnan Copper Industry
· 000878 · www.yunnan-copper.com)가 상장되어 있다. 2005년 전 세계 철강
업체들은 중국산 저가 철강제품이 지나치게 많이 공급되면서 가격 인하 압
력에 시달렸다. 중국의 '빅 4' 철강업체들은 이제 전 세계 철강 가격에 절대
적인 영향을 미치는 존재로 떠올랐다. 철강제품은 자동차는 물론이고 선박,
가전제품 등에 폭넓게 사용된다.

중국의 '빅 4' 철강업체란 바오산(寶山)강철, 슈강 그룹(Shougang Group ·
首鋼集團 · www.shougang.com.cn), 우한강철(武漢鋼鐵), 안산강철(鞍山鋼鐵)을
말한다. 중국은 2006년 현재 830개에 달하는 철강업체의 난립과 공급과잉
으로 수익성 악화가 우려될 정도로 업계 구조조정이 절실한 상황이다.

중국 정부는 2005년 '철강산업정책'을 통해 2020년까지 상위 10개 사가
시장의 70%를 통제할 수 있도록 하는 내용의 철강산업 구조조정 정책을 발
표하기도 했다. 이 때문에 중국 철강업체에 대한 투자는 철저하게 상위 5개
대형 회사에 집중하는 전략이 바람직하다.

바오산강철 우리나라의 포스코에 비견되는 중국 1위 철강회사 바오산강
철(Baoshan Iron & Steel-A · 600019 · www.baosteel.com)이 상하이 증권거래소
A주 시장에 상장되어 있다. 중국의 경제 수도인 상하이 북동쪽에 위치한 바
오산에 위치해 이 이름을 갖게 됐다. 1993년 그룹 체제로 전환한 후 본격적
인 성장 기반을 마련했다. 1998년 3기 용광로 건설을 마친 뒤 같은 해 11월
중국 정부의 철강산업 합리화 법안에 따라 상하이 지역 주요 철강회사들을
흡수, 바오산강철그룹으로 거듭났다. 정식 명칭은 상하이 바오산철강집단

공사(上海寶山鐵鋼集團公司)지만 줄여서 상하이바오강(上海寶鋼), 바오강(寶鋼)으로 불린다.

WTO 가입을 앞두고 중국 정부의 국유기업 민영화 작업의 일환으로 2000년 상하이 증권거래소에 상장됐다. 당시 상장 규모는 18억 7,700만 주(총 공모가 80억 위안)로 중국 증시 상장 기업 중 최대였다. 현재도 차이나 모바일, 차이나 텔레콤, 중국해양석유(CNOOC) 등과 함께 중국 증시를 이끄는 핵심 종목이다.

〈바오산강철〉 수익표

	매출액	매출액증가율(%)	주당순이익(EPS)	EPS 증가율(%)
2005	125,913.10	116.27	0.72	-4
2004	58,219.10	32.02	0.75	33.93
2003	44,098.10	31.22	0.56	64.71
2002	33,607.20	16.01	0.34	70
2001	28,970.00	-5.86	0.2	-33.33
2000	30,774.10	9.59	0.3	
1999	28,081.20	1.88	-	
1998	27,562.90	9.89	-	

(단위 : 백만 위안 자료 : 블룸버그)

〈우한강철〉 수익표

	매출액	매출액증가율(%)	주당순이익(EPS)	EPS 증가율(%)
2005	40,547.80	68.87	0.62	37.19
2004	24,011.50	254.29	0.45	295.6
2003	6,777.40	0.72	0.11	-4.42
2002	6,728.90	6.85	0.12	-15.18
2001	6,297.70	-8.7	0.14	-0.59
2000	6,897.80	17.39	0.14	16.55
1999	5,875.70	17.42	0.12	-3.66
1998	5,004.20	-16.66	0.13	-4.14

(단위 : 백만 위안 자료 : 블룸버그)

우한강철 우한강철(Wuhan Iron & Steel CO-A · 600005 · www.wisco.com.cn)
도 상하이 증권거래소 A주 시장에 상장되어 있다.

슈강 그룹 중국 4위 철강업체인 슈강 그룹(Beijing Shougang · 000959 ·
www.sggf.com.cn)은 선전 증권거래소에 상장되어 있다.

안강뉴스틸 안산강철의 자회사인 안강뉴스틸(鞍鋼新軋鋼 · 347 · www.ansc
.com)은 홍콩 증시의 H주 구성종목이다. 선전 A시장(000898)에도 상장되어
있다. 중국 2위 철강업체인 안산강철은 2005년 8월 12위 업체인 번시강철
과 합병해 연산 1,000만 톤 규모의 '안번강철'로 이름을 바꾸었다.

	매출액	매출액증가율(%)	주당순이익(EPS)	EPS 증가율(%)
〈안강뉴스틸〉 수익표				
2005	26,397.50	13.89	0.72	17.79
2004	23,177.90	60.04	0.61	25.41
2003	14,482.20	34.76	0.48	139.6
2002	10,746.50	13.54	0.2	62.9
2001	9,465.20	-3.1	0.12	-34.04
2000	9,767.60	41.4	0.19	59.32
1999	6,908.00	21.59	0.12	71.01
1998	5,681.40	-0.46	0.07	-75.5

(단위: 백만 위안   자료: 블룸버그)

마안산강철 홍콩 증시에 상장된 철강업체 중 가장 큰 업체인 마안산강철
(馬鞍山鋼鐵 · 323 · www.magang.com.cn)도 같은 맥락에서 투자 유망 종목이
다. 중국 6위 철강업체 마강(馬鋼)그룹 자회사인 마안산강철은 2006년 5월
연산 1,400만 톤 규모의 국영 철강회사 허페이강철(合肥鋼鐵)을 인수했다.

〈마안산강철〉 수익표				
	매출액	매출액증가율(%)	주당순이익(EPS)	EPS 증가율(%)
2005	32,083.1	19.85	0.45	-18.99
2004	26,770.10	70.07	0.56	35.07
2003	15,740.30	43.43	0.41	683.27
2002	10,973.90	14.94	0.05	119.17
2001	9,547.90	16.64	0.02	50
2000	8,185.70	22.75	0.02	700
1999	6,668.40	3.72	0	107.69
1998	6,429.40	-3.27	-0.03	-360

(단위 : 백만 위안   자료 : 블룸버그)

중국알루미늄공사   중국은 세계 2위 알루미늄 소비국가이다. 그런 면에서 중국 1위 알루미늄 생산업체인 중국알루미늄공사(CHALCO · 2600 · www.chinalco.com.cn)도 관심 대상이다. 최근 실적 성장세도 놀라운 수준이다.

〈중국알루미늄공사〉 수익표				
	매출액	매출액증가율(%)	주당순이익(EPS)	EPS 증가율(%)
2005	37,110.30	14.85	0.64	10.35
2004	32,313.10	39.01	0.58	70.59
2003	23,245.90	38.43	0.34	161.54
2002	16,792.80	5.03	0.13	-33.67
2001	15,987.90	-9.49	0.2	-38.75
2000	17,664.10	29.4	0.32	190.91
1999	13,650.70	18.19	0.11	237.5
1998	11,550.10	-	-0.08	-33.33

(단위 : 백만 위안   자료 : 블룸버그)

안후이시멘트   빠른 경제성장으로 중국 내 시멘트 생산량과 소비량이 빠르게 늘고 있다. 중국의 시멘트 소비량은 전 세계 시멘트 생산량의 40%를 차지한다. 중국 최대 시멘트 제조업체인 안후이시멘트(Anhui Conch Cement ·

914)가 H주 구성종목이다. 다만 시멘트 업종은 중국 정부가 지정한 설비 투자 과열 업종으로 공급이 빠르게 늘고 있다는 점을 염두에 둬야 한다.

	매출액	매출액증가율(%)	주당순이익(EPS)	EPS 증가율(%)
		〈안후이시멘트〉 수익표		
2005	10,826.20	29.12	0.31	-59.74
2004	8,384.90	48.3	0.77	24.19
2003	5,654.00	89.7	0.62	169.57
2002	2,980.40	45.81	0.23	9.52
2001	2,044.00	54.39	0.21	75
2000	1,323.90	24.13	0.12	100
1999	1,066.60	28.27	0.06	-45.46
1998	831.50	198.02	0.11	83.33

(단위 : 백만 위안   자료 : 블룸버그)

중국해양석유   중국은 미국에 이은 세계 2위 석유 소비국이다. 국영 석유 회사인 중국해양석유(CNOOC · 883)가 항셍지수에 포함되어 있다. 2006년 미국의 석유회사 유노칼(Unocal)을 인수하려다 미국 정부의 반대로 실패한 바 있다.

페트로차이나   페트로차이나(중국석유 · 857 · www.petrochina.com)는 중국 최대 석유회사라는 점 외에 '주식 투자의 귀재' 워렌 버핏이 투자한 종목으로 더 유명하다. 석유 탐사와 시추 외에 정유와 운송, 판매까지 하는 종합 석유회사이다.

시노펙   페트로차이나와 함께 H주 구성종목인 시노펙(中國石油化工 · 386 · www.sinopec.com)은 아시아 최대 정유회사. 우리나라의 SK와 비견될 회사

〈페트로차이나〉 수익표				
	매출액	매출액증가율(%)	주당순이익(EPS)	EPS 증가율(%)
2005	552,229.00	38.98	0.75	27.12
2004	397,354.00	30.8	0.59	47.5
2003	303,779.00	24.28	0.4	48.15
2002	244,424.00	1.29	0.27	3.85
2001	241,320.00	-0.28	0.26	-18.75
2000	241,992.00	37.52	0.32	88.24
1999	175,969.00	19.47	0.17	70
1998	147,287.00	-6.41	0.1	-47.37

(단위 : 백만 위안   자료 : 블룸버그)

〈시노펙〉 수익표				
	매출액	매출액증가율(%)	주당순이익(EPS)	EPS 증가율(%)
2005	799,115.00	33.81	0.47	11.91
2004	597,197.00	38.9	0.42	61.54
2003	429,949.00	30.64	0.26	36.84
2002	329,116.00	8.14	0.19	-29.63
2001	304,347.00	-6.45	0.19	285.71
2000	325,340.00	36.91	0.27	-100
1999	237,631.00	21.79	0.07	-
1998	195,115.00	-11.91	-	-

(단위 : 백만 위안   자료 : 블룸버그)

이다. 석유와 천연가스 탐사는 물론이고 자체 정유공장을 통해 석유화학 제품도 만든다.

중국유전서비스 등 중국해양석유의 탐사 시추 자회사인 중국유전서비스(COSL · 2883)는 H주에 속해 있다. 중국 최대 에틸렌 생산업체인 시노펙상하이석유화학(Sinopec Shanghai Petrochem · 338 · www.spc.com.cn)도 H주 구성 종목이다.

석유와 함께 대표적인 에너지 자원인 석탄도 중국 경제 성장에서 빼놓을 수 없는 주제이다. 중국 최대 석탄업체인 선화(神華) 그룹 계열의 선화 에너지(1088)가 홍콩 증시에 상장되어 있다.

양저우탄광　H주 편입종목인 탄광 광산개발 업체인 양저우탄광(Yanzhou Coal Mining · 1171 · www.yanzhoucoal.com.cn)도 관심 대상이다. 양저우탄광은 석탄 수출 뿐만 아니라, 철도 운송 서비스도 한다. 석탄 회사라는 시각이 아니라 자원 개발 기업이라는 시각으로 접근할 필요도 있다. 큰 기복없이 실적이 꾸준히 개선되고 있다는 점도 주목할 만하다. 양저우탄광은 상하이 증권거래소 A주 시장에도 상장되어 있다(종목코드 600188).

	매출액	매출액증가율(%)	주당순이익(EPS)	EPS 증가율(%)
		〈양저우탄광〉 수익표		
2005	12,447.00	3.92	0.59	-10.61
2004	11,977.80	72.37	0.66	120
2003	6,948.90	9.32	0.3	11.63
2002	6,356.40	30.36	0.27	22.86
2001	4,876.00	35.46	0.22	20.69
2000	3,599.70	7.06	0.18	-9.38
1999	3,362.40	-8.8	0.2	-8.57
1998	3,687.00	11.79	0.22	-30

(단위 : 백만 위안　자료 : 블룸버그)

자금광업　자원 개발 회사라는 관점에서 특히 주목할 기업이 중국 최대 상장 금광(金鑛) 업체 자금광업(Zijin Mining Group · 2899 · www.zjky.com.cn)이다. 자체 금광을 통해 금을 발굴할 뿐만 아니라 금을 가공해 판매하기도 한다. 일반인에게 금은 귀금속일 뿐이지만 백금(白金)은 반도체용 주요 원자재로 공급이 절대적으로 부족한 금속이다. 또한 금은 미국 달러화 가치 하락에 대한 방어 수단으로 주요 투자 대상이다. 이같은 금의 인기는 자금광업의 실적에서도 확인되고 있다.

〈자금광업〉 수익표				
	매출액	매출액증가율(%)	주당순이익(EPS)	EPS 증가율(%)
2005	3,036.20	101.38	0.07	225
2004	1,507.70	43.52	0.02	-51.52
2003	1,050.50	77.26	0.04	126.03
2002	592.70	60.28	0.02	108.57
2001	369.80	24.88	0.01	-4.11
2000	296.10	-	0.01	-

(단위 : 백만 위안   자료 : 블룸버그)

은행 기업

HSBC 홀딩스 항생지수 대표 종목은 HSBC 홀딩스(HSBC Holdings · 5). 우리나라에도 진출한 세계적인 은행 HSBC은행의 모회사이다. 항생 지수의 3분의 1을 차지할 정도로 비중이 높다. 지난 2004년 세계적인 컴퓨터회사 IBM의 PC 사업부문을 인수한 레노보(Lenovo · www.lenovo.com)도 항생지수에 편입되어 있다. 3월 결산법인으로 직원은 9,682명이다.

중국은행 홍콩 경제 개발을 하려면 기업에 돈이 활발하게 유입돼야 한다. 중국 은행의 대부분은 국영은행이다. 중국 4개 국영은행으로 자산규모

〈HSBC 홀딩스〉 수익표				
	매출액	매출액증가율(%)	주당순이익(EPS)	EPS 증가율(%)
2006	103,550.90	359.11	0.02	-86.86
2005	22,554.70	-2.68	0.15	6.31
2004	23,175.90	14.54	0.14	3.68
2003	20,233.30	-2.97	0.14	-2.16
2002	20,853.30	-23.39	0.14	826.67
2001	27,219.20	55.99	0.02	-77.94
2000	17,449.70	49.99	0.07	71.07
1999	11,633.60	98.15	0.04	120.83
			(단위 : 백만 위안 자료 : 블룸버그)	

〈중국은행〉 수익표				
	매출액	매출액증가율(%)	주당순이익(EPS)	EPS 증가율(%)
2005	101,202.00	14.1	0.14	16.67
2004	88,699.00	15.62	0.12	-29.41
2003	76,719.00	-	0.17	-
			(단위 : 백만 위안 자료 : 블룸버그)	

중국 2위 은행인 중국은행의 홍콩 법인인 중국은행 홍콩(中國銀行 · 2388)은 항생지수에 편입되어 있다.

중국은행 지난 6월에는 중국 본토의 중국은행(中國銀行 · 3988 · www.bank -of-china.com)이 홍콩 증시에 상장됐다. 2006년 5월에 진행된 기업공개 규모만도 97억 3,000만 달러였고, 세계 6위 부자인 사우디의 알왈리드 왕자를 비롯해 아시아 최고 갑부라는 리카싱 청강그룹도 공모주 청약에 참여했다. 공모가는 2.95 홍콩달러였다.

1912년 설립된 이후 이미 2003년 225억 달러의 공적자금이 투입되어 부실자산을 정리했다. 1949~1994년까지 중국의 외국환 거래와 해외 금융을

〈건설은행〉 수익표				
	순이자수익(NIM)	NIM증가율(%)	주당순이익(EPS)	EPS 증가율(%)
2005	117,097.00	14.5	0.24	-7.69
2004	102,265.00	11.29	0.26	116.67
2003	91,891.00	14.99	0.12	100
2002	79,915.00	-	0.06	-

(단위 : 백만 위안   자료 : 블룸버그)

〈교통은행〉 수익표				
	순이자수익(NIM)	NIM증가율(%)	주당순이익(EPS)	EPS 증가율(%)
2005	31,636.00	25.31	0.22	266.67
2004	25,247.00	27.79	0.06	-76.92
2003	19,756.00	18.29	0.26	-
2002	16,701.00	-	0.26	-

(단위 : 백만 위안   자료 : 블룸버그)

독점적으로 수행했으며, 전 세계에 걸쳐 1만 1,600개의 지점을 가지고 있다. 1억 1,800만 명의 소매 고객을 보유한 세계적인 은행으로 2006년 5월 말 현재 직원은 20만 9,265명.

건설은행 2006년 10월 '빅 4' 국영은행(건설 · 중국 · 농업 · 공상) 중 처음으로 홍콩 증시에 상장된 건설은행(建設銀行 · 939 · www.ccb.cn)은 H주 구성 종목이다. 12월 결산법인으로 소매 금융과 기업 금융을 비롯해 해외 결제 업무, 프로젝트 파이낸싱, 신용카드 업무 등을 취급한다. 직원은 30만 288명.

교통은행 교통은행(交通銀行 · 3328 · www.bankcomm.com)도 H주에 편입되어 있다. 12월 결산법인으로 직원은 5만 7,323명.

전력 생산 기업

중국은 현재 만성적인 전력난으로 2006년에만 21개 성(省)·시(市)·자치구에서 심각한 전력 부족 사태를 겪었다. 그러나 동시에 전력 생산이 꾸준히 늘고 있다. 과거 우리나라 1970년대의 경험을 떠올려 보면 전력 생산 업체는 망하지 않는 기업이라는 것을 떠올릴 수 있다.

다당발전 등 H주 지수에는 중국 2위 전력회사인 다당발전(大唐國際發電·991·www.dtpower.com), 화전전력(華電國際電力·1071·www.hdpi.com.cn)를 비롯해 상하이전력그룹(Shanghai Electric Group·2727·www.chinasec.com) 등의 전력업체가 포진되어 있다.

다당발전은 중국화북전력집단공사(中國華北電力集團公司)·북경국제전력개발투자공사(北京國際電力開發投資公司)·하북성건설투자공사(河北省建設投資公司) 등 3개 국영 기업의 합병에 따라 1994년에 설립되었다. 베이징, 톈진, 당산 등 화북지역을 중심으로 4개의 화력발전소를 보유하고 있으며, 베이징 주변에 전력을 공급하고 있다.

상하이전력그룹은 종합 전력회사로 전력 설비뿐만 아니라 전자공학 장비,

	순이자수익(NIM)	NIM증가율(%)	주당순이익(EPS)	EPS 증가율(%)
2005	34,400.10	40.4	0.15	28.02
2004	24,502.40	48.08	0.12	93.94
2003	16,546.40	37.55	0.06	413.45
2002	12,029.70	-	0.01	-

〈다당발전〉 수익표

(단위 : 백만 위안   자료 : 블룸버그)

운송장비, 환경 시스템 산업과 관련한 제품도 판매하고 있다. 3개 전력회사 중 실적 성장세도 단연 최고다.

화능국제전력　화력발전소 건설·운영업체인 화능국제전력(華能國際電力·902)은 중국 최대 전력회사다. 동남연해 지역의 요녕성, 하북, 산동, 강소, 상하이, 복건 등 7개 성에 모두 13개의 발전소를 확보하고 있다. 중국판 다우존스 지수라고 할 수 있는 FTSE/신화 25 지수에 편입되어 있다. 상해 증권거래소(600011)과 뉴욕 증권거래소(종목코드 : HNP)에도 상장되어 있다.

절강동남발전 등　본토의 B주 시장에는 절강동남발전, 광둥전력발전, 화전능원(華電能源=黑龍江電力), 선전남산열전 등이 상장되어 있다.

- **절강동남발전** : 종목코드 900949. 절강성의 에너지 기업 중 유일한 상장 기업. 런던 증권거래소에 GDR(유럽주식예탁증서) 형태로 상장.
- **광둥전력발전** : 종목코드 200539. 광둥성 내 최대 규모의 전력회사. 광둥성에 3개의 발전소를 보유하고 있으며, 광둥성 전체 전력 시장의 10% 이상 점유.
- **선전남산열전** : 종목코드 200037. 홍콩 자본이 투자한 선전시의 전력회사. 전력 및 열에너지 생산이 주 업무로, 생산한 전력은 모두 선전에서 판매하고 생산한 열 수증기는 파이프라인을 통해 해외에 판매한다.

보험 기업

중국은 지난 2001년 세계무역기구(WTO)에 가입하면서 2007년부터 금융
시장을 개방하기로 약속했다. 중국의 인구는 13억 명이 넘는다. 당장은 먹
고 자는 것이 우선이지만, 동시에 돈을 빌리고 빌려주는 금융이 발달하기
마련이다. 경제가 발달하는 과정에서 자연스럽게 질병이나 화재·사고 등
에 대비하는 보험도 발달하게 된다.

중국인수 중국 보험사 중에서는 단연 최대 생명보험회사인 중국인수(中
國人壽·China Life Insurance·2628·www.e-chinalife.com)이 으뜸이다. 13억
이라는 어마어마한 고객을 상대로 생명보험과 건강보험 상품을 판매하고
있다는 점만으로 투자 가치가 충분하다. 중국의 금융시장 개방에 따라 외국
보험회사들의 지분 투자 가능성도 높다. 2006년 중국 증시 상장종목 중 최
고의 수익률을 자랑한다.

	매출액	매출액증가율(%)	주당순이익(EPS)	EPS 증가율(%)
	〈중국인수〉 수익표			
2005	97,573.00	27.14	0.35	29.63
2004	76,747.00	-2.71	0.27	485.71
2003	78,883.00	6.16	-0.07	36.36
2002	74,308.00	21.4	-0.11	31.25
2001	61,207.00	26.53	-0.16	54.29
2000	48,375.00	-	-0.35	-

(단위: 백만 위안 자료: 블룸버그)

핑안보험 핑안보험(Ping An Insurance Group·2318·www.piang.com.cn)은

기업보험에 강점을 가진 종합 보험회사로, 생명보험과 손해보험 상품을 모두 판매하고 있다. 12월 결산법인, 직원은 3만 6,000명.

〈핑안보험〉 수익표				
	매출액	매출액증가율(%)	주당순이익(EPS)	EPS 증가율(%)
2005	64,671.00	2.27	0.68	21.43
2004	63,235.00	-5.09	0.56	19.15
2003	66,623.00	13.41	0.47	4.44
2002	58,744.40	40.66	0.45	-31.82
2001	-	-	0.66	-

(단위 : 백만 위안   자료 : 블룸버그)

중국인민재산보험   중국 최대 손해보험 회사인 중국인민재산보험(PICC · 2328 · www.pic cnet.com.cn)도 투자 유망 종목이다. 자동차 보급 확대 추세를 보면 중국의 손해보험 시장은 성장 잠재력이 무궁무진하다. 12월 결산법인으로 직원은 6만 1,448명.

〈중국인민재산보험〉 수익표				
	매출액	매출액증가율(%)	주당순이익(EPS)	EPS 증가율(%)
2005	50,665.00	-0.62	0.1	733.33
2004	50,979.00	23.26	0.01	-92.98
2003	41,359.00	13.67	0.17	388.57
2002	36,384.00	3.7	0.04	-79.89
2001	35,085.00	7.07	0.17	33.85
2000	32,769.00	-	0.13	-

(단위 : 백만 위안   자료 : 블룸버그)

운송 기업

중국 경제가 빠르게 성장하면서 해외 여행인구도 급속도로 늘어나고 있다. 많은 전문가들은 2008년 베이징올림픽과 2010년 상하이엑스포를 기점으로 중국의 해외 여행객과 항공화물 운송량이 폭발적으로 늘 것으로 보고 있다. 이런 관점에서 항공사를 주목하자.

중국국제항공 중국은 과거 7개 항공사가 있었으나 지금은 중국국제항공 (AirChina · 753 · www.airchina.com.cn), 남방항공(1055), 동방항공 등 3개 사로 통폐합됐다.

베이징에 본부를 둔 중국국제항공은 중국 국내 · 국제 항공 운송의 중심축이다. 항공사의 경우 국제 유가 상승이라는 비용 부담 요인을 늘 안고 있지만 최소한 베이징올림픽과 상하이엑스포까지는 매출 성장세가 지속될 것으로 전망된다.

'월가의 인디애나존스'로 불리는 전설적 투자자 짐 로저스는 2006년 중국 증시에서 여행과 관련된 종목에 집중 투자하라고 추천한 바 있다. 최근

〈중국국제항공〉 수익표				
	매출액	매출액증가율(%)	주당순이익(EPS)	EPS 증가율(%)
2005	35,300.80	14.48	0.26	-29.17
2004	30,834.80	31.65	0.36	1,340.00
2003	23,422.70	-1.78	0.03	-67.53
2002	23,846.70	11.7	0.08	-47.26
2001	21,348.30	-	0.15	-

(단위: 백만 위안   자료: 블룸버그)

1~2년 사이 해외 여행을 다녀온 사람이라면 중국인 해외 관광객들이 폭발적으로 늘어났음을 실감할 수 있을 것이다.

캐세이 퍼시픽 홍콩에 본사를 둔 항공사 중에서 캐세이 퍼시픽(Cathay Pacific Air ways · 293 · www.cathaypacific.com)이 단연 으뜸이다. 최근 몇 년 동안 매출이 큰 폭으로 증가했다는 점을 주목하자.

중국은 현재 상하이와 홍콩을 동북아 물류의 중심축(허브)으로 만든다는 계획을 세웠다. 최근 홍콩을 여행한 사람들은 눈으로 확인했겠지만 홍콩 공항에서 시내로 들어가는 바닷가에 컨테이너 선박들이 줄을 서 드나들고 있다. 홍콩의 돈이 전자제품 가게인 침사추이에서 항만으로 이동하고 있다는 말이 있을 정도이다. '세계의 공장'이라는 중국에서 만들어진 제품들이 이들 운송업체들을 통해 세계 각국으로 이동한다는 점을 생각해 보라. 중국의 도로나 철도 설비가 빠른 시일 내에 완비되지 않는 한 해상 운송 수단은 여전히 인기를 누릴 것으로 전망된다.

〈캐세이 퍼시픽〉 수익표				
	매출액	매출액증가율(%)	주당순이익(EPS)	EPS 증가율(%)
2005	50,909.00	19.06	0.98	-25.65
2004	42,761.00	44.57	1.31	236.92
2003	29,578.00	-10.61	0.39	-67.36
2002	33,090.00	8.72	1.2	506.6
2001	30,436.00	-11.84	0.2	-86.73
2000	34,523.00	20.28	1.48	129.37
1999	28,702.00	7.52	0.65	504.38
1998	26,695.00	-12.9	-0.16	-132.32

(단위 : 백만 위안 자료 : 블룸버그)

중국해운선사 등　H주에는 중국해운(China Shipping) 그룹 계열사인 중국 2위 컨테이너 해운업체인 중국해운선사(CSCL · 2866)와 역시 중국해운 계열사인 중국 최대 석유 운반업체 중국해운개발(China Shipping Development Company · 1138 · www.cnshipping.com), 중국 1위 컨테이너 운송업체 COSCO (China COSCO Holdings · 1919) 등이 편입되어 있다.

중국이 동북아 물류 허브 구축 계획이 있다는 점에서 컨테이너 운송업체 COSCO를 눈여겨볼 필요가 있다. 최근 2~3년간 이 기업의 실적이 가파른 상승세를 보이고 있다는 점을 주목해야 한다.

중국은 수출입 물자 운송과 이를 통한 경제 활성화를 위해 지난 2004년 철도 건설 부문에 대한 외국인 투자를 허용하고, 2020년까지 2조 위안(2,480억 달러)를 투입해 2만 5,000km의 신규 철도 노선을 건립할 계획을 세워놓았다.

⟨COSCO⟩ 수익표				
	매출액	매출액증가율(%)	주당순이익(EPS)	EPS 증가율(%)
2005	39,165.70	21.68	1.06	4.69
2004	32,188.70	24.51	1.01	-
2003	25,852.90	23.55	-	-
2002	20,925.70	-	-	-

(단위 : 백만 위안　자료 : 블룸버그)

광심철도　H주 지수 구성종목에는 광심철도(廣深鐵路 · 525 · www.gsrc.com)가 철도 계획의 수혜종목이다. 지난 1997년 홍콩이 중국 영토에 편입된 이후 중국의 광저우와 홍콩의 구룡(九龍) 반도를 잇는 유일한 철도회사이다. 특히 중국에서 가장 빠르게 성장하고 있는 광저우와 선전 지역을 잇고 있다. 1984년 설립된 첫 번째 독립 민영 철도회사로, 1996년 5월 홍콩과 뉴욕 증시에 동시 상장됐다.

철도와 함께 중국에는 요즘 고속도로 개통이 줄을 잇고 있다. 자동차 보유 대수가 늘어남에 따라 고속도로 이용도 기하급수적으로 늘어날 것으로 전망된다.

〈광심철도〉 수익표				
	매출액	매출액증가율(%)	주당순이익(EPS)	EPS 증가율(%)
2005	3,276.90	7.86	0.14	7.69
2004	3,038.10	25.89	0.13	8.33
2003	2,413.40	-4.14	0.12	-7.69
2002	2,517.50	16.9	0.13	8.33
2001	2,153.60	8.75	0.12	9.09
2000	1,980.40	8.88	0.11	-8.33
1999	1,818.80	-6.37	0.12	-20
1998	1,942.60	-11.64	0.15	-21.05

(단위 : 백만 위안   자료 : 블룸버그)

장쓰고속 H주 지수에는 중국 내 고속도로 건설과 운영을 맡아 관리하는 장쓰고속(江蘇省寧滬高速 · 177 · www.jsexpressway.com)이 상장되어 있다.

장쓰고속 외에 절강고속도로, 선전고속도로 등도 H주 구성종목이다. B주 시장에는 안후이고속도로(安徽高速道路), 쓰촨고속도로(四川高速道路), 선전고속도로, 광둥고속도로(廣東高速道路) 등이 상장되어 있다.

2004년 국내 쌍용자동차를 인수한 중국 2위 자동차 그룹인 상하이 자동차그룹은 2006년 초 2011년까지 독자 브랜드의 신차 30개 모델을 개발하겠다고 선언했다. 중국 자동차업체들은 이미 미국과 유럽 등지로 적극 진출하면서 세계적인 자동차 회사로 발돋움하겠다는 포부를 과시하고 있다. 중

〈장쓰고속〉 수익표				
	매출액	매출액증가율(%)	주당순이익(EPS)	EPS 증가율(%)
2005	2,111.00	-28.49	0.13	-31.58
2004	2,952.00	10.32	0.19	-5
2003	2,675.80	17.75	0.2	17.65
2002	2,272.50	24.21	0.17	1.8
2001	1,829.60	18.58	0.17	18.44
2000	1,543.00	25.04	0.14	9.3
1999	1,233.90	17.19	0.13	11.21
1998	1,053.00	35.05	0.12	48.72
			(단위 : 백만 위안 자료 : 블룸버그)	

국의 13억 인구는 중국 자동차 시장의 성장을 이끄는 든든한 버팀목이다.

둥펑자동차 H주 구성종목 중에는 프랑스의 푸조사와 제휴한 둥펑자동차 (Dongfeng Motor Group · 489 · www.dfac.com)가 유일하게 들어 있다.

〈둥펑자동차〉 수익표				
	매출액	매출액증가율(%)	주당순이익(EPS)	EPS 증가율(%)
2005	41,735.00	27.49	0.26	-8.88
2004	32,737.00	-10.45	0.28	-28.37
2003	36,556.00	-9.54	0.4	1.32
2002	40,412.00	-	0.39	-
			(단위 : 백만 위안 자료 : 블룸버그)	

상하이 자동차 상하이 A주 시장에는 상하이 자동차(Shanghai Automotive · 600104 · www.china-sa.com)이 상장되어 있다.

〈상하이 자동차〉 수익표				
	매출액	매출액증가율(%)	주당순이익(EPS)	EPS 증가율(%)
2005	6,370.4	-14.69	0.34	-44.21
2004	7,467.00	8.62	0.6	30.43
2003	6,874.40	44.39	0.46	41.65
2002	4,761.10	28.74	0.33	36.66
2001	3,698.10	48.98	0.24	22.68
2000	2,482.40	2.54	0.2	-31.45
1999	2,420.80	25.87	0.28	5.35
1998	1,923.30	9.16	0.27	43.85

(단위 : 백만 위안   자료 : 블룸버그)

기타

칭다오 맥주 중국은 세계 최대의 인구를 자랑하는 나라다. 인구가 세계에서 가장 많다는 것은 먹고 마시는 것도 세계적이라는 것을 의미한다. 먹고 쓰는 업종의 기업은 절대 망하지 않는다. H주 구성종목 중에는 우리에게도 익숙한 칭다오 맥주(Tsingtao Brewery · 168)가 있다.

중국의 기업 형태

중국 기업 명칭을 보면 대부분 끝에 '유한공사(有限公司)'라는 꼬리표가 붙는다. 중국 기업은 크게 고분유한공사(股分有限公司), 유한공사, 공고공사(控股公司) 등 세 종류로 구분된다.

'고분유한공사'는 5인 이상 주주가 출자해 설립된 회사를 말하며, 우리나라의 주식회사와 같은 개념으로 보면 된다.

'유한공사'는 주주가 자신의 출자금액 한도 내에서만 회사 재산에 대한 책임을 부담하는 유한회사를 말한다.

'공고공사'는 자회사의 주식 전부 또는 일부를 소유, 자회사에 대한 경영권을 행사하는 회사를 말한다. 우리가 흔히 말하는 지주회사(持株會社)인 셈이다.

중국 5	항셍지수 구성종목 (33개 사, 2006년 3월 현재)		
종목코드	기업명	업종분류	비고
0023 HK	Bank of East Asia(BEA)	은행	중국 본토 및 동남아 진출 모색
2388 HK	BOC Hong Kong Holdings	은행	BOC의 홍콩 지사
293 HK	Cathay Pacific Airways	항공	홍콩의 대표적 항공사
1 HK	Cheung Kong Holdings(長江實業)	무역	홍콩 소재 다국적 기업
1038 HK	Cheung Kong Infrastructure Holdings	건설	
144 HK	China Merchants Holdings International	무역	
941 HK	China Mobile Hong Kong	이동통신	중국 1위 무선 사업자
906 HK	China Netcom Group Corp	통신	중국 2위 유선 사업자
291 HK	China Resource Enterprise	자원	
762 HK	China Unicom	통신	중국 2위 무선 사업자
267 HK	Citic Pacific	금융	
2 HK	CLP Holdings	에너지	
883 HK	CNOOC	에너지	www.cnooc.com.cn
1199 HK	COSCO Pacific	운송	세계 5위 항만 운영업체
330 HK	Esprit Holdings	생활소비재	
101 HK	Hang Lung Properties	부동산	
11 HK	Hang Seng Bank	은행	항셍은행
12 HK	Henderson Land Development	부동산	
3 HK	Hong Kong & China Gas	에너지	
6 HK	HongKong Electric Holdings	전력	
5 HK	HSBC Holdings	은행	
13 HK	Hutchison Whampoa	운송	리자청 회장 소유
179 HK	Johnson Electric Holdings	전력	
992 HK	Lenovo Group	전자	www.lenovo.com
494 HK	Li & Fung	무역업	세계 최대 무역회사
66 HK	MTR Corp	운송	홍콩 지하철 운영업체

종목코드	기업명	업종분류	비고
17 HK	New World Development	부동산	
8 HK	PCCW	이동통신	
83 HK	Sino Land	부동산	
16 HK	Sun Hung Kai Properties	부동산	
19 HK	Swire Pacific	부동산·항공지원	
4 HK	Wharf Holdings	부동산·미디어	
551 HK	Yue Yuen Industrial Holdings	자원	

중국 6	H주지수 구성종목 (37개 사, 2006년 3월)		
종목코드	기업명	업종분류	비고
753 HK	Air China	항공	www.airchina.com.cn
2600 HK	Aluminum Corp of China	금속	www.chalco.com.cn
347 HK	Angang New Steel	철강	www.ansc.com.cn
914 HK	Anhui Conch Cement	시멘트	--
3328 HK	Bank of Communications	은행	www.bankcomm.com
694 HK	Beijing Capital International Airport	항공	www.bcia.com.cn
1211 HK	Byd(중국 최대 2차전지업체)	2차전지	www.byd.com.cn
939 HK	China Construction Bank	은행	www.ccb.com
2628 HK	China Life Insurance	보험	www.e-chinalife.com
2883 HK	China Oilfield Services	에너지	www.cosl.com.cn
386 HK	China Petroleum & Chemical	석유화학	www.sinopec.com.cn
1088 HK	China Shenhua Energy	에너지	--
2866 HK	China Shipping Container Lines	운송	www.cscl.com.cn
1138 HK	China Shipping Development	운송	www.cnshipping.com
1055 HK	China Southern Airlines	항공	www.cs-air.com
728 HK	China Telecom Corp	통신	www.chinatelecom-h.com
1910 HK	COSCO Holdings	운송	--

종목코드	기업명	업종분류	비고
991 HK	Datang International Power Generation	전력	www.dtpower.com
489 HK	Dongfeng Motor Group	자동차	www.dfl.com.cn
525 HK	Guangshen Railway Co	철도	www.gsrc.com
1071 HK	Huadian Power International	에너지	www.hdpi.com.cn
902 HK	Huaneng Power International	에너지	www.hpi.com.cn
177 HK	Jiangsu Express	고속도로	www.jsexpressway.com
358 HK	Jiangxi Copper	금속	www.jxcc.com
323 HK	Maanshan Iron & Steel	철강	www.magang.com.cn
857 HK	PetroChina	석유	www.petrochina.com.cn
2328 HK	PICC Property & Casualty	보험	www.picc.com.cn
2318 HK	Ping An Insurance Group Co of China	보험	www.cpaihk.com
2727 HK	Shanghai Electric Group	전력	www.chinasec.com
338 HK	Sinopec Shanghai Petrochemical	석유화학	www.spc.com.cn
598 HK	Sinotrans(中外運) 중국 최대 물류업체	운송	www.sinotrrans.com
168 HK	Tsingtao Brewery	음식료	www.tsingtaobeer.com
2698 HK	Weiqiao Textile(魏橋紡織)	섬유	중국 최대 면화업체
1171 HK	Yanzhou Coal Mining	탄광	www.yanzhoucoal.com.cn
576 HK	Zhejiang Expressway	고속도로	www.jsexpressway.com
2899 HK	Zijin Mining Group	탄광	www.zjky.cn 중국 2위 금광업체
763 HK	ZTE	금속	www.zte.com.cn

중국 광저우에 있는 중국에서 두 번째로 높은 빌딩, 중신따샤(80층)

30대 직장인 J씨(33)는 작년 초부터 인도 펀드에 매월 10만 원씩을 적립식으로 투자하고 있다. 2살인 아이가 12살이 될 때를 내다보고 투자를 결심했다. 앞으로 10년 후면 인도가 중국과 함께 세계 경제를 이끌 것이라는 생각에서다. J씨는 인도 주식 시장이 꾸준히 오르자 적립금 규모를 월 20만 원으로 늘렸다. J씨는 2006년 상반기 인도 주식이 급락하는 것을 보며 가슴을 쓸어내려야 했다. 투자 원금을 모두 날리는 게 아닌가 하는 불안감이 엄습했기 때문이다. 그러나 잠시 약세를 보이던 인도 주식 시장은 이내 안정을 되찾았고, J씨는 마음이 편안해졌다. 처음 인도에 투자하기로 마음먹었을 때처럼 1~2년 단기로 투자할 것이 아니라고 생각하니 대박에 대한 헛된 욕심이 사라졌다. 자신은 인도 경제의 미래를 보고 투자한 것이고, 주가는 결국 인도 경제를 따라갈 것이라고 생각했다.

　　국내 유명 자산운용사의 해외 투자 담당 펀드매니저 K 과장(40). 그의 주요 투자 대상 국가는 중국과 인도다. 그동안 홍콩 증시에 상장된 H주를 매입하는 방법으로 중국 주식에 투자해 왔다. 그러나 인도는 국내에서 직접 투자할 수 있는 수단이 마땅치 않아 뉴욕 증시에 상장된 인도 기업 주식을 매입하는 방법을 택해왔다. 때문에 인도 주식 시장에 적극 대처할 수 없었고, 수익률을 높이는 데도 한계가 있었다. K 과장은 요즘 인도 주식에 직접 투자할 수 있는 방법을 알아보는 중이다. 해외 투자 펀드에 대한 비과세 조치로 인도 주식에 대한 수요가 늘어날 것으로 예상되는 데다, 이대로 있다가는 '달리는 코끼리'를 놓칠지 모른다는 불안감이 밀려왔기 때문이다. 그는 조만간 인도 SEBI에 '적격외국기관투자가' 신청서를 보낼 작정이다.

4. '달리는 코끼리'

인도에 올라타자

인도 주식을 사야 하는 이유

'브릭스(브라질, 러시아, 인도, 중국)' 국가를 말할 때 중국과 함께 빼놓을 수 없는 나라가 바로 인도다. 10억이 넘는 인구 때문에 '세계 최대 민주주의 국가'로 불린다. 특히 영어를 자유자재로 구사하고 세계적인 수학 지식을 자랑하는 인도의 정보통신(IT) 인력은 인도 경제의 대표 선수들로 유명하다.

1947년 영국의 식민지 지배에서 독립한 인도의 경제 규모는 세계 5위 수준으로 아시아에서는 일본, 중국에 이어 3위다. 1994년 이후 10년 넘게 연평균 7% 이상의 높은 경제성장률을 유지하고 있으며, 2040년까지 세계 3위 경제대국이 될 것이라는 전망이 지배적이다. 2050년까지 일본의 5배 수준으로 경제가 성장할 것이라는 관측도 나와 있다.

13억 중국 시장의 힘은 '세계의 공장' 또는 '세계 최대 시장'이라는 말로 요약된다. 인도 역시 규모 면에서 중국에 뒤지지 않는다. 현재 중국의 인구는 13억 명, 인도는 10억 9,500만(2006년 5월 기준) 명이다. 2050년이면

16억 명으로 중국을 넘어설 것으로 예상된다.

인도는 인구 중 15~16세의 비율이 전체인구의 64%로 경제 성장의 동력이 충분하다. 특히 59%(남성 79%, 여성 48%)가 식자층으로 교육 수준이 높아 노동의 질 면에서 어느 나라에도 뒤지지 않는다. 영어가 비공식적으로 가장 중요한 언어로 사용되고 있어 영어 구사 능력도 뛰어나다.

연 소득 2,000달러의 중산층은 인도 내수 경제를 이끌면서 인도 경제 발전을 이끄는 주역이다. 10억 인구 중 7,000만 명의 연간 소득이 1만 8,000달러로, 연 소득 1만 달러 이상 인구가 2011년에는 1억 4,000만 명에 이를 것으로 예상된다.

인도의 민간 소비시장 규모는 2004년 2,000억 달러에서 2010년 2,750억 달러로 성장할 것으로 예상된다. 인도 통계국은 2006회계연도의(2006.4~2007.3) 운송, 커뮤니케이션, 금융, 보험 등 서비스 부문이 9.4% 성장할 것으로 전망했다. 중산층 증가는 신용 시장의 성장을 이끌어 은행 대출과 예금이 크게 늘고 있다.

중산층 인구가 늘면서 영세·가족 경영 형태의 소매업체들도 대규모 소매 체인점 형태로 바뀌고 있다. 세계적인 할인점 업체인 월마트, 까르푸, 테스코 등이 인도 진출을 준비 중이며, 대도시마다 쇼핑몰이 새롭게 생겨나고 있다. 대규모 소매업체들은 현재 연 18~20%의 속도로 성장 중이다. 인도의 소매업은 인도 국내총생산(GDP)의 10%를 차지하고 있으며, 전체 일자리의 6~7%를 창출하고 있다.

중산층의 성장은 인도의 열악한 사회 기반시설에 대한 투자를 확대하는 계기가 되고 있다. 지금 인도 곳곳에서는 도로와 통신, 항만 시설 공사가 한창이다.

인도는 중국과 달리 외국인 직접투자(FDI · Foreign Direct Investment)보다 국내 투자를 중시하는 정책을 구사해왔다. 그 결과물이 바로 인포시스(Infosys), 위프로(Wipro), 타타 컨설팅(TaTa Consultancy) 등의 세계적인 IT 기업들이다. 전문가들은 외국 자본에 의존하는 중국식 경제발전 모델과 달리 인도가 IT를 기반으로 지속 가능한 경제 발전을 할 것으로 보고 있다.

인도의 뛰어난 IT 산업은 세계적인 기업들을 끌어들이고 있다. 유럽 1위 IT컨설팅업체인 프랑스의 캡 제미니는 2006년 인도에서의 인력 채용을 확대하겠다고 발표했다. 또한 2009년까지 인도 인력을 현재의 4,000명에서 1만 명으로 늘리겠다고 했다. 세계 최대 컴퓨터 업체인 미국의 델(Dell)도 인도 현지 인력을 현재 1만 명에서 2만 명으로 2배 늘리겠다고 발표했다. 이에 앞서 세계 최대 소프트웨어 제조업체인 마이크로소프트(MS), 시스코 시스템스, 인텔 등 세계적인 IT 기업들도 인도에 대한 투자와 인력 채용을 늘리겠다고 선언한 바 있다.

이들 기업들의 인도 투자는 대부분 연구개발(R&D), 디자인 부문이다. 인도를 저비용 노동력을 이용한 단순 하청 기지가 아닌 핵심 연구개발 투자 대상으로 생각하고 있다는 뜻이다.

인도는 세계 4위 석탄 매장량을 자랑한다. 세계 1위 철강회사인 미탈 스틸(Mittal Steel)의 회장이자 인도의 철강왕 락시미 미탈(Rashmi Mittal)이 태어난 곳이 바로 인도. 그는 1950년생으로 미국의 경제잡지 포천이 선정한 세계 5위 부자이다. 국내 포스코가 오리사 주(州)에서 철강 공장을 짓고 있다.

만모한 싱 인도 총리는 2004년 5월 총리 취임식에서 "21세기는 인도의 세기가 될 것"이라고 말했다. 싱 총리는 치담바람 재무장관과 함께 인도 자본 시장의 개혁·개방을 이끄는 인물이다.

힌두 리스크(Hindu Risk)

　인도에는 '카스트'라는 전(前) 근대적인 신분 제도가 아직 남아있다. 인도의 경제 수도라는 뭄바이는 물론이고 행정 수도 델리의 거리에도 거지와 불가촉천민(不可觸賤民)들이 살고 있다. 이들에게는 일자리도, 복지도 제공되지 않는다. '세계 최대 민주주의 국가' 인도의 숨겨진 얼굴이자, 미래를 가로막는 비밀이다.

　인도의 표준어는 힌두어지만, 이 외에 14개의 공식언어가 사용되고 있다. 전체 인구의 80%가 힌두교를 믿지만, 무슬림(13%), 기독교(2%) 등 종교 간의 갈등이 끊이지 않는다. 종교 갈등은 10억이라는 인구 만큼이나 인도를 분열시키는 갈등의 진원지이다.

　인도 경제에서 서비스업이 차지하는 비중은 전체 산업의 절반을 넘는다. 그러나 전체 노동 인구의 60%는 농업에 종사할 만큼 인구의 절대 다수는 중산층 이하의 삶을 영위하고 있다.

1998~2004년 동안 인도 정부의 공공부채는 국내총생산(GDP)의 10% 수준에 달했다. 이같은 재정수지 적자를 보전하기 위해 인도 정부는 고금리정책을 채택하게 됐고, 이로 인해 경제 기반 시설에 대한 투자는 계속 미뤄졌다. 결국 도로와 통신, 항만 등 사회 기반 시설에 대한 투자 부진은 성장 잠재력을 갉아먹었고, 경제 발전을 늦추는 걸림돌이 되고 있다.

GDP 규모 면에서 중국의 고속도로 길이는 3만km로 인도의 10배에 달한다. 유무선 통신 가입자 수는 인도의 6배다. 인도 IT 산업의 메카로 불리는 방갈로르에서는 교통 체증과 전력공급이 중단되는 일이 벌어지고 있다.

인도 관료들의 느린 일 처리는 '만만디'라는 중국 관료들의 그것과 비교해 전혀 뒤지지 않는다. 인도 공무원들은 필요한 서류를 제대로 내지 않아도 추가 요청하지 않고 그냥 내버려두는 것으로 유명하다. 인도에서 회사를 청산하는 데는 6년이 걸린다. 인도인들은 어떤 상황에서도 "노 프로블럼(No Problem)!"이라고 외쳐댄다. 이 말을 '문제가 없다'는 말로 그대로 받아들이면 오산이다. 문제가 터지기 전까지는 일단 괜찮다는 것으로, 막상 문제가 발생하면 전혀 달라진다. 이 때문에 인도 관광청의 구호인 '환상적인 나라 인도(Incredible India)'를 비꼬아 '믿을 수 없는 나라 인도(Unbelievable India)'라는 말까지 생겼다.

'달리는 코끼리' '인도의 세기'라고 하지만 느러터진 인도인들을 보면 인도에 투자하는 것이 그리 쉬운 일만은 아님을 절감한다. 이 때문에 '뜬다'는 말만 믿고 인도에 왔다가 실망만 하고 돌아가는 사람들도 많다. 이른바 '힌두 리스크'다.

그러나 인도는 꾸준한 성장을 보여주고 있다. 인도 정부는 최근 10년

(1995~2005년)간 GDP의 22~23%를 인프라 시설 등 경제 기반 시설에 투자했다. 이를 통해 평균 6%의 경제 성장률을 이뤄냈다. 뉴델리-콜카타-첸나이-뭄바이로 이어지는 '황금 사각형(Golden Quadrilateral)'은 인도의 느리지만 안정적인 성장을 대변하는 성과물이다.

특히 막대한 재정적자에도 불구하고 3억 명에 달하는 인도의 중산층은 인도 경제를 아래로부터 떠받치는 기둥이다. 앞으로 10년을 내다보는 투자라면 중국보다는 인도가 훨씬 나을 수 있다는 말이 여기서 나온다. 사실 중국 시장은 이미 포화 상태에 가깝다. 자본 시장만 해도 씨티그룹을 비롯해 골드만삭스, 모간스탠리, 도이체방크, 노무라, 다이이치 등 내로라하는 투자은행들이 진출한 상태다. 그런 측면에서 보면 인도는 말 그대로 무주공산(無主空山)일지 모른다.

인도와 중국은 토끼와 거북이

중국과 인도는 이솝 우화의 토끼와 거북이에 비유되곤 한다. 중국이 1978년부터 시작된 개혁개방에 힘입어 연 평균 10% 이상의 초고속 성장을 계속하고 있는 반면, 인도는 1991년에야 시장을 개방한 후발 주자이기 때문이다. 1980년만 해도 두 나라의 1인당 국민소득은 거의 비슷했지만 2006년 중국의 1인당 국민소득은 인도보다 2배 높다. 중국의 외국인 직접투자(FDI)는 인도의 10배에 달한다.

중국에서 사업을 시작하기 위해 필요한 시간은 한 달이면 충분하다. 인도에서는 석 달을 기다려야 한다. 이 때문에 영국의 〈이코노미스트〉는 "만약 인도와 중국의 경제를 달리기 경주에 비유한다면, 인도는 이미 한참 뒤처져 있다."고 표현하기도 했다. 그러나 아직 경주는 끝나지 않았다. 미국의 경제주간지 〈포춘〉은 2006년 8월 "인도가 중국을 추월할 것(Why India will overtake China)"이라는 전망을 내놓았다. 인도 경제가 지금은 중국에 뒤처져 있지만, 안정적이고 시장 친화적인 민주적 정치 시스템에 힘입어 격차를 줄여 결국에는 중국을 따라잡을 것이라는 전망이다.

〈포춘〉은 "도로, 항만 같은 경제의 하드웨어는 중국이 인도보다 뛰어나지만, 소프트웨어 면에서는 인도가 훨씬 낫다."고 설명했다. 인도의 금융기관 무수익여신(NPL) 비율은 10%에 불과한 반면, 중국의 NPL은 최대 9,000억 달러에 달하는 것으로 알려져 있다.

세계적인 전략컨설팅회사 맥킨지도 "인도가 중국보다 낫다."고 평가했다. 란짓 판딧 맥킨지 인도 회장은 인도가 최소한 네 가지 면에서 중국보다 매력적이라고 주장했다.

그는 여야를 막론한 정치권의 강력한 개방의지와 친(親) 기업 정책을 첫 번째 매력으로 들었다. "인도는 지난 1985년 라지프 간디 총리 이래로 20년 동안 여야가 번갈아 집권했지만, 꾸준하게 개방노선을 걸어왔다. 현재 인도 정부는 외국인 투자를 끌어들이기 위해 간접세 인하, 고용·해고를 좀 더 자유롭게 할 수 있는 노동법 도입, 특별경제구역 확대 등 다양한 정책을 추진 중이다. 이를 토대로 인도 경제는 2015년까지 경제 호황을 누릴 것이다." 두 번째로 영·미식 법률 제도를 꼽았다. "인도는 영국 식민지였던 덕분에 영·미와 유사한 선진화된 법률·금융 시스템을 갖추고 있다."는 것이다. 값싸고 다양한 인력은 인도의 세 번째 매력이다. "인구학적으로도 중국보다 값싸면서도 숙련된 노동력, 늘어나는 중산층, 글로벌 경쟁에 적합한 다양한 인력 풀 등 장점이 많다." 여기에 강력한 지적재산권 보호는 중국과 인도를 구별짓는 매력이다. "인도는 뛰어난 기술과 제품을 가진 한국 기업에 훌륭한 생산기지 역할을 할 것"이라는 설명이다.

인도 주식 시장

그동안 인도의 주식 시장은 세계 금융시장에서 전혀 주목을 받지 못했다. 2차 세계대전 이후 인도가 사회주의 경제 모델을 채택하면서 시장을 닫아버렸기 때문이다. 그러나 최근 몇 년 사이 인도 증시는 이머징 마켓(emerging market)에 투자하는 사람이라면 누구나 관심을 가질만한 시장으로 변신했다(p.35 '아시아 주요국 주식 시장' 참조).

사실 인도 증시는 아시아에서 가장 오랜 역사를 자랑하는 시장이다. 영국 식민지 시절의 영향으로 뭄바이(옛 봄베이) 증권거래소는 1875년에 설립됐다. 상장 기업수는 4,700개(인도 거래소 제외. 인도 거래소 상장 기업은 1,049개 사. 국외 기업 0개 사, 시가총액은 5,680억 달러)를 넘는다. 중국 증시에 상장된 기업이 1,400개라는 점과 비교해 보면 인도 증시의 규모를 짐작할 수 있다.

중국이 상하이와 선전의 양대 증권거래소 체제인 데 비해, 인도에는 증권거래소만 23개에 달한다. 미국의 월 스트리트(Wall Street)나 우리나라의 여

의도처럼 인도에도 금융시장의 중심지가 존재한다. 인도의 경제 수도 뭄바이의 달랄 스트리트(Dalal Street)에는 증권사가 몰려있고, 뭄바이 거래소도 이곳에 있다.

우리에게 익숙한 인도의 대표적인 주가지수 센섹스(SENSEX) 지수가 거래되는 곳이 바로 뭄바이 증권거래소(BSE)이다. 정식 명칭은 '센섹스 30 지수(BSE SENSEX 30 INDEX)'. 센섹스 지수는 100을 기준 지수로 1978~1979년 뭄바이 거래소에 상장된 종목들 중에서 주식 거래량과 업종 대표성을 지닌 우량 30개 기업을 뽑아, 이들 종목의 시가총액과 대표 종목의 시가총액을 집계해 산출된다. 2005년 4월 29일 6138.47까지 떨어졌던 센섹스 지수가 2006년 5월 11일에 1만 2,671.11까지 오르기도 했다.

센섹스 지수(Sensitive Index · SENSEX Index)는 2003년에 전년보다 73% 상승했고, 2004년에는 13%, 2005년 42% 등 놀라운 주가 상승률을 기록하고 있다. 2006년 1만선을 넘어선 이후 2007년 들어서도 사상 최고 기록을 갈아 치울 만큼 역동적인 모습을 보이고 있다.

뭄바이 거래소와 함께 인도 주식 거래의 99%를 차지하는 인도 거래소(NSE)도 뭄바이에 있다. 1994년 11월 인도 정부가 설립한 이 거래소에서는 인도 전체 파생상품의 99%가 거래되고 있다.

뭄바이 거래소의 센섹스 지수와 함께 인도 증시의 대표적인 주가지수가 NSE의 '니프티 지수'이다. 정식 명칭은 'S&P CNX NIFTY 50 INDEX'로 시가총액과 유동성을 기준으로 업종별 50개 종목으로 구성되어 있다.

인도 주식 시장은 1990년대 초 살아나기 시작해 2004년 5월부터 본격적인 상승세를 탔다. 인도 증시의 상승 배경은 다섯 가지 요인으로 풀이된다.

▶매 분기 8%가 넘는 경제성장률 ▶1,000억 달러가 넘는 외환보유액(2005년 말 현재 1,450억 달러) ▶IT 기업 등을 중심으로 한 기업실적의 지속적인 개선 ▶싱 총리와 치담바람 재무장관이 이끄는 시장친화적 개혁 정책 라인 ▶외국인의 '바이 인디아(Buy India)' 열풍과 1990년대 초 증시를 떠났던 개인 투자자들의 복귀가 인도 증시를 설명하는 키워드이다. 외국인 투자자들은 2006년 인도 주식을 107억 달러 어치 순매수(매수금액−매도금액)했다.

1994~1997년에 이미 골드만삭스, 메릴린치, 모간스탠리 등 세계적인 투자은행들이 인도에 합작법인을 설립했다. 2000년 세계 최대 금융기관인 씨티그룹이 인도에 100% 출자법인을 세울 만큼 인도는 주목받는 시장이다. '씨티 인디아'는 인도 1위 석유 회사인 'ONGP(Oil & Natural Gas Corp)'와 '중국석유(CNPC)'의 시리아 진출 자문역을 맡았다.

인도 금융시장의 발전은 인도 경제의 빠른 성장, 내수 회복과 궤를 같이 한다. 이는 향후 인도 금융시장의 앞날이 밝다는 것을 의미하기도 한다. 2000~2005년까지 인도 은행업계의 총 매출액은 350억 달러로 2배 이상 성장했다. 은행 계좌와 신용카드 숫자는 세계에서 가장 빠른 속도로 늘고 있다.

인도 주식 시장 거래시간은 뭄바이 거래소와 인도 거래소 모두 09:55~15:30(월~금)이다. 인도 거래소에는 15:30~16:00의 종가 동시호가도 존재한다. 우리나라와 인도 사이에는 3시간 30분의 시차(時差)가 있으므로 우리나라 시간으로 거래시간은 13:25~19:00이다.

주식 중개수수료는 거래소마다 다르지만 뭄바이 거래소(BSE)와 인도 거래소(NSE)의 경우 거래금액의 2.5% 이상을 받지 못하도록 규정되어 있다. 따라서 실제 중개수수료는 2.5%보다 크게 낮다. 국내에서는 당연하게 여겨지고 있지만 인도 주식 거래를 위해서는 중개수수료 외에 자본이득세를 내야 한다. 비거주 외국인의 경우 인도 소득세법에 따라 장기 투자자의 경우 10%, 단기 투자자는 30%의 자본이득세가 부과된다. 이외에 2004년부터 국세 성격의 증권거래세가 부과되고 있다. 한국과 인도는 1985년 이중과세 방지협약(DTAA · Double Taxation Avoidance Agreement)을 체결했기 때문에 자본이득세가 면제된다. 우리나라의 미래에셋투신운용이나 외국 금융기관들은 세금을 피하기 위해 조세피난처인 싱가포르나 모리셔스(Mauritius) 등에서 펀드를 설립해 인도에 투자하는 형식을 취하고

© India Brand Equity Foundation

있다. 싱가포르, 모리셔스 등에 법인을 설립할 경우, 이중과세방지협약에 따라 자본이득세와 배당이득세가 면제된다. 참고로 인도는 자국 기업에 대해서는 33.66%의 법인세를 부과하고 있으며, 외국 기업들은 41.82%의 법인세를 내고 있다.

주식 매수 · 매도 주문 후 실제 투자자금이 결제되는 기간은 우리나라와 동일하게 'T+2영업일'이다. 증권사에서 돈을 빌려 거래하는 신용거래(Margin Trading)는 순자산이 3,000만 루피 이상에 대해서는 허용된다. 이들 증권사들은 중앙은행에 등록된 상업은행을 통해서만 신용거래 자금을 대여

받아 주식 거래자들에게 빌려줄 수 있다.

주식, 채권을 비롯해 주가지수 선물, 옵션 등 파생상품과 워런트(권리부 증권)도 거래된다. 2006년 5월 22일 인도 주식 시장은 미국발(發) 인플레이션 공포로 인해 10% 넘게 급락했다. 센섹스 지수를 구성하는 30개 종목이 모두 하락했고, 일부 종목은 20% 가까이 폭락하기도 했다. 인도 증시에는 우리나라와 유사하게 주가가 과도하게 빠질 경우 거래를 중지시키는 '서킷 브레이커(Circuit Breakers)'라는 제도가 있다. 2001년 7월 2일 도입됐고, 이것이 발동되면 주식은 물론이고 주식 관련 파생상품의 모든 거래가 중지된다.

인도 증시의 '서킷 브레이커'는 주가 하락률에 따라 거래 중지 시간을 달리 규정하고 있다. 인도 거래소 홈페이지(www.nseindia.com/content/equities/eq_circbreakers.htm)의 내용을 참고하면 된다.

전일 종가대비 주가가 10% 이상 하락했을 경우 ① 오후 1시 이전일 경우 1시간 동안 거래가 중지된다. ② 오후 1시~오후 2시 30분 사이에 10% 이상 하락했을 경우 30분 동안 거래가 멈춰진다. ③ 오후 2시 30분 이후 10% 넘게 하락하면 거래가 계속된다.

주가가 15% 넘게 빠졌을 때도 시간에 따라 조치가 달라진다. ① 오후 1시 이전일 경우에는 2시간 동안 거래가 중지되고 ② 오후 1시~오후 2시 사이에는 1시간 동안 모든 거래를 중지하도록 한다. ③ 오후 2시 이후 주가가 15% 이상 빠졌을 때는 거래를 중지시키지 않는다. ④ 주가가 20% 넘게 빠졌을 때는 주가 하락 시점과 관계없이 당일 모든 주식 거래가 이뤄지지 않는다.

국내 주식 시장에서 주가가 전일 종가 대비 ±15% 이상 오르지 못하도록 가격 제한 폭을 설정한 것처럼 인도 증시에서도 가격 제한 폭이 있다. 다만, '센섹스 50 지수' 구성종목과 '니프티 50 지수' 구성 종목에는 가격 제한 폭이 없다. 이는 '센섹스 50 지수' 와 '니프티 50 지수' 가 10%, 15%, 20% 하락할 경우 '서킷 브레이커' 가 발동되기 때문이다. '센섹스 50 지수' · '니프티 50 지수' 구성이 아닌 종목의 가격 제한 폭은 뭄바이 거래소와 인도 거래소에 따라 차이가 있다.

뭄바이 거래소는 일일 가격 변동폭을 20%로 제한하고 있다. 다만 종목별로 유동성이 떨어져 가격이 급변할 수 있는 종목에 대해서는 10%, 5%, 2% 등으로 제한폭을 완화하기도 한다.

인도 거래소는 종목별로 가격 제한폭을 2%, 5%, 10% 등으로 분류한다. 뭄바이 거래소는 개별 종목의 가격 변동폭을 변경할 경우 공지를 통해 알리고 있다.

인도의 증권시장 감독은 재무부 산하 인도 중앙은행(RBI)과 증권거래이사회(SEBI)에서 관할한다. SEBI는 증권투자자 보호와 증권시장 발전 및 시장 규제를 목적으로 1992년 설립됐다. 우리나라의 금융감독원에 해당하는 곳이다.

SEBI 내에는 주식 · 채권 및 관련 파생상품 시장 참가자 등록 · 감독 · 감시를 맡는 MIRSD(Market Intermediaries Registration and Supervision Department), 증권거래소 · 청산결제소 · 증권예탁원 관련 규정 제정과 운용을 감시하는 MRD(Market Regulation Department), 증권거래소 파생상품 거래 및 신규 상품 감독을 맡은 DNPD(Derivatives and New Products Departments) 등이 증권시장 담당 부서들이다.

인도에는 모두 23개의 증권거래소가 운영되고 있으며, 이중 망갈로르 거래소를 제외한 22개 거래소가 SEBI에서 공식인가를 받았다. 망갈로르 거래소는 2004년 8월 공식인가를 신청했으나 거부됐다.

아메다바드 거래소(The Ahmedabad Stock Exchange), 마드야 프라데시 거래소(Madhya Pradesh Stock Exchange), 뭄바이 거래소(Bombay Stock Exchange) 등 3개 거래소만 사단법인 형태를 갖추고 있으며, 나머지 19개 거래소는 모두 회사 형태다. 인도 거래소(NSE · National Stock Exchange of India)를 제외하고는 모두 비영리법인이다.

- 인도 재무부(Ministry of Finance) : 인도 자본 시장 법규 및 규정 제정
- 인도 중앙은행(Reserve Bank of India) : 외국기관 투자가 승인
- 인도증권거래이사회(Securities Exchange Board of India) : 외국기관 투자가 승인 및 고유번호(ID) 부여, 증권시장 및 증권거래소 감독

T·I·P

지역별 거래소 현황 (2006년 3월 현재)

● 북부 지역

－우타 프라데시 거래소(Uttar Pradesh Stock Exchange Association)

－루디아나 거래소(Ludhiana Stock Exchange Assoc.)

－델리 거래소(Delhi Stock Exchange Assoc. · business.vsnl.com/dse)

－자이푸르 거래소(Jaipur Stock Exchange Ltd.)

● 동부 지역

－부바네스와르 거래소(Bhubaneswar Stock Exchange)

－콜카타 거래소(Calcutta Stock Exchange · www.lyonsrange.com)

－고하티 거래소(Gauhati Stock Exchange)

－마가드 거래소(Magadh Stock Exchange Assoc.)

● 서부 지역

－아메다바드 거래소(The Ahmedabad Stock Exchange · www.aseindia.org)

－바도다라 거래소(Vadodara Stock Exchange)

－마드야 프라데시 거래소(Madhya Pradesh Stock Exchange)

－뭄바이 거래소(Bombay Stock Exchange)

－장외거래소(OTC Exchange of India · www.otcindia.com)

－인도 거래소(National Stock Exchange of India)

－푼 거래소(Pune Stock Exchange)

－소라시트라 거래소(Saurashtra Kutch Stock Exchange · www.sksesl.com)

－인터커넥티드 거래소(Interconnected Stock Exchange of India)

● 남부 지역

－방갈로르 거래소(Bangalore Stock Exchange)

－첸나이 거래소(Madras Stock Exchange)

－코친 거래소(Cochin Stock Exchange · www.cochinstockexchange.com)

－코임바토르 거래소(Coimbatore Stock Exchange)

－하이데라바드 거래소(Hyderabad Stock Exchange)

-망갈로르 거래소(Mangalore Stock Exchange)

인도의 금융산업은 은행·보험·뮤추얼 펀드를 큰 축으로 하고 있으며, 증권사는 창업주 일가가 경영을 이어가는 가족 경영 형태가 대부분이다. 인도에는 1만 곳 이상의 증권사가 있으며, 코탁 마힌드라 그룹(Kotak Mahindra Group · www.kotak .com)의 증권 자회사인 코탁 증권이 약 8%(자체 추산)로 소매시장점유율 1위 업체다. 1996년 골드만삭스가 코탁 증권 지분 25%를 사들이기도 했다.

자본 시장 관련 사이트

- 인도 재무부 : finmin.nic.in
- 중앙은행 RBI : www.rbi.org.in
- 증권거래이사회 SEBI : www.sebi.gov.in
- 뭄바이 증권거래소 : www.bseindia.com
- 인도 증권거래소 : www.nseindia.com
- 인도 장외거래소 : www.otcindia.com
- 증권예탁원 : National Securities Depository www.nsdl.co.in
- 중앙 증권예탁서비스 : CDS · Central Depository Services
- 야후! 인디아 파이낸스 : in.finance.yahoo.com : 야후! 파이낸스 인도

SEBI 등록 수탁 금융기관(2006년 3월 현재)

- SBI(State Bank of India) : 인도 최대 은행. 직원 숫자만 25만~30만 명이고 지점은 2만 5천여 개에 이른다.
- ICICI 은행(ICICI Bank) : 민간부문 인도 최대 은행
- ABN 암로 은행(ABN Amro Bank)
- 스탠다드차타드 은행(Standard Charted Bank)
- 씨티은행(Citi Bank)

- 도이체 방크(Deutsche Bank)
- HDFC 은행(HDFC Bank)
- HSBC 은행(HSBC Bank)
- IL&FS(Infrastructure Leasing & Financial Service)
- 인도 주식 수탁 공사(Stock Holding Corporation of India)
- 체이스 맨해튼 은행(Chase Manhattan Bank)

인도의 주요 언론

비즈니스 스탠더드(Business Standard) : www.business-standard.com

인도타임스(The Times of India) : timesofindia.indiatimes.com

이코노믹 타임스(The Economic Times) : www.economictimes.com

힌두(The Hindu) : www.hindu.com

비즈니스 라인(BusinessLine) : www.thehindubusinessline.com

Composite Securities Ltd.		
본사주소	307, Kanchenjunga Building 18, Barakhamba Road, New Delhi - 110001	
지점주소	1233, Bank Street, Jain Mandir Marg, Karol Babh, New Delhi - 110005	
전화ㅣ팩스	011-23319208	011-23319261
전자메일ㅣ웹사이트		www.composite.co.in
East India Securities Ltd.		
전화ㅣ팩스	23345689	
전자메일ㅣ웹사이트	rasguinha@eisec.com	www.eisec.com
Escorts Securities Ltd.		
본사주소	11, Scindia House, Connaught Place, New Delhi - 110001	
지점주소	홈페이지 참조	
전화ㅣ팩스	23351325	(91) 011-23761495
전자메일ㅣ웹사이트	www.escortssecurities.com	
Farsight Securities Ltd.		
주소	17A/57, Triveni Plaza Building, W.E.A., Gurudwara Road, Karol Bagh, New Delhi - 110005	
전화ㅣ팩스	25815531	25715334
전자메일ㅣ웹사이트	fsl@nda.vsnl.net.in, contactus@farsightshare.com	www.farsightshares.com
Religare(옛 Fortis Securities)		
주소	19, Nehru Place, New Delhi - 110019	
전화ㅣ팩스	011-44312345	
전자메일ㅣ웹사이트	igreligare@religare.in, info@religare.in	www.religare.in
Gogia International Securities		
주소	D-24, Green Park Main, New Delhi - 110016	
전화ㅣ팩스	6529441	91-11-26532767
전자메일ㅣ웹사이트	info@gogiacap.com	www.gogiacap.com
India Infoline Securities Pvt Ltd.		
주소	Bldg. No. 75, Nirlon Complex, off W E Highway, Goregaon (E), Mumbai - 400063	
전화ㅣ팩스	+(91 22) 6669 3200	+(91 22) 2272 2419
전자메일ㅣ웹사이트	info@5pmail.com	www.indiainfoline.com, www.5paisa.com
JK Securities		
주소	Opp. Peoples Bank Park Sardar Gunj Road, Anand 388001	
전화ㅣ팩스	(02692) 243181	
전자메일ㅣ웹사이트	info@jksecurities.com	www.jksecurities.com
Jhaveri Securities		
주소	12, Shital, Lalbaug Society, Manjalpur, Vadodara - 390011	
전화ㅣ팩스	+(91 265) 222 6201	
전자메일ㅣ웹사이트	info@jhaverisec.com	www.jhaverisec.com
JRG Securities		
주소	JRG House, Ashoka Road, Kaloor, Kochi Kerala - 682017	
전화ㅣ팩스	91-484-2409990	91-484-2409922

전자메일 | 웹사이트	jrg@jrg.co.in	www.jrg.co.in
Mansukh Securities		
주소	306, Pratap Bhavan, 5, Bahadur Shah Zafar Marg New Delhi - 110002	
전화 | 팩스	011-23317421	011-23313361
전자메일 | 웹사이트	nsebse@vsnl.com admin@mansukh.net	www.mansukh.net
Pee Aar Securities		
주소	B-96, Wazirpur Industrial Area Delhi - 110052	
전화 | 팩스	2737 5761	91-11-2737 7438
전자메일 | 웹사이트	prslakg@nda.vsnl.net.in	www.peeaarsecurities.com
Shivmangal Securities		
주소	35/8, Tollygunge Circular Road, New Alipore, Kolkata - 700053	
전화 | 팩스	(033) 2400 5228	
전자메일 | 웹사이트		www.shivmangal.com
Steel City Securities		
주소	49-52-5/4, Santhipuram, Visakhapatnam - 530016	
전화 | 팩스	(91) 0891 276 2581	(91) 0891 276 2586
전자메일 | 웹사이트	edp@scsl-online.com	www.scsl-online.com
Trans Scan Securities		
주소	3A, Auckland Place, 4th Floor, Room No. 4A, KolKata -700017	
전화 | 팩스	(91) 033 2280 6318	(91) 033 2283 6158
전자메일 | 웹사이트	transdp@rediffmail.com admin@transcansec.com	www.transcansec.com
Transworld Securities		
주소	22/44, West Patel Nagar, New Delhi - 110008	
전화 | 팩스	4100 7799	011 2588 1679
전자메일 | 웹사이트	care@transworldsecurities.com	www.transworldsecurities.com
UTI Securities		
주소	Dheeraj Arma, 1st floor, Anant Kanekar Marg, Station Road, Bandra, Mumbai - 400051	
전화 | 팩스	022 5551 5999	
전자메일 | 웹사이트	customercare@utisel.com	www.utisel.com, www.usectrade.com
Vedika Securities		
주소	557 Chira Bazar, 1st floor, Kalbadevi, Mumbai - 400002	
전화 | 팩스	(22) 2205 4961	
전자메일 | 웹사이트		www.vedikasecurities.net
Zen Securities		
주소	3rd floor, Vamsee Estates, 6-3-788/32, Ameerpet, Hyderabad - 500016	
전화 | 팩스	040-6666 0555	040-2340-5124
전자메일 | 웹사이트	info@zensecmail.com	www.zensec.com

인도 주식 투자 ABC

국내 개인 투자자가 인도 주식에 직접투자하는 방법은 거의 없다. 중국과 마찬가지로 외국인 투자자의 루피화 표시 유가증권 투자를 제한적으로 허용하고 있는데 이는 1997년 11월부터 1998년 1월 사이 아시아 외환위기 사태로 외국인 자금이 단기간에 급격히 빠져나간 경험 때문이다.

자본 시장 감독기구인 인도증권거래이사회(SEBI)와 중앙은행(RBI)은 '적격 외국기관 투자가(FIIs)'에 대해서만 주식이나 채권 직접투자를 허용하고 있다. 1995년 도입된 이 제도는 1991년 경제개방 정책의 일환으로, 비거주 외국인 투자자에게 인도 시장에 직접투자할 수 있는 기회를 주기 위해 만들어졌다.

국내 금융기관 중에서는 '미래에셋 자산운용(ID : INSKFD 103305, 2005년 3월 10일 등록)' '미래에셋 투신운용(ID : INSKFA 120505, 2005년 12월 23일 등록)' '미래에셋 맵스 자산운용(ID : INSKFA 126806, 2006년 3월 17일 등록)' 등이

SEBI에 등록된 '적격 외국기관 투자가'이다. 미래에셋 투신운용은 2006년 말 한국계 증권사 중에서는 두 번째로 인도에 현지법인을 설립했다. 사실 미래에셋에 앞서 대우증권이 1997년 인도의 CRB그룹과 제휴해 인도에 진출했으나, CRB그룹이 자금 스캔들로 파산하면서 합작법인이 공중분해됐다. 전체 '적격 외국기관 투자가' 현황은 SEBI 홈페이지(www.sebi.gov.in)에서 확인 가능하다.

'적격 외국 기관 투자가'는 연금펀드를 비롯해 뮤추얼펀드, 보험회사, 투자신탁회사, 은행, 대학 펀드, 기금, 재단, 자선 투자신탁, 자선 회사, 20명 이상의 투자자를 가진 역외 펀드(자산 운용회사·기관 포트폴리오 운용회사·투자신탁) 등이 신청할 수 있다. SEBI는 과거 자금 운용성과와 전문성, 금융회사의 평판(최소 1년 이상 사업 영위 조건) 등을 종합적으로 검토해 승인 여부를 결정한다.

신청을 원하는 투자자는 신청서(Form A)와 최근 1년간의 회계감사 보고서, 등록비(5,000달러)를 SEBI(주소는 SEBI Division of FII & Custodian Mittal Court Wing, First Floor 224, Nariman Point Mumbai 400021 India)에 제출하면 된다. 신청 대상자가 은행이나 은행 계열사인 경우에는 중앙은행(RBI)의 평가 작업이 필요하기 때문에 신청서 및 관련 사본도 동봉해야 한다. 통상 7일간의 검토 작업을 걸쳐 등록증을 받게 된다. 은행이나 은행 계열사는 RBI의 검토 작업으로 7일이 더 소요된다. 원칙적으로 개인 투자자도 SEBI에서 외국인 투자 등록증을 받으면 직접투자가 가능하지만 현실적으로 불가능하다.

SEBI에 등록된 증권사, 상장 기업, 투자자 등 인도 증권시장 참가자들은 모두 SEBI 등록과 함께 고유번호(UIN·Unique Identification Number)를 부여

받는다. 우리나라에 투자하는 외국인 투자자들이 금융감독원에서 외국인 투자자 고유 식별번호(ID)를 받는 것과 유사한 시스템이다.

외국인 투자자 등록증의 유효기간은 5년, 만료 3개월 전에 갱신 절차를 밟아야 하는데 신고절차와 동일하며 5,000달러가 필요하다.

'적격 외국기관 투자가' 승인을 받으면 인도 유가증권 발행시장 및 유통시장의 상장기업과 비상장기업이 발행한 주식과 채권, 워런트(권리부 증권), 펀드, 국채, 증권거래소에서 거래되는 파생상품, 회사채(CP) 등에 투자할 수 있다.

그러나 '적격 외국기관 투자가' 라 하더라도 투자 한도에 제한을 받는다. 인도 기업 전체 발행 주식의 10% 이상, 상장기업 발행 주식 전체의 30~40% 이상은 매입할 수 없다. 단일 '적격 외국기관 투자가'가 10% 이상 지분을 취득하는 것도 허용하지 않는다. 예외적으로 역외 펀드를 통해 인도 주식에 투자하는 경우 30~40% 지분 매입 한도 규정 적용 대상에서 제외된다.

국채 투자에서도 투자 한도가 적용돼 국채만 매입할 경우에는 17억 5,000만 달러, 투자자금의 70%를 국채에 투자했을 경우에는 2억 5,000만 달러(총 한도 20억 달러) 이상은 살 수 없다. 회사채도 100% 투자할 경우 13억 5,000만 달러 이상 매입할 수 없고, 70% 투자했을 때는 1억 5,000만 달러(총 한도 15억 달러)로 투자 한도를 규정하고 있다.

파생상품 투자에 대해서도 일정 규모 이상은 보유할 수 없도록 하고 있다. 주가지수 선물에 투자하는 경우에도 제한을 둬 전체 미결제약정(결제가 완료되지 않은 매수·매도 포지션)의 15%와 25억 루피 중에서 높은 금액 이상은 보유할 수 없다. 또 선물 매도와 콜 옵션 매도·풋 옵션 매도 금액이 현금·국채·회사채 보유 금액을 넘을 수 없도록 했다. 파생상품에 대한 투자 제한과 별도로 '적격 외국기관 투자가'는 인도에 투자한 유가증권을 담보로 역외에서 주가지수연동채권(ELN) 등 파생상품을 만들 수 있다.

'적격 외국기관 투자가'도 주식을 팔기 위해서는 증권거래소 회원 증권사를 통해야 한다. 공매도(空賣渡·주식을 가지고 있지 않은 상태에서 주가 하락을 예상해 주식을 파는 것)도 허용하지 않는다.

따라서 인도 주식을 직접 사기 위해서는 SEBI에서 외국인 투자자 투자 승인을 획득한 뒤, 현지 증권사에서 증권 거래 계좌를 개설해야 한다. 이 경우 인도를 직접 방문해야 하는 불편은 물론이고, 계좌 관리 등 인도 증권사 직원과의 의사소통 문제도 직접 해결해야 한다.

인도를 방문하지 않고 한국에서 인도 주식을 사고파는 것이 완전히 불가능한 것은 아니다. 일부 외국계 증권사 중에서 인도 주식 중개 서비스를 하는 곳이 있다. 국내에 진출한 일본의 노무라 증권과 씨티글로벌마켓증권

인도 3			미국에 상장된 인도 기업		
인도기업	증권거래소	종목코드	인도기업	증권거래소	종목코드
*Dr. Reddy's Lab	뉴욕 증권거래소	RDY	*HDFC Bank	뉴욕 증권거래소	HDB
*ICICI Bank	뉴욕 증권거래소	IBN	*Infosys Technologies	나스닥	INFY
**Mahanagar Telephone Nigam	뉴욕 증권거래소	MTE	Patni Computer Systems	뉴욕 증권거래소	PTI
Rediff.com India	나스닥	REDF	*Satyam Computer Services	뉴욕 증권거래소	SAY
Sify	뉴욕 증권거래소	SIFY	Silverline Tech	장외 시장	SLTTY.PK
*Tata Motors	뉴욕 증권거래소	TTM	**Videsh Sanchar Nigam	뉴욕 증권거래소	VSL
*Wipro	뉴욕 증권거래소	WIT			

*센섹스 30 지수 구성종목 **니프티 50 지수 구성종목

(CGM) 등이다. 그러나 대규모 자금을 집행하는 기관 투자가를 대상으로 한 부가서비스이기 때문에 개인 투자자는 해당 없다.

때문에 개인 투자자의 경우 인도에 투자하는 펀드를 통해 간접적으로 투자하거나 미국 증시에 상장된 인도 기업 주식(p.99 '미국에 상장된 인도 기업' 참조)을 실시간으로 직접 사고파는 방법을 통해 참여할 수 있다.

T·I·P

미국 증시에 인도 기업이?

인도 기업 중에는 인도 증시 상장에 앞서 미국 증시에 상장된 기업들이 다수 있다. 인도 기업 가운데 세계적인 수준의 기업들이 많다는 방증이다. 뉴욕 증시 상장은 전 세계 투자자들에게 기업의 정보를 공개할 수 있다는 자신감의 표현이다.

국내에서 개인 투자자가 인도 주식 시장에 직접투자하기 어렵다는 점을 감안할 때, 뉴욕 증시에 상장된 인도 주식을 사는 것도 생각해 볼만 하다. 굿모닝신한증권이나 리딩투자증권에서 외화증권 계좌를 개설하면 미국 증시에서 거래되는 인도 기업 주식을 실시간으로 사고팔 수 있다.

인도 주식, 어떤 종목을 살까

    주가(株價)는 기업의 미래 가치를 반영하는 거울이다. 그러므로 인도 주식을 산다는 것은 인도 기업들의 실적이 개선될 것이라는 믿음을 전제로 한다. 국내 투자자들에게 인도 주식 시장은 아직까지 미지의 세계에 가깝다. 직접투자가 쉽지 않은 데다 투자정보를 얻기가 쉽지 않기 때문이다.

    인도는 1991년 이전까지만 해도 자급자족에 가까운 사회였다. 인도 경제를 표현하는 말 중에 '샌들에서 인공위성까지'라는 말이 있었을 정도였다. 그러나 1991년 이후 인도는 세계 경제로의 편입을 가속화하고 있다. 2005년 통신 시장을 개방했고, 2006년 1월에는 소매업(단일 브랜드 시장)에 대해서도 외국인 투자를 허용했다.

    '센섹스 30 지수'에 포함된 종목들을 통해 인도의 대표 기업들을 알아보자.

IT 기업

　뉴욕 증권시장에 상장된 인도의 우량 IT기업들을 통해 인도의 저력을 확인할 수 있다. 인도는 세계적인 IT 강국이다. 타타 컨설턴시 서비스(TCS·Tata Consultancy Services), 인포시스 테크놀로지(Infosys Technologies), 위프로(Wipro)는 대표적인 3대 소프트웨어 기업이다. 인포시스와 위프로는 각각 나스닥 시장과 뉴욕증권거래소(NYSE)에 상장되어 있다.

　인포시스　인도 남부 방갈로르에 위치한 인포시스(www.infosys.com, www.infy.com)는 마이크로소프트(MS)에 비견된다. 인도의 빌 게이츠로 불리는 N.R. 나라야나 무르티 회장이 1981년 난단 M. 닐레카니, S. 고팔라크리슈난, K. 디네슈, 시불랄과 공동으로 설립했다. 무르티 회장은 '인도의 대표적인 시장경제주의자이자 국민들이 가장 존경하는 기업인'으로 꼽힌다. 설립 당시 사명은 '인포시스 컨설턴트'였으나 1992년 현재의 이름으로 바뀌었다.

〈인포시스〉 수익표				
	매출액	매출액증가율(%)	주당순이익(EPS)	EPS 증가율(%)
2006	95,210.00	33.54	90.06	30.92
2005	71,296.50	46.91	68.79	46.83
2004	48,529.50	33.32	46.85	29.96
2003	36,399.80	39.81	36.05	18.08
2002	26,035.90	36.99	30.53	29.61
2001	19,005.70	115.41	23.56	117.95
2000	8,823.20	73.38	10.81	109.75
1999	5,088.90	97.51	5.15	108.51

(자료 : 블룸버그)

인포시스는 인도 기업 중 처음으로 미국 나스닥 시장에 상장됐다. 1999년 상장 당시 인포시스 주가는 20달러에도 미치지 못했으나, 현재는 80달러 근처에서 거래되고 있다. 한때 400달러에 근접하기도 했다. 3월 결산법인으로 직원은 5만 2,700명(2006년 4월 기준). 이하 실적 단위는 특별한 언급이 없는 한 백만 루피 기준이다.

위프로　1945년 설립된 인도 2위 소프트웨어 회사 위프로(www.wipro.com)는 세계적인 IT 아웃소싱 업체다. 미국을 비롯해 프랑스, 독일, 프랑스, 네덜란드, 일본, 스웨덴, 영국 등에서 '글로벌 IT 서비스'를 제공하고 있다. 최근 데스크탑 PC 등 소비가전 제품을 직접 판매하기도 한다. 3월 결산법인으로 본사는 방갈로르에 있다.

	매출액	매출액증가율(%)	주당순이익(EPS)	EPS 증가율(%)
2005	81,605.50	39.74	11.7	57.45
2004	58,400.20	36.01	7.43	20.14
2003	42,937.50	24.61	6.19	-3.42
2002	34,458.10	12.82	6.41	33.49
2001	30,543.10	34.34	4.8	121.41
2000	22,735.60	31.22	2.17	75.73
1999	17,326.20	31.32	1.23	57.2
1998	13,193.70	15.83	0.79	69.8

〈위프로〉 수익표

(자료 : 블룸버그)

사티암컴퓨터서비스　1987년 설립된 인도 최대 IT 아웃소싱 전문기업 사티암(Satyam) 컴퓨터 서비스(www.satyam.com) 역시 센섹스 지수 구성 종목이면서 뉴욕 증시 상장 기업이다. IBM, 윈도, 유닉스 전문업체로 계열사인 니푸나(Nipuna)를 통해 금융, 회계, 애니메이션 등의 백 오피스 업무를 지원하고 있다. 사티암 인포웨이를 통해서는 ISP 서비스도 제공하고 있다. 일본 닛산 자동차의 디자인과 시스템 개발 수주를 계기로 현재 세계 10대 자동차 회사 가운데 8개 회사에서 자동차 디자인과 시스템 개발 업무를 의뢰 받아 수행하고 있다. 세계 10대 자동차 부품회사 중 4개 사를 아웃소싱 고객으로 두고 있다.

이외에 센섹스 지수 구성종목은 아니지만 뉴욕 증시에 상장된 인도 IT 기업으로 레디프닷컴(Rediff.com), 시피(Sify) 등이 있다.

〈사티암〉 수익표				
	매출액	매출액증가율(%)	주당순이익(EPS)	EPS 증가율(%)
2005	35,208.50	37.51	22.4	37.45
2004	25,604.90	15.24	16.29	47.68
2003	22,219.60	12.97	11.03	336.43
2002	19,668.10	61.22	2.53	-77.52
2001	12,199.80	81.33	11.24	125.74
2000	6,728.10	78.23	4.98	78.03
1999	3,774.90	111.91	2.8	278.97
1998	1,781.40	99.56	0.74	-5.48
				(자료 : 블룸버그)

레디프닷컴 레디프닷컴(www.rediff.com)은 1996년 설립된 인터넷 정보제공 업체로 인도판 구글(Google)이라고 할 수 있다. 온라인 뉴스를 비롯해 쇼핑, 커뮤니티 서비스 등을 제공한다. 2005년 3월 현재 가입자수는 3,600만 명에 이른다. 예전 '레디프 커뮤니케이션(Rediff Communication)'에서 2000년에 '레디프닷컴 인디아'로 사명을 바꾸었다. 본사는 뭄바이에 있다.

시피 시피(www.sifycorp.com)는 1995년 설립된 첸나이 소재 인터넷 정보 제공업체(ISP)다. 인터넷 접속 서비스 외에 인터넷 포털, 기업 네트워킹 서비스 등을 제공한다. 2005년 3월말 현재 약 80만 명의 회원을 확보하고 있으며, 인터넷 포털(www.sify.com)을 운영하고 있다.

제약 기업

인도하면 'IT'라고 할 정도로 인도의 IT 산업은 이제 인도를 대표하는 산업으로 자리잡았다. 인도 소프트웨어 및 서비스산업협회(NASSCOM)에 따르면, 1997년 50억 달러에 불과하던 인도의 IT 산업 규모는 2004회계년도(2005. 4~2006. 3) 현재 296억 달러로 성장했다. 그런데 인도에 IT만 있는 것은 아니다. 흔히 인도는 '비위생적' '잘 씻지 않는 나라'라는 이미지가 강하다. 이와 달리 인도의 제약 산업은 세계적인 수준이다. 글락소 스미스 클라인(영국), 화이자(미국), 노바티스(스위스), 사노피-아벤티스(프랑스), 머크(미국) 등 세계적인 제약 기업들이 인도에 거점을 두고 있을 정도다. 또 수술이나 검사 등 의료 서비스를 위한 '메디컬 투어리즘(의료 관광)' 장소로도 각광받고 있다.

1990년대 후반 연간 1만 명 수준이던 인도의 메디컬 투어리즘 방문자 수 (p.106 '인도의 메디컬 투어리즘 방문자 수' 참조)는 2005년 현재 연간 10만 명을 넘어섰다. 이는 세계 최대 메디컬 투어리즘 국가인 싱가포르의 연간 15만 명에 바짝 다가선 숫자다. 인도 브랜드 재단(IBEF · India Brand Equity

	미국	태국	인도
골수이식	400,000	62,500	30,000
간장이식	500,000	75,000	40,000
심장수술	50,000	14,250	5,000
뇌외과수술	29,000	–	8,000
무릎수술	16,000	7,000	4,500
정형수술	20,000	–	2,000

(단위 : 달러 출처 : IBEF)

Foundation)의 수술 비용 국제 비교에 따르면 인도의 수술 비용은 미국의 8~28%에 불과하다.

란박시 인도 1위 제약회사인 란박시(www.ranbaxy.com)는 미국 제네릭(복제 의약품) 시장에서 9위에 랭크된 기업이다. 제네릭 의약품 회사라고 해서 연구개발(R&D) 능력이 떨어진다고 생각하면 오산이다. 2003년 10월 란박시는 영국의 글락소 스미스클라인(GSK)과 R&D 협력을 위한 포괄적 제휴를

〈란박시〉 수익표

	매출액	매출액증가율(%)	주당순이익(EPS)	EPS 증가율(%)
2005	34,058.10	-35.33	4.9	-75.29
2004	52,666.40	17.56	19.84	5.82
2003	44,799.10	20.86	18.74	48.19
2002	37,068.50	42.16	12.65	220.61
2001	26,074.70	57.56	3.95	-18.94
2000	16,549.40	7.82	4.87	-6.9
1999	15,348.60	-34.3	5.23	-32.34
1998	23,362.00	113.39	7.73	50.25

(자료 : 블룸버그)

맺었다. 란박시의 의약품 생산 실력을 입증하는 근거이다. 란박시는 '로스 칠린(Roscillin)' '시프란(Cifran)' '스포리덱스(Sporidex)' 등의 상호로 유명하다. 12월 결산법인으로 직원은 7,195명(2006년 4월 기준)이다.

닥터 레디스 1984년 K 안지 레디 박사가 설립한 인도 3위 제약회사 닥터 레디스(Dr. Reddy's Laboratories · www.drreddys.com)는 세계 60개 국에 지사를 두고 있다. 일본을 제외하고 뉴욕증권거래소(NYSE)에 상장된 첫 번째 아시아 제약회사이다. 본사는 하이데라바드에 있으며 미국에 의약품 개발 실험실을 두고 있다.

작년 2월 독일 제네릭 의약품 회사 베타팜(Betapharm Arzneimittel)을, 2002년에는 영국의 BMS 라보 및 그 자회사인 메리디안 헬스케어를 인수했다. 인도 · 미국을 비롯해 러시아, 중국 등 세계 100여 개 국가에서 치료의약, 진단시약 등을 판매하고 있다. 파르(Par) 제약, 라이너 헬스 프로덕츠(Leiner Health Products), 코발트 제약, 파마사이언스(Pharmascience) 등과 전략적 제휴를 맺고 있다.

〈닥터 레디스〉 수익표			
	매출액	매출액증가율(%)	주당순이익(EPS)	EPS 증가율(%)
2005	18,506.00	-4.7	2,151	-86.9
2004	19,418.20	12	16,433	-30.9
2003	17,346.00	7	23,801	-21
2002	16,212.10	78	30,091	164

(자료 : 블룸버그)

시플라 란박시, 닥터 레디스와 함께 인도 3대 제약회사인 시플라(Cipla)

는 2005년 조류독감 치료제인 타미플루의 제네릭 제품을 출시한 것으로 유명하다. '시플라' 외에 '다나졸(Danazol)' '니페디핀(Nifedipine)' '베클레이트 (Beclate)' '노르플록스(Norflox)' '노바클록스(Novaclox)' '테르페드(Terfed)' '데프릴(Depryl)' 등의 제품으로 잘 알려져 있다.

〈시플라〉 수익표				
	매출액	매출액증가율(%)	주당순이익(EPS)	EPS 증가율(%)
2005	22,228.00	17.19	13.66	34.2
2004	18,966.80	31.33	10.18	23.13
2003	14,441.70	13.08	8.27	19.4
2002	12,771.00	31.04	6.92	15.95
2001	9,746.10	40.17	5.97	34.58
2000	6,953.10	17.94	4.44	15.76
1999	5,895.70	22.09	3.83	12.73
1998	4,829.00	13.79	3.4	44.14
				(자료 : 블룸버그)

이동통신 기업

마하나가르 텔레폰   IT와 제약업체 외에 뉴욕 증권시장에 상장된 인도 이동통신 회사들이 다수 있다. 마하나가르 텔레폰(Mahanagar Telephone · www.mtnl.net.in)은 1986년 설립된 이동통신 회사이다. 뉴델리와 뭄바이 지역에서 유선전화 및 무선통신 서비스를 제공하고 있다. 유럽 통신표준인 GSM과 코드분할 방식인 CDMA 기반의 무선통신 서비스를 모두 제공한다. 2005년 3월 현재 410만 명의 유선통신 가입자와 88만 1,696명의

GSM 가입자, 19만 6,447명의 CDMA 고객, 17만 2,038명의 ISP 고객을 확보하고 있다. 3월 결산법인으로 본사는 뉴델리에 있으며, 직원은 5만 2,604명이다. 인도 거래소(NSE)에서 거래되는 '니프티 50 지수' 구성종목이다.

비데시 상카르 비데시 상카르(Videsh Sanchar·www.vsnl.com) 역시 '니프티 50 지수' 구성종목으로 뭄바이에 본사를 둔 이동통신 업체이다. 2004년 3월 현재 12개의 국제 전송 기지국을 가지고 있으며, 뭄바이를 비롯해 뉴델리, 콜카타 등 8곳에서 디지털 네트워크 서비스를 제공하고 있다. 1986년 'Overseas Communications Service'의 후속 회사로 설립됐다. 한편, 실버라인 테크(Silverline Tech)는 장외 상장 기업이다.

금융 기업

HDFC 은행 기술 기업 외에 인도의 대표적인 은행들도 미국 증시 상장 기업이다. 1994년 설립된 HDFC 은행(www.hdfcbank.com)은 중산층 이상 고객 상대의 민영 은행이다. 외국환 거래, 주식 결제, 국고수탁 업무 외에 신용카드, 펀드 업무도 하고 있다. 2005년 3월말 현재 211개 도시에 467개 지점과 1,147개의 ATM기를 운영하고 있다. 3월 결산 법인으로 직원은 9,030명이다.

〈HDFC〉 수익표				
	매출액	매출액증가율(%)	주당순이익(EPS)	EPS 증가율(%)
2006	25,449.10	60.07	27.9	21.73
2005	15,898.70	27.74	22.92	27.67
2004	12,446.60	61.39	17.95	30.58
2003	7,712.10	22.56	13.75	24.87
2002	6,292.50	24.43	11.01	27.43
2001	5,057.10	65.49	8.64	45.7
2000	3,055.90	108.03	5.93	43.93
1999	1,469.00	42.28	4.12	30.46
				(자료 : 블룸버그)

ICICI 은행 ICICI 은행(www.icicbank.com)은 외환·채권 영업과 함께 소매 및 기업 금융에 강점을 지닌 은행이다. 540개 지점에 직원은 1만 8,000명이다. 3월 결산법인.

〈ICIC〉 수익표				
	순이자수익	NIM증가율(%)	EPS	EPS 증가율(%)
2005	30,255.70	45.88	25.45	-1.08
2004	20,766.60	32.78	25.73	36.93
2003	15,640.30	163.49	18.79	61.76
2002	5,935.90	46.76	11.62	50.42
2001	4,044.60	117.54	7.72	21.47
2000	1,859.30	56.86	6.36	65.57
1999	1,185.30	―	3.84	―
				(자료 : 블룸버그)

스테이트뱅크오브인디아 스테이트뱅크오브인디아(SBI · www.statebankof india.com)는 뉴욕 증시에 상장되어 있지 않지만 인도의 대표적인 은행이다. 국책금융과 소매금융을 모두 영위하는 인도 1위 상업은행으로 릴라이언스

인더스트리와 함께 센섹스 30 지수 시가총액 비중의 10% 이상을 차지하고
있다. 전 세계 34개 국에 지점망을 가지고 있다. 3월 결산법인으로 직원은
20만 5,515명.

	순이자수익(NIM)	NIM증가율(%)	주당순이익(EPS)	EPS 증가율(%)
〈스테이트뱅크오브인디아〉 수익표				
2005	196,092.20	23.44	103.82	-1.22
2004	158,839.40	15.29	105.09	31.72
2003	137,779.70	11.1	79.78	25.21
2002	124,019.10	47.95	63.72	109.04
2001	83,825.70	11.3	30.48	-21.8
2000	75,315.60	24.53	38.98	99.60
1999	60,478.20	11.88	19.53	-44.78
1998	54,056.90	0.87	35.36	31.09

(자료 : 블룸버그)

	순이자수익(NIM)	NIM증가율(%)	주당순이익(EPS)	EPS 증가율(%)
〈HDFC〉 수익표				
2005	10,619.90	12.78	45.48	17.61
2004	9,414.40	22.37	38.67	27.75
2003	7,693.20	312.18	30.27	25.62
2002	1,866.50	219.53	24.1	21.17
2001	584.10	-86.48	19.89	17.91
2000	4,320.10	13.16	16.87	20.32
1999	3,817.70	3.23	14.02	15.12
1998	3,698.50	53.5	12.18	20.04

(자료 : 블룸버그)

HDFC 인도 증시에는 우리나라의 주택금융공사처럼 중산층 이하 서민
들에게 장기 주택자금을 빌려주는 주택금융업체 HDFC(Housing Develop-
ment Finance Corporation · www.hdfc.com)가 상장되어 있다. 서민 대상 주택
자금, 부동산 개발업체들에 대한 건설자금 대출, 인프라 건설 관련 금융 상

품을 지원하고 있다. 최근 인도 정부가 인프라 정비 사업에 총력을 기울이고 있고, 인도의 낙후된 주택 사정을 감안할 때 주목해야 할 기업이다.

인도의 재벌 기업

인도에는 우리나라의 삼성, 현대, LG처럼 재벌(財閥) 기업이 존재한다. 인도의 양대 전통 재벌인 타타(Tata)와 벌라(Birla · www.adityabirla.com), 그리고 신흥 재벌이자 최대 재벌인 릴라이언스(Reliance) 등 3대 재벌의 합계 매출액이 인도 GDP의 5%에 달한다.

타타 타타(Tata)그룹은 우리나라의 삼성그룹에 비견될 정도로 인도의 대표적인 기업. 인도에서 타타그룹의 라탄 나발 타타 회장을 모르는 사람이 없을 정도다. 1868년 잠세티 타타의 면화 거래를 시작으로 현재 7개 사업 분야에서 80개가 넘는 회사를 거느린 기업군으로 성장했다. IT 수출액 최고를 자랑하는 타타 컨설턴시 서비스(TCS) 외에 타타 모터스, 인도 1위 민영 철강회사 타타 스틸, 타타 파워(Tata Power), 세계 최대 차(茶) 회사인 타타

인도 5	인도 대표 기업		
재벌명	**주요 사업**	**재벌명**	**주요 사업**
릴라이언스	석유화학, 섬유, 에너지 등	타타	철강, 자동차, 전력, IT 등
벌라	알루미늄, 구리, 섬유, 화학, 금융 등	바자지	자동차, 철강 등
CK벌라	자동차, 일반기계, 제지 등	마힌드라	자동차, 일반기계, 금융 등

(출처 : 각 사 사이트)

티(Tata Tea), 인도 최고의 호텔로 꼽히는 뭄바이의 타즈마할 호텔을 경영하는 타지그룹 호텔 등이 타타 그룹 계열사이다.

릴라이언스 1958년 화학섬유(레이온, 나일론) 상사로 출발한 릴라이언스 (Reliance)는 규모 면에서 인도 최고를 자랑한다. 상사 사업에 합성섬유와 석유화학, 이동통신 등으로 사업을 확장해 우리나라의 SK(주)와 비슷하다고 할 수 있다. 인도 1위 민간 기업인 릴라이언스 인더스트리와 릴라이언스 에너지가 릴라이언스 그룹 계열이다. 최근 창업자인 딜바이 히라찬드 암바니 사망 후 형제간의 경영권 승계 다툼이 벌어지면서 그룹의 존속 여부에 관심이 집중되고 있다.

타타 컨설턴시 서비스 타타 그룹의 지주 회사 격인 타타 선스(Tata Sons)의 자회사인 타타 컨설턴시 서비스(TCS·www.tcs.com)는 인도 IT 그룹의 대표 주자이자 아시아 최대 IT 컨설팅 및 솔루션 제공업체이다. 세계 50개국, 800여 개 주요 금융회사, 통신회사, 운송회사, 제약회사, 소매업체 등에 IT 컨설팅과 솔루션을 제공하고 있다.

	매출액	매출액증가율(%)	주당순이익(EPS)	EPS 증가율(%)
2006	132,521.50	35.59	60.63	27.99
2005	97,738.50	133.45	47.37	-
2004	41,867.00	-14.81	-	-
2003	49,147.00	19.48	-	-
2002	41,135.00	34.35	-	-
2001	30,617.00	50.53	-	-
2000	20,339.00	-	-	-

〈타타 컨설턴시 서비스〉 수익표

(자료 : 블룸버그)

타타 모터스　뉴욕증권거래소(NYSE) 상장법인인 타타 모터스(www.tata
motors.com)는 인도 3위 자동차 회사다. 인도 길거리에서 가장 많이 보이는
자동차 중 하나가 바로 1998년 타타 모터스가 만든 인도의 국민차 '인디
카'이다. 2002년에는 중형차 '인디고(Indigo)'를 출시했다. 2006년 3월에
는 한국의 대우상용차를 1억 5,000만 달러에 인수하기도 했다. 트럭에서
부터 스포츠 유틸리티 차량(SUV), 소형차까지 전 차종을 생산한다. 인도의
고속도로를 달리는 트럭 중 십중팔구는 타타 모터스 제품이라고 해도 과언
이 아니다. 2005년 3월말 현재 29개 지점, 36개 지방사무소를 가지고 있
으며, 판매점은 500개에 이른다. 직원은 2만 8,023명.

〈타타 모터스〉 수익표				
	매출액	매출액증가율(%)	주당순이익(EPS)	EPS 증가율(%)
2005	195,216.60	40.89	38.5	38.09
2004	138,555.60	44.68	27.88	200.07
2003	95,765.30	32.75	9.29	980.66
2002	72,142.30	9.77	-1.06	94.37
2001	65,721.90	-7.74	-18.74	-659.28
2000	71,231.40	29.81	-2.47	-1,294.35
1999	54,872.40	-13.2	-0.18	-101.54
1998	63,214.90	-28.78	11.51	-62.41
				(자료 : 블룸버그)

타타 스틸　타타 스틸(www.tatasteel.com)은 인도 1위의 민영 철강회사이
다. 건설 및 자동차용 철강 자재를 주력 제품으로 생산하고 있다. 2006년
초에는 싱가포르의 냇스틸을 인수해 중국, 말레이시아, 베트남, 필리핀, 태
국, 호주 등 아시아 태평양 7개 국 철강 시장에도 진출했다. 과거 우리나라
의 한보철강 인수에 적극 나섰던 것으로도 유명하다.

〈타타 스틸〉 수익표				
	매출액	매출액증가율(%)	주당순이익(EPS)	EPS 증가율(%)
2005	159,986.10	43.75	65.27	101.44
2004	111,294.40	21.81	32.4	73.56
2003	91,368.20	36.34	18.67	139.59
2002	67,012.90	-1.87	7.79	-42.13
2001	68,291.80	12.15	13.46	63.12
2000	60,894.20	-2.95	8.25	14.55
1999	62,746.40	-2.47	7.21	-8.38
1998	64,334.90	13.77	7.87	-20.74
				(자료 : 블룸버그)

타타 파워 중국에서 본 것처럼 경제 성장 과정에서의 전력 부족 문제는 인도도 예외가 아니다. 그런 측면에서 타타 파워(www.tatapower.com)를 주목할 필요가 있다. 인도 최대 경제 도시인 뭄바이와 인근 지역에 전력을 공급하는 전력회사 타타 파워는 전력 설비 건설과 운영도 맡고 있다. 최근에는 보유 전력망을 기초로 이동통신 시장 진출을 추진 중이다.

〈타타 파워〉 수익표				
	매출액	매출액증가율(%)	주당순이익(EPS)	EPS 증가율(%)
2005	48,647.40	-1.3	29.86	17.63
2004	49,288.20	6.05	25.39	49.34
2003	46,477.00	26.8	17	-30.98
2002	36,653.30	10.34	24.63	21.95
2001	33,219.70	139.33	20.2	-1.91
2000	13,880.40	22.8	20.59	43.20
1999	11,302.90	-2.44	14.38	1.04
1998	11,585.80	-0.52	14.23	36.18
				(자료 : 블룸버그)

릴라이언스 에너지 릴라이언스 에너지(www.rel.co.in)도 뭄바이와 인근 지

〈릴라이언스 에너지〉 수익표				
	매출액	매출액증가율(%)	주당순이익(EPS)	EPS 증가율(%)
2005	41,439.10	21.4	28.07	8.54
2004	34,133.90	28.02	25.86	192.19
2003	26,663.60	0.07	8.85	-59.84
2002	26,645.40	16.64	22.03	4.97
2001	22,844.60	2.53	20.99	-1.14
2000	22,280.10	21.93	21.23	12.30
1999	18,273.00	-6.85	18.91	-1.01
1998	19,616.40	7.83	19.1	31.89

(자료 : 블룸버그)

역 전력 공급 업체이다.

릴라이언스 인더스트리　릴라이언스 그룹의 주력사인 릴라이언스 인더스트리(www.ril.com)는 석유화학 제품, 합성섬유 제조 외에 자회사를 통해 정유, 이동통신 사업, 전력 서비스도 제공하고 있다. 지난 2004년 6월에는 독일의 폴리에스테르 업체 트레비라를 인수하기도 했다.

〈릴라이언스 인더스트리〉 수익표				
	매출액	매출액증가율(%)	주당순이익(EPS)	EPS 증가율(%)
2005	661,429.40	29.13	54.65	48.29
2004	512,225.40	12.74	36.85	29.19
2003	454,338.80	8.48	28.53	38.02
2002	418,818.70	104.96	20.67	-17.68
2001	204,337.40	52.64	25.11	5.38
2000	133,873.20	54.01	23.83	32.40
1999	86,925.70	11.07	18	6.48
1998	78,260.50	51.91	16.9	17.64

(자료 : 블룸버그)

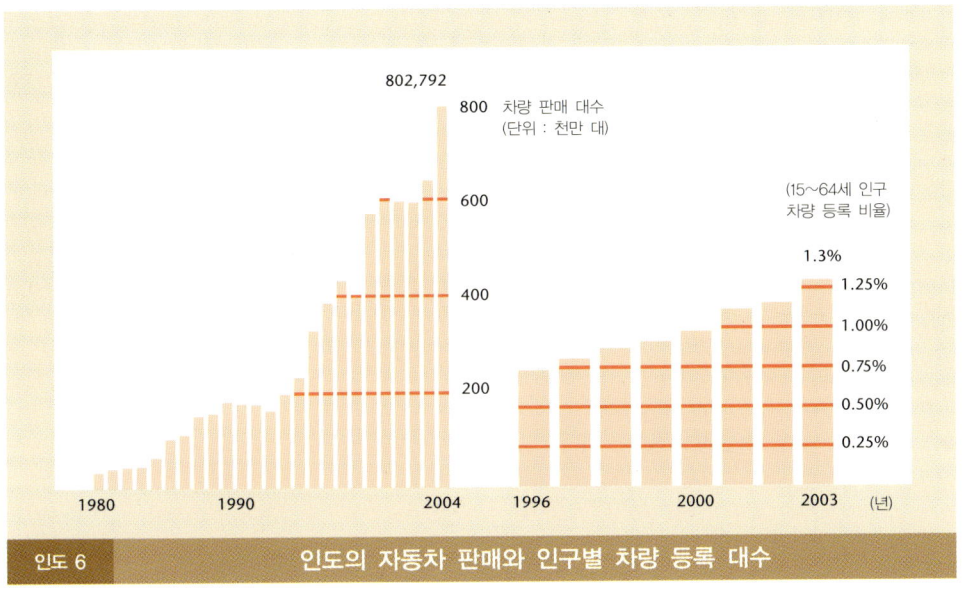

802,792

차량 판매 대수
(단위 : 천만 대)

800
600
400
200

(15~64세 인구
차량 등록 비율)

1.3%

1.25%
1.00%
0.75%
0.50%
0.25%

| 1980 | 1990 | 2004 | 1996 | 2000 | 2003 | (년) |

인도 6　　인도의 자동차 판매와 인구별 차량 등록 대수

자동차 기업

중국과 인도를 논할 때 빼놓을 수 없는 것이 바로 엄청난 시장 규모다. 중국의 13억에는 미치지 못하지만 인도는 10억 명의 잠재 고객이 대기 중인 시장이다.

그래프에서 볼 수 있듯이 인도의 차량 판매와 차량 등록 대수는 급속도로 증가하고 있다. 과거 선진국의 사례에서 보듯 중산층의 탄생은 주택대출과 자동차 판매 증가로 이어진다. 이같은 성장 잠재력 때문에 세계 주요 자동차 회사들이 앞다퉈 인도 시장에 진출한 상태다.

마힌드라 마힌드라 '니프티 50 지수' 구성종목인 마힌드라 마힌드라(Mahindra & Mahindra · www.mahindra.com)는 남미 우루과이에서 생산을 시작했으며, 남아프리카와 중동 시장에 진출해 있다.

〈마힌드라 마힌드라〉 수익표				
	매출액	매출액증가율(%)	주당순이익(EPS)	EPS 증가율(%)
2005	111,494.00	20.87	30.46	56.91
2004	92,243.00	26.3	19.41	277.78
2003	73,038.00	1.05	5.14	30.1
2002	72,282.00	6.03	3.95	-
2001	68,173.00	-3.57	-	-
2000	70,697.00	19.79	-	-
1999	59,019.00	-	-	-
				(자료 : 블룸버그)

히로 혼다 모터스 등 자동차 외에 오토바이 제조업체들이 다수 증권시장에 상장되어 있다. 인도 이륜차 시장점유율 1위업체인 히로 혼다 모터스(Hero Honda Motors · www.herohonda.com)와 바자지 오토(Bajaj Auto · www.bajajauto.com)는 센섹스 30 지수 편입 종목이다.

인도 7	해외 자동차 기업의 인도 진출				
설립년도	기업	주요 부문	설립년도	기업	주요 부문
1982	스즈키(일)	소형 · 중형	1994	대우(한)	소형 · 중형
1994	다임러 크라이슬러(독)	고급	1994	GM(미)	중형
1995	혼다(일)	중형	1995	포드(미)	중형
1996	현대(한)	소형 · 중형	1997	피아트(이)	소형 · 중형
1997	도요타(일)	다목적 자동차			

(출처 : 일본 아시아경제연구소)

시멘트 기업

　많은 전문가들은 인도 경제의 최대 걸림돌로 열악한 인프라 시설을 지적하고 있다. 인도는 2010년까지 도로 건설에만 300억 달러가 필요할 정도로 열악하다. 이 때문에 인도 정부는 정책의 최우선 과제로 인프라 정비를 채택, 도로, 항만, 철도 등의 건설에 나서고 있다. 이런 사정을 감안하면 인도가 중국에 이은 세계 2위의 시멘트 시장이라는 말이 쉽게 다가온다.

　도로 등 인프라 건설이 전체 시멘트 출하량의 25%를 차지하고, 부동산 개발이 60%를 차지하고 있다. 2004년 인도 정부가 대규모 인프라 투자 계획을 발표했으나 그동안 시멘트 업계가 설비 투자를 제대로 하지 않아 공급이 절대적으로 부족한 상황이다.

　이같은 시멘트 공급 부족은 2008년까지 계속될 것이라는 전망이다. 2005

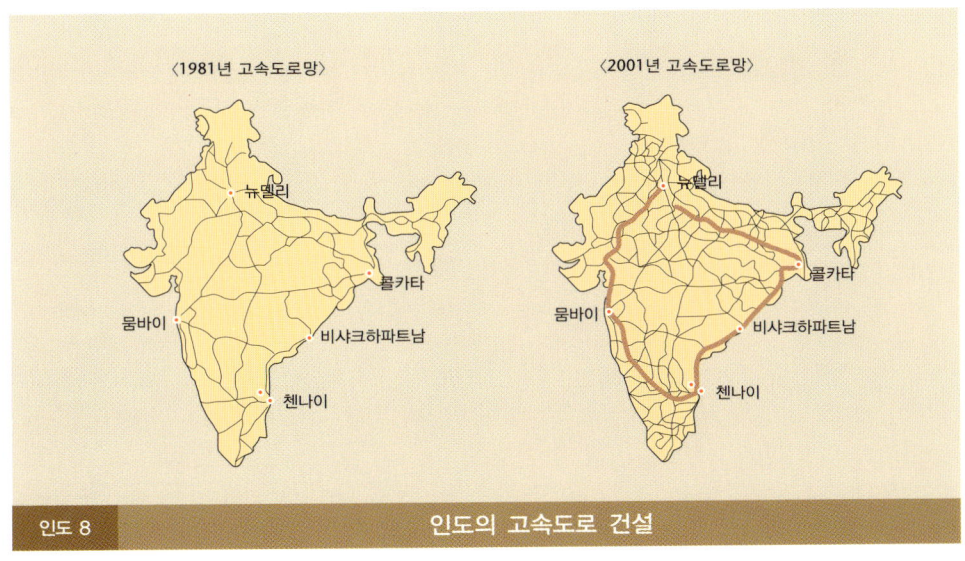

〈1981년 고속도로망〉　〈2001년 고속도로망〉

뉴델리　콜카타　뭄바이　비샤크하파트남　첸나이

인도 8　　인도의 고속도로 건설

회계년도(2005. 4~2006. 3) 인도의 시멘트 값은 12%나 올랐다.

그라심 인프라 정비의 최대 수혜주로 꼽히는 회사가 바로 그라심(Grasim
Industries · www.grasim.com)이다. 아디트야 벌라 그룹 계열사인 그라심은 연
3,200만 톤의 생산 설비를 갖춘 인도 최대 시멘트 회사다. 역시 벌라 그룹
계열사인 울트라테크 시멘트(Ultratech Cement) 지분 51%도 보유하고 있다.

	매출액	매출액증가율(%)	주당순이익(EPS)	EPS 증가율(%)
〈그라심〉 수익표				
2005	93,931.60	70.85	96.03	19.25
2004	54,980.50	12.34	80.53	131.29
2003	48,942.70	12.07	34.82	-29.83
2002	43,671.20	-1.9	49.62	22.69
2001	44,515.90	13.19	40.44	47.79
2000	39,328.20	4.6	27.37	96.53
1999	37,600.00	7.43	13.92	-56.37
1998	34,998.40	13.39	31.91	-10.83

(자료 : 블룸버그)

	매출액	매출액증가율(%)	주당순이익(EPS)	EPS 증가율(%)
〈ACC〉 수익표				
2005	33,678.00	-5.64	27.51	114.19
2004	35,690.70	17.72	12.85	80.84
2003	30,319.60	7.45	7.1	-22.41
2002	28,217.50	9.16	9.15	55.97
2001	25,850.80	11.66	5.87	270.22
2000	23,150.90	1.81	-3.45	-197.03
1999	22,739.00	10.63	3.55	323.49
1998	20,554.10	-3.45	0.84	-82.08

(자료 : 블룸버그)

ACC 인도 2위 시멘트 회사인 ACC(Associated Cement · www.acclimited

.com)의 수혜도 예상된다. 뭄바이에 본사를 둔 ACC는 12월 결산법인으로 시멘트 설비 설립 및 운영에 관한 컨설팅 서비스도 제공하고 있다.

구자라트 암부자 시멘트 구자라트 암부자 시멘트(Gujarat Ambuja Cements · www.gujaratambuja.com)는 그라심, ACC와 함께 인도 3대 시멘트 업체이다. 구자라트와 히마살 프라데시(Himachal Pradesh) 주(州)에서 시멘트를 생산하며, 대량 운송을 위해 특수 제작된 선박과 터미널도 보유하고 있다.

	매출액	매출액증가율(%)	주당순이익(EPS)	EPS 증가율(%)
		〈구자라트 암부자 시멘트〉 수익표		
2005	30,868.20	27.67	3.85	29.27
2004	24,177.80	10.96	2.97	18.1
2003	21,789.10	26.18	2.52	64.54
2002	17,268.40	36.21	1.53	-11.06
2001	12,677.80	13.61	1.72	46.02
2000	11,159.30	5.48	1.18	-7.46
1999	10,579.70	8.73	1.27	14.05
1998	9,730.70	22.43	1.12	-6.73

(자료 : 블룸버그)

원자재 기업

중국 경제의 성장과정에서 원자재 관련 기업들의 주가가 크게 오른 것처럼, 인도 주식 시장에도 원자재 관련 기업들이 다수 존재한다.

ONGC　인도 최대 석유회사 ONGC(Oil & Natural Gas Corp·www.ongcin dia.com)가 대표적인 에너지 기업이다. 석유·가스 탐사 및 생산업체인 ONGC는 베트남, 노르웨이, 이집트, 튀니지, 이란, 호주 등에 합작 유전을 보유하고 있다. 인도 동서해안 심해 유전 탐사 작업을 진행 중이다.

〈ONGC〉 수익표				
	매출액	매출액증가율(%)	주당순이익(EPS)	EPS 증가율(%)
2005	581,590.40	36.7	100.56	52.87
2004	425,447.80	26.66	65.78	-10.39
2003	335,890.30	51.62	73.41	68.25
2002	221,535.60	-4.36	43.63	18.99
2001	231,624.50	19.72	36.67	44.07
2000	193,467.30	29.67	25.45	31.77
1999	149,197.70	2.12	19.32	2.87
1998	146,101.00	15.4	18.78	31.67
				(자료 : 블룸버그)

힌달코　벌라 그룹 계열사인 인도 1위 알루미늄 회사인 힌달코(Hindalco Industries·www.hindalco.com)도 경제 성장에 따른 원자재 수요 증가의 대표

〈힌달코〉 수익표				
	매출액	매출액증가율(%)	주당순이익(EPS)	EPS 증가율(%)
2005	99,196.80	24.97	13.16	30.08
2004	79,379.80	24.01	10.12	20.29
2003	64,009.40	79.54	8.41	-11.12
2002	35,651.60	58.87	9.46	10.47
2001	22,441.40	11.73	8.57	6.76
2000	20,085.40	13.68	8.02	12.06
1999	17,668.80	19.93	7.16	14.22
1998	14,732.70	27.34	6.27	27.14
				(자료 : 블룸버그)

적인 수혜 종목으로 꼽힌다.

바라트 중장비 등　인도 2위 전력장비 업체인 바라트 중장비(Bharat Heavy Electricals · www.bhel.com)도 경기와 직접적인 연관성이 높은 회사이다. 바라트 중장비는 발전기를 비롯해 터빈, 압축기, 밸브 등을 만드는 기업이다. 같은 맥락에서 전력설비 플랜트 제조업체인 NTPC(www.ntpc.com)와 중장비 제조업체 라르센 & 투브로(Larsen & Toubro · www.larsentoubro.com)도 주목 대상이다.

인도의 글로벌 기업

중국이나 인도처럼 국토 면적이 넓은 개발도상국에서는 유선통신보다 무선통신이 빠르게 발달하기 마련이다. 나라 전역에 전화선을 까는 일은 기술적으로 어려울 뿐 아니라, 경제적으로도 채산성을 맞추기 어렵기 때문이다. 그래서 이런 나라에서는 무선통신을 택하곤 한다. 인도의 뛰어난 IT 기술을 고려할 때 이동통신 시장은 급속도로 발달할 것이 틀림없다. 다만 아직까지 인도 전역을 서비스하는 이동통신 회사가 없어 지역별 로밍 서비스를 받아야 한다.

에어텔　1995년 설립된 에어텔(Airtel · www.bhartiairtel.in)는 2005년 말 기준으로 1,753만 명(이동통신 가입자 1,633만 명)의 가입자를 확보한 인도 1위 이동통신 회사이다. 인도 23개 주(州) 전역에 걸쳐 유일하게 이동통신 서비스를, 15개 주에서는 유선전화와 ISP 서비스를 제공한다. 2006년 1월 회사명을 '바르티 텔레벤처스'에서 '바르티 에어텔'로 바꿨다. 인도를 돌아다니다 보면 곳곳에서 '에어텔' 광고 간판을 볼 수 있다.

〈에어텔〉수익표				
	매출액	매출액증가율(%)	주당순이익(EPS)	EPS 증가율(%)
2005	81,123.00	62.17	6.53	107.3
2004	50,024.80	64.02	3.15	384.72
2003	30,499.40	103.27	-1.11	-13.55
2002	15,004.60	-	-0.97	-
				(자료 : 블룸버그)

힌두스탄 레버 인도의 10억 인구를 대상으로 비누와 샴푸를 파는 회사이다. 우리나라의 태평양에 비견될 만한 인도 최대 소비재 기업이 바로 힌두스탄 레버(Hindustan Lever · www.hll.com)이다. 영국 뉴레버의 자회사로 비누와 세제, 가공식품, 아이스크림, 식용유, 비료 등을 판매한다. 럭스(Lux) · 펄

〈힌두스탄 레버〉수익표				
	매출액	매출액증가율(%)	주당순이익(EPS)	EPS 증가율(%)
2005	115,658.30	7.92	6.16	18.17
2004	107,175.40	-2.09	5.21	-32.97
2003	109,462.70	2.18	7.78	3.36
2002	107,126.00	-5.08	7.52	12.22
2001	112,861.30	6.24	6.71	11.16
2000	106,232.40	4.48	6.03	23.49
1999	101,676.70	7.37	4.89	28.04
1998	94,697.50	21.26	3.82	29.54
				(자료 : 블룸버그)

(Pearls) · 하맘(Hamam) 비누와 서프(Surf) 세제, 선실크(Sunsilk) 샴푸, 파라스
(Para) 비료 등이 유명하다.

인도 스킨케어 시장의 선두 업체로 1978년부터 미백 크림인 '페어 앤드
러블리(Fair and Lovely)'를 판매하고 있다. 제품 포장지에 "세계 제일의 미백
크림"이라는 광고 문구가 적혀 있다.

인도인들이 가장 많이 피는 담배
'골드 플레이크'

ITC 우리나라의 KT&G처럼 인도에서 판매되는 담
배의 70%를 제조 · 판매하는 곳이 ITC(www.itcpor
tal.com)이다.

인도인들이 가장 많이 피는 담배 '골드 플레이크(Gold
Flake · 사진)'부터 '인디아 킹스(India Kings)', '클래식
(Classics)' '윌스(Wills)' 등이 대표적인 상품이다. 담배
외에 '웰컴그룹(Welcomegroup)'이라는 호텔 체인을 운영하고 있으며, 인도
2위의 농산물 수출업체이다.

	매출액	매출액증가율(%)	주당순이익(EPS)	EPS 증가율(%)
2005	80,577.50	16.97	5.06	16.28
2004	68,884.90	11.63	4.35	17.68
2003	61,707.00	17.84	3.7	17.19
2002	52,364.90	24.08	3.16	15.45
2001	42,201.20	10.1	2.73	26.98
2000	38,331.60	8.6	2.15	27.11
1999	35,295.10	11.99	1.69	18.48
1998	31,516.90	8.22	1.43	51.69

〈ITC〉 수익표

(자료 : 블룸버그)

센섹스 지수 구성종목 (30개 사, 2006년 6월 현재)

종목코드	기업명	웹사이트	업종분류	비고
ACC	Associated Cement	www.acclimited.com	건설	인도 2위 시멘트업체
BJA	Bajaj Auto	www.bajajauto.com	오토바이	2·3륜 스쿠터 제조업체
BHEL	Bharat Heavy Electricals	www.bhel.com	전력	인도 1위 전력장비업체
BHARTI	Bharti Airtel	www.bhartiairtel.in	이동통신	인도 1위 이동통신업체
CIPLA	Cipla India	www.cipla.com	제약	Cipla' 약품 제조
DRRD	Dr Reddy's Laboratories	www.drreddys.com	제약	뉴욕증시 상장업체
GRASIM	Grasim Industries	www.grasim.com	건설	인도 1위 시멘트업체
GAMB	Gujarat Ambuja Cements	www.gujaratambuja.com	건설	인도 3대 시멘트업체
HDFCB	HDFC Bank	www.hdfcbank.com	은행	467개 지점 보유
HH	Hero Honda Motors	www.herohonda.com	오토바이	日 혼다와 기술제휴
HNDL	Hindalco Industries	www.hindalco.com	비철금속	알루미늄 제조업체
HLVR	Hindustan Lever	www.hll.com	소비재	인도 최대 소비재 기업
HDFC	Housing Development Finance	www.hdfc.com	금융	주택금융 제공업체
ICICIBC	ICICI Bank	www.icicbank.com	은행	소매·기업금융 강점
INFO	Infosys Technologies	www.infosys.com / www.infy.com	IT	인도 1위 소프트웨어사
ITC	ITC	www.itcportal.com	서비스	담배·호텔 영위 지주회사
LT	Larsen & Toubro	www.larsentoubro.com	기계장비	불도저 등 중장비 제조
MUL	Maruti Udyog	www.marutiudyog.com	자동차	인도 1위 자동차회사
NATP	NTPC	www.ntpc.com	전력	전력설비 플랜트 업체
ONGC	Oil & Natural Gas Corp	www.ongcindia.com	에너지	인도 1위 석유회사
RBXY	Ranbaxy Laboratories	www.ranbaxy.com	제약	항생제 등 다수 약품
RELE	Reliance Energy	www.rel.co.in	전력	뭄바이 전력 공급
RIL	Reliance Industries	www.ril.com	석유화학	인도 1위 민간기업
SCS	Satyam Computer Services	www.satyam.com	IT	IT 컨설팅 및 아웃소싱
SBIN	State Bank of India	www.statebankofindia.com	은행	인도 1위 상업은행
TCS	Tata Consultancy Services	www.tcs.com	IT	세계적 IT 컨설팅업체

종목코드	기업명	웹사이트	업종분류	비고
TTMT	Tata Motors	www.tata.com	자동차	인도 3위 자동차회사
TPWR	Tata Power	www.tatapower.com	전력	뭄바이 및 인근 전력공급
TATA	Tata Steel	www.tatasteel.com	철강	민영 인도 1위 철강회사
WPRO	Wipro	www.wipro.com	IT	인도 2위 소프트웨어사

인도 10 | 니프티 지수 구성종목 50개 사 (2006년 6월 현재)

종목코드	기업명	웹사이트	업종분류	비고
ABB	ABB	www.abb.com	전기장비	
ACC	Associated Cement	www.acclimited.com	시멘트	인도 2위 시멘트업체
BAJAJAUTO	Bajaj Auto	www.bajajauto.com	오토바이	2 · 3륜 스쿠터 제조업체
BHARTI	Bharti Tele-Ventures	www.bhartiteleventures.com	이동통신	이동통신 · 유선전화 업체
BHEL	Bharat Heavy Electricals	www.bhel.com	전기장비	인도 1위 전력장비업체
BPCL	Bharat Petroleum	www.bharatpetroleum.com	정유	
CIPLA	Cipla	www.cipla.com	제약	Cipla' 약품 제조
DABUR	Dabur India	www.dabur.com	헬스케어	
DRREDDY	Dr. Reddy' s Laboratories	www.drreddys.com	제약	뉴욕증시 상장업체
GAIL	GAIL (India)	www.gailonline.com	가스	
GLAXO	Glaxosmithkline Pharmaceuticals	www.gsk-india.com	제약	
GRASIM	Grasim Industries	www.grasim.com	시멘트	인도 1위 시멘트업체
GUJAMBCEM	Gujarat Ambuja Cements	www.gujaratambuja.com	시멘트	인도 3대 시멘트업체
HCLTECH	HCL Technologies	www.hcltech.com	IT	
HDFC	Housing Development Finance Corp	www.hdfc.com	금융	주택금융 제공업체
HDFCBANK	HDFC Bank	www.hdfcbank.com	은행	467개 지점 보유
HEROHONDA	Hero Honda Motors	www.herohonda.com	자동차	日 혼다와 기술제휴
HINDALCO	Hindalco Industries	www.hindalco.com	알루미늄	인도 1위 알루미늄 업체
HINDLEVER	Hindustan Lever	www.hll.com	소비재	럭스 비누 · 선실크 샴푸
HINDPETRO	Hindustan Petroleum	www.hindustanpetroleum.com	정유	

종목코드	기업명	웹사이트	업종분류	비고
ICICIBANK	ICICI Bank	www.icicbank.com	은행	소매·기업금융 강점
INFOSYSTCH	Infosys Technologies	www.infosys.com/www.infy.com	IT	인도 1위 소프트웨어사
IPCL	Indian Petrochemicals	www.ipcl.co.in	석유화학	
ITC	I T C	www.itcportal.com	담배	인도 1위 담배회사
JETAIRWAYS	Jet Airways (India)	www.jetairways.com	여객운송	
LT	Larsen & Toubro	www.larsentoubro.com	기계장비	불도저 등 중장비 제조
M&M	Mahindra & Mahindra	www.mahindra.com	자동차	
MARUTI	Maruti Udyog	www.marutiudyog.com	자동차	인도 1위 자동차회사
MTNL	Mahanagar Telephone Nigam	www.mtnl.net.in	이동통신	뉴욕증시 상장업체
NATIONALUM	National Aluminum	www.nalcoindia.com	알루미늄	
ONGC	Oil & Natural Gas Corporation	www.ongcindia.com	에너지	인도 1위 석유회사
ORIENTBANK	Oriental Bank of Commerce	www.obcindia.com	은행	
PNB	Punjab National Bank	www.pnbindia.com	은행	
RANBAXY	Ranbaxy Laboratories	www.ranbaxy.com	제약	인도 1위 제약회사
REL	Reliance Energy	www.rel.co.in	에너지	뭄바이 전력 공급
RELIANCE	Reliance Industries	www.ril.com	석유화학	인도 1위 민간기업
SAIL	Steel Authority of India	www.sail.co.in	철강	
SATYAMCOMP	Satyam Computer Services	www.satyam.com	IT	IT 컨설팅 및 아웃소싱
SBIN	State Bank of India	www.statebankofindia.com	은행	인도 1위 상업은행
SCI	Shipping Corporation of India	www.shipindia.com/newsite	소매	
SUNPHARMA	Sun Pharmaceutical Industries	www.sunpharma.com	제약	
TATACHEM	Tata Chemicals	www.tatachemicals.net	화학	
TATAMOTORS	Tata Motors	www.tata.com	자동차	인도 3위 자동차회사
TATAPOWER	Tata Power Co.	www.tatapower.com	전력	뭄바이 및 인근 전력공급
TATASTEEL	Tata Steel	www.tatasteel.com	철강	민영 인도 1위 철강회사
TATATEA	Tata Tea	www.tatatea.com	음식료	세계 최대 차(茶) 회사
TCS	Tata Consultancy Services	www.tcs.com	IT	아시아 최대 IT 업체

종목코드	기업명	웹사이트	업종분류	비고
VSNL	Videsh Sanchar Nigam	www.vsnl.net.in	이동통신	뉴욕증권거래소 상장업체
WIPRO	Wipro	www.wipro.com	IT	인도 2위 소프트웨어사
ZEETELE	Zee Telefilms	www.zeetelevision.com	미디어	

인도 증권거래소(NSE) 주위에 늘어선 주요 기업들의 본사 건물들

한국에 유학중인 레 튀 항씨(Le Thuy Hang · 29 · 여)는 요즘 베트남의 경제발전이 여간 자랑스러운 것이 아니다. 젊은 세대임에도 불구하고 가난했던 추억이 그리 먼 옛날 이야기가 아니기 때문이다. 생활필수품은 늘 부족했고, 그녀의 어머니는 기름을 사거나 쌀을 구하기 위해 항상 길게 줄을 서야 했다. 그런 기억이 고스란히 남아있지만 지금은 언제 그랬냐는 듯 어디에서나 공산품이 쌓여 있고, 외제품도 넘쳐난다.

그녀는 2003년 말 미국으로 공부를 하러 떠난 뒤 2005년 말 잠시 귀국했다가 불과 2년 만에 너무 많이 변한 베트남을 보고 깜짝 놀랐다. 한국으로 유학을 온 뒤에도 베트남의 경제발전 소식을 생생히 접하고 있어 뿌듯한 기분도 든다. 마치 자고 일어났더니 세상이 변했다는 말이 실감날 정도로 조국의 발전이 그저 놀랍기만 하다.

그녀의 초등학교 시절만해도 베트남의 도로는 온통 자전거로 들어차 있었지만, 지금은 오토바이 물결로 바뀌었고 자동차도 크게 늘었다. 호찌민이나 하노이 시내에선 벤츠와 BMW 등 최고급 외제차도 심심찮게 볼 수 있다. 1984년 '도이모이'가 도입된 후 베트남이 변하기 시작했지만, 지난 20년간의 변화보다 최근 2~3년간의 변화가 더욱 클 정도로 베트남이 무섭게 변신 중이라고 그녀는 말한다.

5. 베트남은 새벽시장

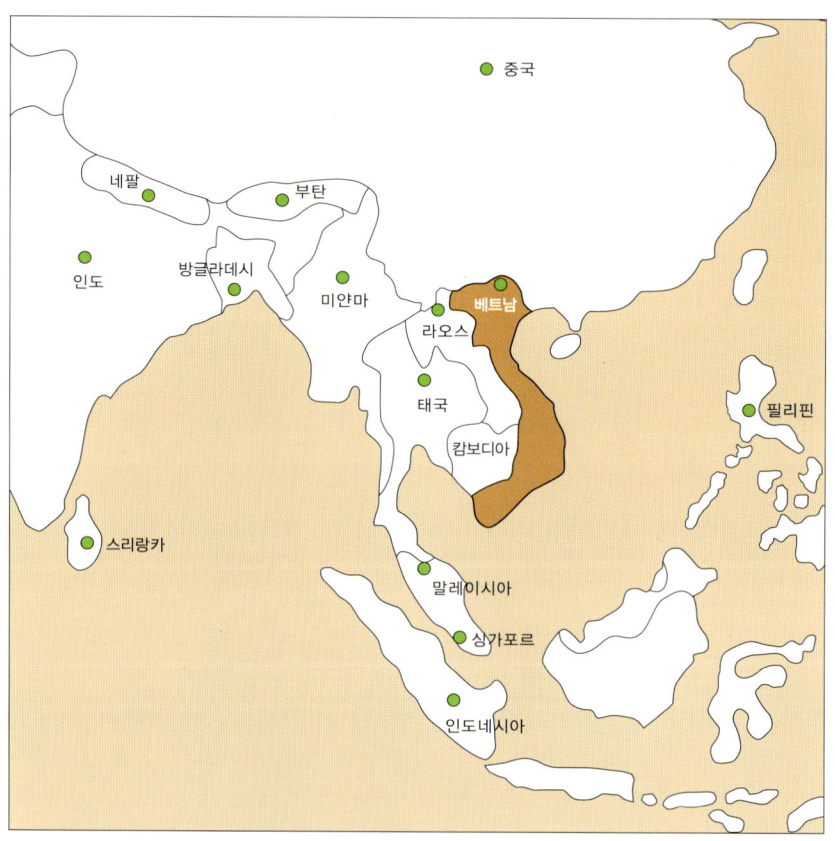

중국

네팔 부탄

인도 방글라데시
미얀마 베트남
라오스

태국
캄보디아
필리핀

스리랑카

말레이시아
싱가포르

인도네시아

S자형의 국토를 갖고 있는 베트남이 빠르게 도약하고 있다

베트남 주식을 사야 하는 이유

베트남이 이머징 아시아의 마지막 '기회의 땅'으로 알려지면서 베트남 주식 시장이 신생 투자처로 급부상하고 있다. 베트남 자본 시장의 잠재력이 큰 것으로 분석되는 데다 2006년 세계무역기구(WTO) 가입을 통해 베트남 경제 성장에 가속도가 붙을 전망이다.

지난 1986년 개혁·개방 정책인 '도이모이'를 도입한 이래 베트남은 비약적인 발전을 거듭하고 있다. 최근 10년간 국내총생산(GDP)은 연평균 7.6%에 달했고, 2005년 경제성장률은 8.4%를 기록했다. 2006년에도 8%를 뛰어 넘을 만큼 고도성장을 구가하고 있다.

베트남은 우리나라를 벤치마크로 오는 2020년까지 경제의 '현대화·공업화' 정책 목표를 세우는 한편 국영기업의 민영화와 외자유치 등을 통해 실물경제와 동시에 자본 시장의 성장을 꾀하고 있다. 베트남 시장에 대한 핑크빛 전망이 쏟아지고 있는 이유가 여기에 있다.

활기찬 호찌민 거리. 자전거 물결이 오토바이 물결로 바뀌었다

2005년 말 기준으로 GDP대비 0.97%에 불과했던 주식 시장의 시가총액 비중은 2006년 9월 현재 6% 수준으로 확대됐고, 베트남 정부는 2010년까지 20~30%대로 끌어올리겠다는 강한 의지를 내보이고 있다. 당초 목표는 10~15%였지만 베트남 자본 시장이 빠르게 성장할 것이란 판단 하에 목표치를 상향 조정한 것이다.

브라질, 러시아, 인도, 중국을 일컫는 브릭스(BRICs)가 공사가 한창 진행 중인 시장이라면 베트남 자본 시장은 이제 막 태동기를 지난, 기초공사를 다지는 새벽시장이라는 분석이 피부에 와 닿는다.

WTO 가입으로 제2도약 기대

베트남의 성장 잠재력은 2006년 WTO 가입으로 더욱 커졌다. 중국경제는 지난 2002년 WTO 가입 이후 양적으로나 질적으로 비약적인 성장을 구가했는데, 이를 지켜본 세계는 이제 베트남을 주목하고 있다. 세계는 베트남을 '리틀 차이나(Little China)'로 부르는 데 주저하지 않는다.

WTO 가입은 베트남이 세계 경제 질서에 본격적으로 통합되어 감을 의미하며, 동시에 확대된 글로벌 마켓의 무대에서 보다 공격적인 경제 성장을 할 것이란 기대도 내포하고 있다. 중국이 WTO 가입 이후 5년간 수출과 수입 모두 3배 이상 급증하는 효과를 누렸던 것처럼 베트남도 중국의 전철을 밟으며 제2의 도약을 할 것이란 전망이 우세하다.

특히 그동안 많은 성과를 낸 개혁·개방 정책이 WTO 가입을 계기로 더욱 힘을 얻을 전망이다. 베트남에 대한 외국인 투자는 공장과 같은 직접투자(FDI)는 물론이고, 자본 시장에 대한 간접투자에 이르기까지 크게 확대될 것으로 예상된다.

알토란 국영기업, 속속 증시에 상장

베트남 자본 시장의 잠재력을 크게 보는 이유 중 하나는 국영기업들(SOEs · State Owned Enterprises)의 민영화에 있다. 베트남 정부는 산업 체질을 강화하고, 대외 개방에 맞서기 위해선 국영기업의 혁신이 반드시 필요하다고 믿었다. 이에 국영기업의 민영화를 개혁의 최우선 과제로 삼았다.

특히 국영기업과 국영은행의 민영화가 속도를 내면서 베트남 주식 시장에는 '알토란' 같은 투자대상 유망기업들이 속속 모습을 드러내고 있다. 베트남에선 지난 15년간 3,000개가 넘는 국영기업들이 민영화되면서 1994년 6,264개에 달했던 국영기업이 2005년 3,100개 수준으로 감소했다. 베트남 정부는 여기서 멈추지 않고 2010년까지 1,000개 이내로 대폭 줄인다는 목표를 세우고 있다.

응우엔 떤 중(Nguyen Tan Dung) 베트남 수상은 2006년 10월 국영기업의 혁신과 개혁을 위한 컨퍼런스에서 2010년을 국영기업의 민영화를 위한 '주식회사화(Equitization)'의 데드라인으로 제시했다. 그는 오는 2010년까지 무슨 일이 있어도 국영기업의 혁신을 마무리 짓도록 중앙과 지방 정부에 지시했다.

베트남 1	〈베트남 WTO 가입표〉
1995. 1	베트남의 WTO 가입 신청 및 작업반(Working Party) 설치
1996. 9	베트남, 대외무역제도에 대한 각서(memorandum) 제출
1996~2000	베트남의 경제 · 무역정책의 투명성에 대한 질의 · 응답
2002. 4	베트남의 시장개방 양허안 구체화
2003. 5	베트남의 수정 시장개방 양허안 발표
2003~2004	베트남의 양허안 검토
2004. 12	작업반 보고서 초안 검토
2005. 9	작업반 보고서 수정 초안 검토
2006. 5	베트남-미국 양자간 무역협상 타결
2006. 11	WTO총회 베트남 가입 승인

응우엔 떤 중 총리는 그동안 국영기업이 경제발전에 있어 매우 중요한 역할을 수행해온 점은 인정하지만 글로벌 통합과 치열한 국제경쟁에서 파생된 요구를 충족시키기 위해선 국영기업을 시장경제 방향으로 혁신하는 데 더욱 속도를 내야 한다고 강조하는 등 민영화에 대한 강한 의지를 피력했다.

베트남 자본 시장 성장잠재력 크다

2006년 10월 17일 호찌민 증권거래센터에서 식품업체인 인터푸드(Inter food · The International Food Joint-stock Company)가 'IFS'라는 코드명으로 거래를 시작했다. 말레이시아 기업으로는 처음이자 외국인 투자기업으론 네 번째로 베트남에 상장되는 순간이었다.

당시 인터푸드의 팡 티 치앙(Pang Tee Chiang) 사장은 베트남 현지 언론과의 인터뷰에서 회사가 성장할 수밖에 없는 이유를 말해 눈길을 끌었다. 우선 베트남 경제가 높은 성장을 지속하고 있다는 점이다. 즉, 경제성장에 힘입어 8,300만 명에 달하는 베트남 국민들의 소득수준이 높아지면서 베트남 내수시장의 수요도 지속적으로 확대될 것이란 얘기다.

여기에 해외수출 여건도 좋아지고 있다고 강조했다. 실제 베트남 정부는 2006년 WTO 가입을 앞두고 세계 경제와의 통합을 위해 부단히 노력했다. 그 결과 해외 수출시장 장벽이 빠르게 낮아지고 있다.

팡 티 치앙 사장은 내수시장의 확대와 더불어 수출 환경까지 개선되고 있으므로 향후 회사의 발전을 기대할 수밖에 없다는 주장을 편 것이다. 그의 말은 옳았다. 국내외 시장이 급속히 확대되면서 베트남은 이머징 아시아 국가 중에서 가장 '역동적인' 성장세를 보이고 있다.

실물경제의 성장은 필연적으로 자본 시장의 발전을 가져온다. 국내외 영업 환경의 개선으로 기업 성장이 탄력을 받으면 이 과정에서 직접 금융을 담당하는 자본 시장의 발전이 뒤따른다. 더욱이 베트남은 거시경제 목표를 달성하기 위해 직접투자뿐만 아니라 간접투자를 적극 유치해야 하기 때문에 베트남 자본 시장의 잠재력은 매우 크다고 볼 수 있다.

실제 해외전문가들 사이에선 베트남에 대한 긍정적인 전망이 쏟아지고 있다. 국제통화기금(IMF)의 라구람 라잔 수석 이코노미스트는 2006년 10월 싱가포르에서 열린 컨퍼런스에서 베트남 주식 시장의 성장 잠재력을 평가하며 베트남을 새로운 '이머징 차이나'라고 불렀다.

미국계 자산운용사인 스테이트스트리트글로벌어드바이저스(SSGA)의 브래드 암 펀드매니저는 "베트남 주식 시장에는 상장을 원하는 많은 기업들이 줄을 서 있으며, 베트남 경제는 높은 성장을 지속하면서 외국인의 대규모 투자를 유혹하고 있다."고 말했다.

CLSA의 스트래티지스트인 크리스토퍼 우드는 "베트남 주식 시장은 투자자들이 수익을 볼 수 있는 시장이 될 것"이라며 베트남 주식을 사라고 조언한다. 특히 "향후 몇 년간 보다 많은 기업들이 베트남 주식 시장에 상장됨에 따라 베트남 증시는 극적인 성장세를 보일 것"으로 전망하고 있다.

포스코건설이 지은 호찌민 시내 중심가의 다이아몬드 플라자   © 김완준

베트남 주식 시장

호찌민 증권거래센터 걸음마 단계, 성장속도는 매우 빨라

베트남의 주식 시장 역사는 매우 짧다. 2000년 7월 20일에 호찌민 증권거래센터(HCM City Securities Trading Center : HSTC)가 설립되었고, 2005년 3월 8일 하노이 증권거래센터(Hanoi Securities Trading Center : HASTC)가 개장됐다. 연륜(年輪)으로 보면 이제 막 걸음마를 뗀 단계라 할 수 있다.

주식 시장을 준비하기 위해 1996년 국가증권위원회(SSC : State Securities Commission)가 설립돼 1997년에 운용에 들어갔고, 1998년 증권 및 증권시장에 관한 법령이 제정된 후 2000년대에 비로소 자본 시장의 꽃이라 할 수 있는 증권시장이 문을 열었다.

호찌민 증권거래센터에 상장하려면 자본금이 50억 동 이상이어야 하며, 2년 연속 흑자를 기록해야 한다. 또한 지분을 20% 이상 분산해야 한다. 하노이 증권거래센터는 자본금이 50억 동 이상, 전년도 흑자, 주주가 50명 이상이어야 상장할 수 있다.

상장 요건만 보면 호찌민 시장의 기준이 좀더 엄격하다. 이는 우리나라의 코스닥 시장처럼 하노이 증권거래센터가 장외시장(OTC) 종목의 주식상장을 도모하기 위해 설립됐기 때문이다. 최근에는 큰 규모의 기업들도 하노이 시장에 제법 상장돼 있다. 앞으로 호찌민과 하노이 증권거래센터의 구분이 점차 모호해질 것으로 보인다.

베트남 주식 시장의 시가총액은 2005년만 해도 우리 돈으로 5,300억 원에 불과했지만 2007년 1월 현재 15조 원을 넘어서고 있다. 베트남 상장종목수도 2007년 1월 195개에 달하고 있다. 장외시장(OTC)에선 상장을 꿈꾸고 있는 3,000개 안팎의 종목이 거래되고 있다. 호찌민 증권거래센터의 경우 2005년말 30개 남짓이었지만 지금은 상장종목이 세자릿수를 넘어섰다.

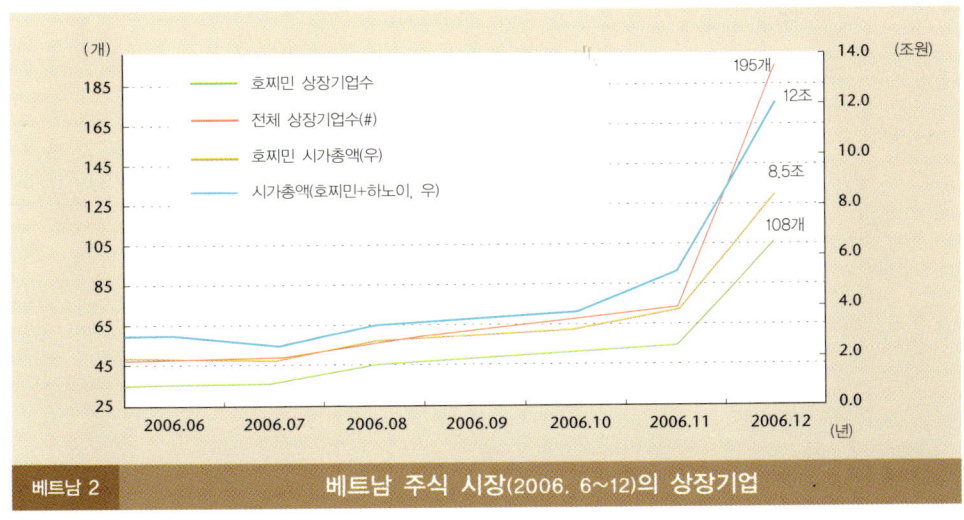

베트남 2 | 베트남 주식 시장(2006. 6~12)의 상장기업

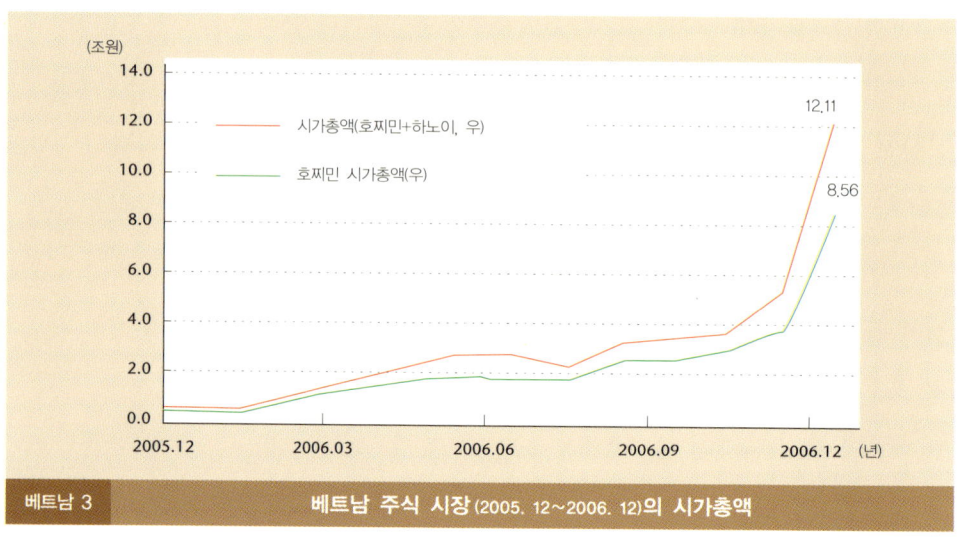

(조원)

14.0

12.0 시가총액(호찌민+하노이, 우)

10.0 호찌민 시가총액(우)

8.0

6.0

4.0

2.0

0.0

12.11

8.56

2005.12   2006.03   2006.06   2006.09   2006.12 (년)

| 베트남 3 | 베트남 주식 시장(2005. 12~2006. 12)의 시가총액 |

　이에 따라 베트남 주식 시장의 고질적인 위험요소인 '유동성 리스크' 가 과거에 비해 크게 해소되고 있다. 특히 베트남 정부는 2007년 중 국영기업 600개 정도를 민영화하고, 이중 100개 안팎을 증시에 상장시킨다는 복안을 갖고 있어 앞으로도 유동성 리스크는 크게 줄어들 전망이다.

　또 투자자 보호도 강화되고 있다. 호찌민 증권거래센터의 경우 최소 상장 요건이 보다 엄격해지고, 투자자 보호 차원에서 우리나라의 공시제도처럼 정보를 투명하고 즉각적이며 명확하게 공시하는 방안을 추진하고 있다. 2007년 중 호찌민 시장의 거래시스템도 리얼타임으로 바뀔 예정이다.

　2000년 호찌민 증권거래센터 출범 당시 7개였던 증권사가 2006년 현재 15개로 2배 증가한 것에서 볼 수 있듯, 베트남 자본 시장은 연륜에선 아직 걸음마 단계이지만 성장속도 만큼은 빠르게 진행되고 있음을 엿볼 수 있다.

ACB Securities Company Ltd.	
본사주소	9 Le Ngo Cat - Dist. 3, Ho Chi Minh City, Viet Nam	
전화 ㅣ팩스	(84-8) 9302422 - 9302425 - 9302428	(84-8) 9302423
전자메일 ㅣ웹사이트	acbs@hcm.vnn.vn	www.acbs.com.vn

BIDV Securities Company, Ltd.	
본사주소	20 Hang Tre - Ha Noi - Viet Nam	
지점주소	9 Floor, 146 Nguyen Cong Tru - Dist. 1- Ho Chi Minh City	
전화 ㅣ팩스	04.9261278	04. 9261279
전자메일 ㅣ웹사이트		www.bsc.com.vn

Bao Viet Securities joiSecurities Company Ltd.	
본사주소	94 Ba Trieu - Ha Noi - Viet Nam	
지점주소	01 Nam Ky Khoi Nghia, Dist.1 - Ho Chi Minh City	
전화 ㅣ팩스	04. 9433435	04. 9433012
전자메일 ㅣ웹사이트		www.bvsc.com.vn

The First Securities Company	
본사주소	9 Hoang Van Thu - Thu Dau Mot - Binh Duong Province	
지점주소	208 D-E Hung Vuong, Dist. 5, HoChi Minh City	
전화 ㅣ팩스	08.9554938/39	08.9554940
전자메일 ㅣ웹사이트		www.fsc.com.vn

Incomebank Securities Company, Ltd	
본사주소	306 Ba Trieu, Ha Noi, Viet Nam	
지점주소	153 Ham Nghi, Dist. 1 - Ho Chi Minh City	
전화 ㅣ팩스	04. 9741054	04. 9741760

Mekong Securities Cororation	
본사주소	2 Phan Chu Chinh, Hoan Kiem, Ha Noi , Viet Nam	
지점주소	16-18 Nam Ky Khoi Nghia, Dist.1, Ho Chi Minh City	
전화 ㅣ팩스	04. 9361389/90/91/92	04. 9361393
전자메일 ㅣ웹사이트	hn.msc@mekongsecurities.com.vn	www.mekongsecurities.com.vn

Thang Long Securities Company, Ltd	
본사주소	14C Ly Nam De, Ha Noi, Viet Nam	
지점주소	No. 2 Ton Duc Thang, Dist.1 - Ho Chi Minh City	
전화 ㅣ팩스	04.7337671	04.7337670
전자메일 ㅣ웹사이트	tschanoi@hn.vnn.vn	

Vietcombank Securities Company, Ltd.	
본사주소	17 Floor, Vietcombank Tower - 198 Tran Quang Khai, Ha Noi	
지점주소	72 Pham Ngoc Thach, 3 Dist - Ho Chi Minh City	
전화 ㅣ팩스	04.9360267	04.9360264
전자메일 ㅣ웹사이트	vcbsecurities@vietcombank.com.vn	

Eastern Asia Bank Securities Company, Ltd.	
본사주소	60-62-64 Nguyen Cong Tru, Dist.1 - Ho Chi Minh City
전화ㅣ팩스	08.9144132	08.9143471
전자메일ㅣ웹사이트	eab-bank@hcm.vnn.vn	www.eabbank.com.vn

Hai Phong Securities joint stock Company	
본사주소	24 Cu Chinh Lan, Hai Phong
전화ㅣ팩스	031.746267, 842332, 842335	031.746266

Saigon Securities Incorporation	
본사주소	1-12 Nam Ky Khoi Nghia, Dist.1, Ho Chi Minh City
지점주소	23 Phan Chu Trinh, Ha Noi HoChiMinh City
전화ㅣ팩스	08.8218567	08.8294123
전자메일ㅣ웹사이트	ssi@saigonsecurities.com	www.saigonsecurities.com

Securities Corporation	
본사주소	33-39 Pasteur, Dist.1, Ho Chi Minh City
전화ㅣ팩스	08.9142121	08.9144755
전자메일ㅣ웹사이트		www.hsc.com.vn

Agribank Securities joint stock Company	
본사주소	Floor 4, C3 Phuong Liet, Ha Noi, Viet Nam
지점주소	No. 2A Pho Duc Chinh - Ho Chi Minh City
전화ㅣ팩스	04.8687217	04.8687219

하노이는 리얼타임

호찌민 증권거래센터에선 하루 4번에 걸쳐 거래가 이루어진다. 세 번째 거래까지는 매수와 매도 주문에 대한 매칭 거래(Matching Deal), 즉 동시호가 매매방식으로 가격이 결정되며, 네 번째 거래는 '블록 딜(Block Deal)'처럼 거래 쌍방이 협의를 통해 매매를 체결하는 상대매매(相對賣買, negotiated transaction) 방식으로 이루어진다. 블록 딜은 주식을 대량으로 사고파는 거래 방식으로, 큰손이나 기관 투자가들이 주로 이용한다.

호찌민 증권거래센터의 거래시간을 살펴보면 1차 거래(1st trading session)는 오전 8시 20분부터 40분까지(8시 40분 체결), 2차 거래(2nd trading session)는 오전 9시 10분부터 30분까지(9시 30분 체결), 3차 거래(3rd trading session)는 오전 10시부터 10시 30분까지(10시 30분 체결)이다.

체결방식은 매수 시엔 가격이 높은 쪽이 우선적으로 체결되는 반면, 매도 시엔 가격이 낮은 주문이 경쟁자에 앞서 체결된다. 주문 가격이 동일할 경우 선착순으로 체결된다. 3차 거래까지는 이런 경쟁매매 방식으로 이루어지며, 4차 거래(10시 30분부터 11시까지)는 3차 거래의 종가를 기준가격으로 상대매매가 이루어진다. 이때 매매 건 당 1만 주 이상의 대량 거래가 이루어진다.

호찌민의 등락 폭은 1차에서 3차까지는 매 거래 시마다 상하 5%(우리나라 유가증권시장 및 코스닥 시장의 등락 폭은 상하 15%)씩 허용된다. 주식거래는 3일 후에 결제가 이루어진다. 유의할 점은 우리나라와 달리 주식을 매수한 후 곧바로 해당 종목을 팔 수 없고, 3일이 지나야 매도할 수 있다. 때문에 주식을 사들인 직후 매수한 종목에 악재가 발생하더라도 다시 팔려면 3일을 기다려야 한다.

하노이 증권거래센터 역시 월요일부터 금요일까지 거래가 이루어지며, 거래시간은 오전 9시부터 11시까지이다. 호찌민과 달리 리얼타임, 즉 실시간 거래방식으로 매매가 이루어진다. 매매 주문을 하면 가격 및 시간에 우선해 체결이 이루어진다. 어찌 보면 호찌민 증권거래센터에 비해 앞선 매매 시스템이다. 베트남 증권당국이 증권시스템 전산화에 투자를 늘리고 있어 조만간 외국처럼 실시간 대량 매매가 가능해질 것으로 보인다.

하노이 증권거래센터의 등락폭은 기준가격 대비 상하 10%로 호찌민에 비해 높은 편이다. 호찌민과 마찬가지로 결제는 매매가 체결된 3일 뒤(T+3일)에 이루어진다. '주식거래코드'를 부여 받으면 외국인도 호찌민은 물론 하노이 증권거래센터의 모든 종목을 매매할 수 있다.

베트남 주식 시장은 사이공(옛 월남의 수도로 현 호찌민의 옛 지명) 함락 기념일인 4월 30일, 1월과 2월 중순 사이인 구정월 3일간 휴장한다. 베트남의 채권 시장은 오전 8시 20분부터 오전 11시까지만 거래가 이루어지는데, 상대매매 방식이다.

주식거래는 비과세

베트남에서 주식을 거래할 때도 우리나라에서와 마찬가지로 소정의 수수료(증권사마다 다르지만 대략 0.4% 전후)를 낸다. 주식거래에 대해선 비과세가 적용된다. 개인의 경우 내국인이나 외국인 차별 없이 모든 주식거래와 관련해 세금이 전혀 붙지 않는다. 만약 외국인 투자자가 주식 투자로 이익을 얻어 해외로 다시 송금할 경우에도 세금이 없다. 단, 기관 투자가의 경우 주식거래(WholeSale) 총액의 0.1%를 세금으로 낸다.

베트남은 앞서 2002년 9월 3일 외국인의 주식거래에 관한 정부명령(Decision 998)을 통해 해외거주 외국인과 베트남에 투자한 외국기업 구성원들도 베트남 주식을 거래할 수 있도록 했다. 즉, 외환법규에 따라 적법하게 해외에서 송금된 자금, 적법한 외환계좌에서 인출된 외화, 직접투자에서 나온 이익금, 자산양도에서 발생한 소득, 투자자금 청산금 등으로 주식거래를 가능하도록 했다.

베트남 VN지수 장기 트랜드는 '우상향'

베트남 주식 시장의 종합주가지수 격인 호찌민 증권거래센터의 VN지수는 2000년 7월 100포인트에서 출발해 1년 후 571포인트까지 폭등한 이후, 2003년 말까지는 지속적으로 하락해 120~130포인트 대까지 폭락했다. 2000년 호찌민 증권거래센터가 출범할 당시 상장종목이 리냉장전기공업주식회사와 사콤통신케이블주식회사 등 단 2개 사에 불과해 수급에 의해 폭등세가 지속됐다. 그러나 등락폭이 상하 2%에서 5%로 확대된 직후 주식 시장이 급락세로 돌변했다.

이후 베트남 주식 시장은 장기간 침체기간을 거친 후 2005년 말부터 회복세를 보이기 시작해 2006년 급등세를 다시 연출했다. 2006년 초 307포인트에서 시작한 VN지수는 2006년 12월에 들어 750선을 훌쩍 뛰어넘었다.

하노이 증권거래센터의 HN 지수도 2005년 3월 출범 후 급등락을 거듭한 후 2006년 한때 170선을 하향 이탈한 이후 다시 상승세를 보이며 2006년 12월 250선 전후를 기록했다.

2006년 급등세는 베트남이 세계무역기구(WTO) 가입을 계기로 고도성장을 지속할 것이란 전망과 실물경제의 뒷받침으로 자본 시장도 발전할 것이란 기대를 반영하고 있다. 최근 몇 년간 주식 시장관련 제도가 정비되고 상장주식에 대한 외국인의 보유한도가 49%로 확대, 베트남 내국인의 주식에 대한 관심이 증대되면서 주식 수요가 꾸준히 확대된 데 기인한다.

메릴린치증권은 2006년 보고서를 통해 향후 10년간 베트남 주식에 투자해도 좋다는 의견을 내놓았다. 베트남이 연평균 7% 이상의 성장을 지속하는 가운데 베트남 정부의 일관된 개혁정책 및 적극적인 자본 시장 육성정책, 여기에 WTO 가입에 따른 외국인의 베트남 투자증대 등이 주식 시장의 상승을 견인할 것이란 이유에서다. 또 인구의 절반 이상이 30대 이하로 젊고, 문맹률이 낮다는 점도 베트남의 발전가능성을 높이고 있다는 분석이다.

베트남 채권 시장은 주식 시장과 마찬가지로 아직 걸음마 단계이며, 규모도 크지 않고 채권발행의 주체도 대부분 정부다. 채권 시장을 통해 기업들이 자금을 조달하는 경우도 아직 많지 않지만, 향후 주식 시장의 발전과 더불어 채권 시장도 발전할 것으로 예상된다. 2005년에는 뉴욕과 싱가포르에서 각각 10년 만기 국채 7억 5,000만 달러를 연이율 7.12%의 비교적 좋은 조건으로 발행해 관심을 모으기도 했다.

베트남 주식 투자 ABC

베트남 주식 시장에 투자하는 방법은 투자대상에 따라 크게 세 가지로 나눌 수 있다. 첫째는 호찌민과 하노이 증권거래센터에 상장된 주식에 투자하는 것, 둘째는 IPO(민영화) 과정의 경쟁입찰 방식에 참가해 주식을 확보하는 것, 셋째는 장외시장(OTC)에서 주식 시장 상장을 앞둔 주식을 매수하는 것이다.

또 투자자가 거래방식에 따라 베트남 주식에 직접투자하는 방식과 베트남 투자 펀드를 통해 간접투자하는 방식이 있다. 직접투자라 하더라도 베트남 현지에서 직접 주문을 내는 방식이 있고, 우리나라에서 전화나 전자메일, 인터넷을 통해 주문을 하는 방식 등으로 구분할 수 있다.

증권계좌 개설 방법

우선 베트남 주식 시장에 투자하려면 주식거래코드를 받고 증권계좌를 개설해야 한다. 우리나라에선 한국증권이나 삼성증권, 현대증권 등 여러 증권사에서 거래계좌를 만들 수 있지만, 베트남에선 외국인과 현지인 모두 1인당 1개의 계좌만 가능하다.

증권계좌를 개설하기 위해선 통상 베트남을 방문해야 하지만 사이공증권(SSI) 등 일부 증권사에선 인터넷을 통해 계좌를 만드는 경우도 있다(p.161 '실전! 계좌 개설에서 주문까지' 참조). 계좌를 개설하기 위해선 신분을 증명하는 자료를 제출해야 하는데, 자료는 국내에서 만들거나 베트남을 방문해 만들 수 있다.

국내에서 제출서류를 만들 경우엔 서울 외교통상부 영사과와 베트남 대사관을 방문해야 한다(p.161 '실전! 계좌 개설에서 주문까지' 참조). 일단 한국에서 서류를 만들어 베트남에 도착하면 증권사를 찾아 증권계좌 개설을 신청하면 되는데, 증권사 창구엔 영어를 할 줄 아는 직원이 1명 정도 배치돼 있다.

증권사를 방문해 여권을 보여주고 증권계좌를 만들겠다는 의향을 밝히면 직원이 계좌개설신청서와 외국인 신원확인서를 건네준다. 만약 직접 베트남을 방문하지 않고 베트남 거주 대리인을 통해 증권계좌를 개설할 경우엔 자신의 서명이 있는 계좌개설신청서와 여권 사본, 공증을 거친 신원보증서를 항공편으로 보내야 한다.

베트남 5	베트남 주식거래코드 신청 시 제출서류
개인	1) 투자자 자신이 서명한 주식거래코드 등록신청서 2) 투자자 신원확인서(한국에서 공증기관의 인증을 거쳐 주한 베트남영사관의 검증을 받음. 또는 베트남주재 한국영사관에서 인증을 거쳐 베트남 외무부의 확인을 거침)
기관투자가	1) 기관투자가 서명한 주식거래코드 등록신청서 2) 기관투자가 정보제공서(공증필요) 3) 기관투자가 대리인 신원확인서(공증필요) 4) 한국내 법인등록증명서 공증 사본 5) 대리인 권한을 명시한 이사회 위임장

※투자 펀드(Investment Fund)인 경우 계약서 인증사본과 최근 2년 이내 재무제표

베트남을 방문해 제출 서류를 만들 경우에도 비슷한 절차를 거친다. 증권사 창구에서 계좌개설신청서를 작성한 후 신원보증서에 대해 베트남 주재 한국영사관과 베트남 외무부에서 차례로 공증을 받는다. 먼저 증권사에서 받은 신원보증서를 작성해 베트남 주재 한국영사관에 찾아간다. 이것은 '서류에 기재된 내용이 틀림없다'는 것을 확인해 주는 과정으로 이해하면 된다.

한국영사관에서 공증을 받은 후엔 베트남 외부무에서 한번 더 확인을 받는다. 한국영사의 직인이 찍힌 서류에 베트남 외교부가 확인 직인을 다시 찍는 절차인데, 이는 '한국영사관에서 확인한 내용이 맞다'라고 베트남 외무부가 다시 한번 확인을 하는 셈이다.

베트남 외무부에선 공증을 위한 신청서를 작성하는 한편 한국영사관에서 공증받은 서류의 원본과 복사본, 여권복사본(사진면) 등을 함께 제출한다. 공증처리에는 2~3일 정도 걸리며 소정의 수수료를 내야 한다.

한국영사관과 베트남 외무부에서 신원확인서에 대한 공증을 마친 뒤에는

공증된 서류를 처음 방문했던 베트남 증권사 창구에 제출하면 된다. 증권계좌 개설 신청이 끝나면 2주 후 주식거래코드(Account 넘버)와 고객넘버(Customer 넘버)가 우편으로 주소지로 전달되는데, 이후 증권계좌에 돈을 넣고 주식을 사고팔면 된다. 한국의 주소를 적어 냈다면 한국에서 우편물을 받아볼 수 있다.

주식 투자 자금을 인출할 때는 은행계좌가 필요하기 때문에 기왕 베트남을 방문했다면 은행통장도 함께 개설하는 것이 좋다. 여권만 있으면 쉽게 개설할 수 있다. 물론 장외종목(OTC) 거래를 위해선 증권계좌가 필요하지 않지만 장외거래 주식을 거래할 경우엔 베트남투자은행(BIDV, Bank For Investment and Development of vietnam)과 같은 은행계좌가 반드시 필요하다는 점에 유의해야 한다.

직접투자하기

주식거래코드를 받고 증권계좌를 개설했다며 베트남 주식을 거래할 수 있다. 주식거래방식은 앞서 설명했듯이 투자자가 주식에 직접투자하는 방식과 펀드를 통해 간접적으로 하는 방식이 있다.

직접투자하는 경우엔 베트남 현지에서 직접 주문을 내는 방식, 우리나라에서 전화나 전자메일, 인터넷 등으로 투자하는 방식으로 구분할 수 있다. 베트남에 거주하거나 비즈니스로 베트남을 자주 방문하는 경우엔 베트남 현지 증권사 객장을 찾아 직접 주문을 낼 수 있다. 객장에 비치된 주문서에 종목코드와 수량을 적어 거래를 신청하면 된다.

베트남을 방문하지 않고 우리나라에서 주문을 하면 전화와 전자메일, 홈 트레이딩시스템(HTS)을 이용해야 하는데, HTS는 현재 비에콤은행증권 (Vietcom bank Securities)에서만 서비스를 제공한다. 경쟁 증권사들도 HTS를 준비하고 있어 조만간 다른 증권사에서도 홈트레이딩을 통한 거래가 가능 할 전망이다.

증권사에는 영어를 하는 직원들이 있어 외국어에 자신이 있다면 전화나 전자메일을 통해 주문을 할 수 있다. 다만 주문을 둘러싼 분쟁을 막기 위해 베트남에선 투자자의 서명이 있는 주문서를 반드시 증권사에 비치해야 한 다. 이에 따라 우리나라에서 주문을 내는 투자자의 경우엔 자신이 서명한 매수지시서와 매도지시서를 각각 수십 장씩 베트남 증권사 직원에게 미리 맡겨놓고 거래하게 된다.

증권사마다 다소 틀리지만 거래가 이루어질 때마다 거래금액의 0.4~0.5% 를 수수료로 내야 한다. 증권사별로는 계좌유지수수료로 매월 15달러 안팎 을 징수하는 곳도 있으므로 증권사의 수수료 체계도 잘 살펴볼 필요가 있다.

국내 증권사를 통한 베트남 직접투자 아직은 안 돼

아직 국내 증권사를 통한 베트남 주식 투자가 이루어지지 않고 있지만 베 트남이 증권관련 인프라 개선에 박차를 가하고 있어 다소 시간은 걸리겠지 만 조만간 가능해질 전망이다.

국내투자자의 외화증권 투자는 1994년 7월부터 법인과 개인 등 일반투자자에게 허용된 후, 1999년 4월 외화증권 투자한도가 전면 폐지되었다. 2006년 들어서는 외국증권시장과 투자대상증권에 대한 제한도 폐지됨에 따라 자유로운 외화증권 거래가 가능해졌다.

다만 개인이나 법인 등 일반투자자에 대해서는 투자자 보호차원에서 외국환거래규정, 증권업감독규정 등에 의거 몇 가지 규제가 적용되는 투자절차를 따라야 한다.

예를 들어 외국환거래규정에 따라 일반투자자는 국내 증권사에서 위탁으로 외환증권 매매가 가능하고, 매매 또는 권리행사 관련 자금은 외국환은행을 통해 수수해야 한다.

아울러 증권업감독규정에 따라 증권사는 일반투자가의 외화증권 취득분을 증권예탁결제원이 지정한 외국보관기관을 통해 보관하도록 하고 있다. 일반투자가의 경우 직접 외국보관기관의 선임이 어렵고 운영에 따른 비용이 과다하게 소요되기 때문이다.

따라서 외국보관기관을 통해 매입유가증권을 보관할 수 없는 국가는 투자가 곤란하다. 현재 미국, 영국, 중국, 호주, 벨기에, 브라질, 일본, 프랑스, 홍콩, 싱가포르, 스웨덴, 대만, 스위스, 우크라이나 등 40여 개국이 보관할 수 있어 투자가 가능하다.

베트남의 경우 보관기관을 통한 보관이 힘들고 실제 투자자 명의로 이를 수행해야 하므로 예탁결제원을 통한 베트남 증권의 결제처리가 불가능하다. 따라서 베트남의 경우 이러한 전제조건이 해결된 후에나 예탁결제원을 통한 외화증권결제서비스가 가능하다.

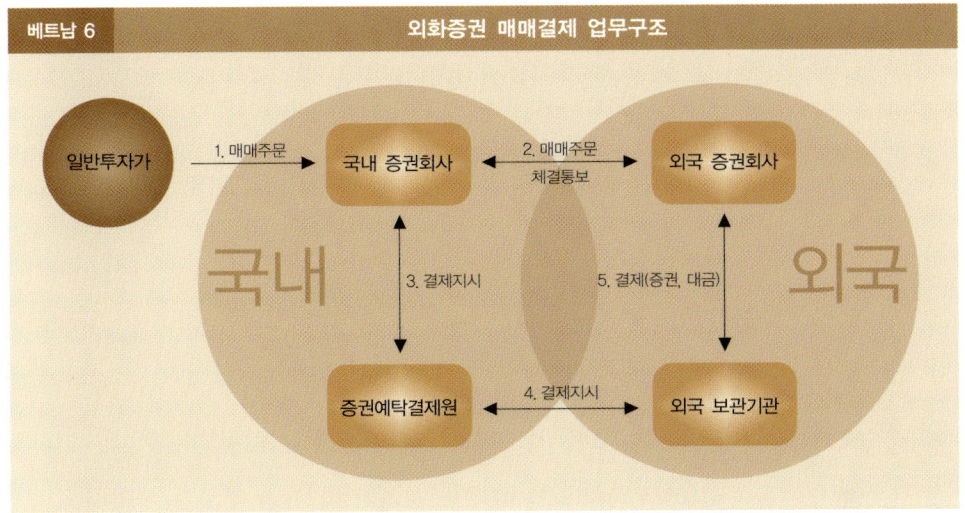

현재 개인투자자들은 국내증권사와 외국환은행 및 증권예탁결제원을 통해 외화증권 매매를 처리할 수 있다. 업무의 흐름은 위 표와 같다.

간접투자하기

간접투자는 말 그대로 펀드운용사같은 전문가를 통해 베트남에 투자하는 방식으로, 직접투자처럼 번거로운 절차가 필요없다. 개인을 대신해 펀드운용사가 베트남에 계좌를 개설하고 거래를 하는 방식인 만큼 직접투자에 자신이 없다면 고려해볼 만하다.

현재 베트남에서 활동중인 외국계 투자 펀드로는 아일랜드계인 드래곤캐피털(Dragon Capital)과 유럽과 베트남의 합작운용사인 비나캐피탈(Vina

Capital) 등이 대표적이고, 한국계에선 한국투신운용과 미래에셋맵스자산운용 등이 베트남투자 펀드를 선보이고 있다.

한국운용은 국내 운용사 중 베트남 시장에서 가장 두드러진 활동을 펼치고 있다. 2006년 6월 국내 금융기관 최초로 베트남 자본 시장에 투자하는 '월드와이드베트남펀드'를 선보였으며, 이후 소액적립식 투자가 가능한 '베트남적립식펀드'를 출시했다.

2006년 11월엔 베트남의 전력, 금융, 에너지 등 핵심기업에 직접투자하는 '월드와이드베트남 2호 펀드'를 1,000억 원 규모로 판매했다. 베트남 투자열기를 반영하듯 출시되자 마자 목표치가 다 팔려 주목을 받았다.

이 상품은 펀드자산의 약 50~80%를 베트남 국영기업의 민영화에 따른 중요산업분야의 핵심기업 IPO주식과 장외주식에 투자하며, 나머지 20~

베트남 7			한국의 베트남 투자 펀드 상품		
펀드명	판매기간	설정일	보수	펀드특징
한국사모월드와이드베트남혼합1호	3.29~6.29	2006.3.29	신탁총보수 : 1.774% (운용 0.5%, 판매 1.2%, 수탁 0.06%, 사무 0.014%)	- IPO주식과 장외주식에 펀드자산의 약 50~80%, 시가총액과 거래량이 지속적으로 증가하고 있는 상장주식 시장에 약 20~30%를 투자 - 베트남 상장 및 비상장 주식, 채권, 기타자산과 국내채권 및 현금성 자산
한국월드와이드베트남혼합1호 (070011)	6.1~8.30	2006.6.30	선취판매수수료 : 1.0% 신탁총보수 : 2.574% (운용 0.7%, 판매 1.8%, 수탁 0.06%, 사무 0.014%)	
한국사모월드와이드베트남혼합 2	11.20~11.24	2006.11.24	신탁총보수 : 1.974% (운용 0.57%, 판매 1.33%, 수탁 0.06%, 사무 0.014%)	- 주로 은행 및 보험사가 주고객 - 운용계획 : 한국월드와이드베트남혼합1호와 동일
한국월드와이드베트남혼합 2호 (070015)	11.22~12.5	2006.11.30	선취판매수수료 : 1.0% 신탁총보수 · 2.574% (운용 0.7%, 판매 1.8%, 수탁 0.06%, 사무 0.014%)	- 1,000억한도에서 추가 증액 - 운용계획 : 한국월드와이드베트남혼합1호와 동일

30%는 시가총액과 거래량이 지속적으로 증가하고 있는 상장주식 시장에 투자한다.

미래에셋맵스자산운용도 2006년 12월 미래에셋 계열의 베트남 1호 투자 펀드인 '미래에셋 맵스 오퍼튜니티 베트남 주식혼합형펀드'를 출시했으며, 골든브릿지자산운용은 2006년 12월 베트남 현지에서 'GB베트남사모 혼합형증권투자신탁1호' 출시 행사를 갖고 합류했다.

상장주식은 49%까지

베트남 주식에 투자하는 방법은 크게 세 가지로 나뉜다. 주식 시장에 상장된 주식 거래, 장외시장의 비상장 종목 거래, 기업의 IPO과정 입찰에 참여해 지분을 매입하는 방법 등이다.

상장종목은 호찌민 증권거래센터와 하노이 증권거래센터에서 공식적으로 거래되는 종목을 말하고, 장외시장(OTC)은 거래센터 밖에서 증권사를 브로커(Broker)로 비상장주식이 거래되는 시장을 말한다.

IPO는 우리나라에선 기업공개, 즉 주식 시장에 상장하는 과정을 의미하지만, 베트남에서 IPO는 주식 시장 상장의 훨씬 이전 단계인 국영기업의 민영화를 위한 '주식회사화(Equitization)' 과정으로 이해할 수 있다. '주식화'를 거친 기업들은 장외시장에서 먼저 거래가 이루어지고, 회사 형편에 따라 적절한 시점에 호찌민 내지 하노이 주식거래센터에 상장이 이루어지게 된다.

상장주식에 투자하는 것은 베트남 투자 시 가장 편리한 방법이다. 베트남에서 외국인은 상장주식의 49%, 비상장주식의 30%까지 투자할 수 있다. 호찌민 증권거래센터가 개장될 무렵엔 외국인 투자한도가 20%였지만, 2003년 30%, 2005년 49% 등으로 확대돼 왔다.

가공산업이나 경공업 분야에 대해선 외국인 지분 소유 한도를 49%까지 허용했지만 우정통신, 은행, 전력 등 국가 기간산업의 상장주식은 종전처럼 30%선에서 제한을 두고 있다. 2006년 말 기준으로 외국인 지분율은 30% 전후인 것으로 파악된다. 몇몇 종목은 49%까지 외국인 지분이 꽉찬 경우도 있다.

2000년 호찌민 증권거래센터는 2개의 종목으로 출발해 조금씩 늘어나다 2006년 들어 큰 폭으로 증가했다. 2006년까지 상장하면 각종 세제혜택을 받을 수 있다는 점이 유인책으로 작용했다.

외국인 지분 소유 한도는 궁극적으로 100%까지 확대될 것으로 예상된다. 베트남이 세계무역기구(WTO) 가입을 계기로 국내시장을 점진적으로 개방할 수밖에 없는 데다, 지분 확대를 요구하는 외국인들의 압력이 점차 높아지고 있기 때문이다.

경쟁입찰 IPO에 참여하자

베트남이 사회주의 국가이다 보니 그동안 기업들은 제대로 된 주식회사 요건을 갖추지 못했다. 그러나 최근 몇 년간 개혁·개방 정책과 맞물려 기업들의 '주식화(Equitization)'가 속도를 내고 있다. 베트남 정부 역시 경제

도약과 개방화의 물결을 이기기 위해 비능률적인 자국기업의 혁신이 절실하다고 판단했으며, 실제 국영기업(SOEs : State Owned Eneterprises)의 민영화를 개혁정책의 최우선 과제로 삼고 있다.

앞서 설명했듯이 베트남에선 우리나라와 달리 국영기업들의 주식회사화 과정을 IPO라 부른다. 외국계 기관 투자가들은 IPO 과정에서 알짜배기 기업들의 주식을 쓸어 담고 있다. 물론 외국인은 개인 자격으로 IPO 과정에 참여할 수 있다.

국영기업이 민영화하는 과정은 이렇다. 먼저 회사의 가치를 따져 주당 주식값을 정하고, 직원들에게 할인된 가격으로 먼저 살 기회를 준다. 그 다음 회사의 거래 및 이해 관계가 있는 전략적 투자가에게 지분의 일정 부분 넘기고, 그 후 IPO 경매방식을 통해 일정 지분을 투자자들에 매각한다.

IPO는 경쟁입찰방식으로 이루어진다. 일명 '더치 옥션(Dutch auction)'이라 부른다. 가장 높은 가격부터 매수 희망자를 채우고 입찰물량을 모두 소화한 마지막 최저가격이 낙찰가로 정해진다. 최저낙찰가 이상을 제시한 투자자들은 자기가 적어낸 가격으로 물량을 가져간다. IPO 입찰은 규모가 크기 때문에 대부분 기관 투자가들이 물량을 가져간다.

우리나라에서 많이 팔린 베트남 주식 투자 펀드의 경우 대부분 IPO 입찰을 통해 베트남 기업들의 주식을 사들이고 있다. 아직은 베트남 상장시장의 규모가 작은 데다 괜찮다 싶은 상장 종목은 예외 없이 외국인 투자한도가 목까지 차있어 투자 펀드와 같은 외국계 기관 투자가들은 IPO 입찰에 적극적이다.

우리나라에선 비상장주식이 주식 시장에 상장되면 일반적으로 주가가 큰 폭으로 뛴다. 베트남에서도 마찬가지인데 IPO를 거친 종목이 호찌민이나 하노이 증권거래센터에 상장되면 IPO 최저낙찰가를 크게 웃도는 시세가 형성된다. 이는 IPO 투자의 '핵심포인트'이며, 기관 투자가들이 적극 나서는 이유이기도 하다.

IPO를 거쳤다고 모든 기업들이 주식 시장에 상장되는 것은 아니며, 호찌민과 하노이 증권거래센터의 상장기준을 충족해야 비로소 상장이 가능해진다. IPO 이후 2~3개월 만에 상장하는 기업도 있지만 몇 년이 걸릴 수도 있고, 아예 상장이 불가능해질 수도 있다.

OTC에서 숨은 진주 찾기

장외시장(OTC)에서도 비상장주식을 매매할 수 있다. 장외시장은 호찌민이나 하노이 증권거래센터처럼 특별히 건물이 있는 것이 아니라, 비상장주식의 유통시장을 일컫는다.

매매는 파는 쪽과 사는 쪽을 중개인(Broker)이 연결하는 방식으로, 중개인은 주로 베트남 현지 증권사들이다. 브로커인 사이공증권(SSI, www.ssi.com.vn)과 아시아상업은행증권(ACBS,www.acbs.com.vn) 등 일부 증권사들은 자신의 홈페이지에 주요 비상장 기업들의 호가를 공지한다.

현재 베트남 장외시장에선 3,000개 안팎의 비상장 종목들이 거래되고 있으며, 이중 비교적 거래가 활발한 기업은 900개 정도로 파악되고 있다. OTC 기업의 정보는 주로 현지 증권사를 중심으로 형성된다. 비상장주식을 팔아달라거나 사달라는 요청을 받는 과정에서 OTC 기업의 대략적인 정보가 형성된다.

베트남에 진출한 투자 펀드 등 외국계 기관들은 브로커 증권사뿐 아니라 현지에 설립된 사무소 등을 통해 OTC 기업들의 정보를 수집한다. 개인의 경우 베트남 현지인이 아니거나 현지 사정을 잘 모르면 기관에 비해 정보수집 능력이 뒤처질 수밖에 없다.

실전! 계좌 개설에서 주문까지

'백문불여일견'이듯 베트남 주식거래를 위해 증권계좌를 직접 만들어보면 모든 궁금증이 해소된다. 저자가 2006년 7월 베트남을 직접 방문해 사이공증권(SSI·Saigon Securities Inc.)의 외국인투자 담당자로부터 계좌개설부터 주문 방법까지 설명을 들었다. 이후 국내로 돌아와 하나하나 확인했다.

현재 국내에는 베트남 주식을 중개하는 증권사가 없다. 따라서 베트남에 투자하는 펀드를 통한 간접투자가 아니라면 증권사를 통해 직접 베트남에 투자하는 방법은 없다.

베트남 주식에 직접투자하려면 먼저 베트남 현지 증권사의 홈페이지를 방문해 계좌 개설 의사를 밝히고, 필요한 서류를 받는다. 저자는 사이공증권에서 외국인 계좌개설에 필요한 서류를 받았다. 사이공증권의 인터넷 홈페이지(www.ssi.com.vn)에는 외국인 투자자를 위한 투자 안내 절차가 나와 있다. 전자메일로 투자하고 싶다는 의사를 보내면 필요한 서류와 안내문을 보내준다.

개인투자자가 베트남의 증권계좌 개설을 위해 필요한 서류(한국에서 신청하는 경우)는 다음과 같다. 계좌개설신청서는 첨부 서류 참조.

1) 증권 계좌개설신청서(Account Opening Application)

2) 증권 계좌개설계약서(Account Opening Application)

3) 환전 및 주식중개 위임장

4) 전자메일 주식거래 계약서(Agreement on Securities Dealing by Email)

5) 외국인 투자자정보(Information about Foreign Individual Investor)

우리나라에서 베트남 증권사로 주식을 사고파는 주문을 내는 방법은 국제전화, 전자메일, 팩시밀리 모두 가능하다. 그러나 국제전화를 통해 영어로 주식을 사고팔 경우 의사소통에 문제가 있을 수 있고, 팩시밀리는 수신 여부를 일일이 확인해야 하는 점에서 불편이 따른다. 그래서 베트남 현지 증권사들은 전자메일을 통한 주문을 선호한다.

'외국인 투자자정보'를 보낼 때는 법무법인의 영문공증(영문공증비 6만 6,000원)을 받아야 한다. 이때 복사본을 꼭 챙기도록 한다. 외교통상부 영사과의 확인도장(인지세 500원)을 받을 때 사본을 제출해야 하기 때문이다. 외교통상부 영사과는 종로구청 뒷편 코리안리재보험 건물 4층에 있다.

우리나라에서 작성된 서류를 외국에서 사용하기 위해서는 반드시 외교통상부 영사과의 확인도장을 받아야 한다. 오전 9시 30분에서 오후 2시 30분 사이에 서류를 제출하면 당일 확인도장을 받을 수 있다. 영사과의 확인도장을 받은 후 주한 베트남 대사관에서 마지막으로 공증을 받는다(베트남 대사관 공증료 2만 5,000원).

주한 베트남 대사관은 서울 종로구 삼청동 감사원 앞에 있고, 업무시간은 오후 4시 30분까지다. 인터넷 홈페이지는 없고, 문의는 02-738-2318로 하면 된다. 한국인 행정관이 전화를 받기 때문에 한국어로 문의가 가능하다. 참고로 주한 베트남 대사관 상무관실은 충정로 피어리스빌딩에 소재해 있다. 전화 02-364-3661로 문의가 가능하지만 영어나 베트남 어를 할 줄 알아야 한다.

T·I·P

계좌개설 서류 보낼 곳(사이공증권 호찌민 지점)

180-182 Nguyen Cong Tru, District 1, Hochiminh City, Viet Nam

참고로 사이공증권에는 증권계좌 개설 비용이 없다. 다만, 베트남 증권예탁원에서 외국인 증권거래 코드를 발급받기 위한 신청비용 25달러가 필요하다. 계좌개설 신청에서 증권거래코드를 받기까지 대략 한 달 정도 소요된다.

베트남 증권계좌 개설 및 계좌유지 · 최소예치금 등 비용
(사이공증권 기준)

- 중개수수료 : 거래금액의 0.5%(개인투자자는 매매수수료가 없다)
- 수탁수수료 : 월 10달러
- 계좌유지 수수료 : 월 15달러(시장정보 및 기업보고서 정보료 포함)
- 계좌개설 수수료 : 없음
- 최초 예치금 : 100달러
- 증권거래코드 신청 비용 : 25달러

기관 투자가는 영문공증을 받은 서류 또는 위임서류와 법인등록증 사본을 첨부해야 한다. 투자 펀드는 펀드 운용서와 최근 2년간의 운용기록을 제출해야 한다.

증권계좌 개설 서류를 발송할 때는 우체국 국제특급우편을 이용하는 것이 싸고 편리하다. 우편요금은 1만 2,100원이다.

동(VND)화 증권계좌 개설은 사이공증권에서 직접 동 계좌를 개설하기 때문에 HSBC은행이나 베트남 현지 은행에 따로 동화 계좌를 개설할 필요가 없다. 국내에서 베트남으로 투자자금을 송금할 때는 동화 계좌에 달러화로 직접 송금하면 사이공증권에서 동화로 환전해 동화 계좌에 입금해 준다.

계좌 개설 절차를 마치면 증권사는 증권계좌 번호와 송금 안내서(Instruction of Remittance p.165 '증권사에서 보내온 송금 안내서' 참조)를 발송해준다. 처음 안내문을 받으면 낯선 용어들에 당황하지만 내용은 아주 간단하다. 사이공증권 계좌 개설인의 수탁은행인 HSBC 베트남 은행으로 해당 금액을 보내라는 내용이다. 외국환업무를 취급하는 시중은행에 안내문과 함께 송금액을 제시하면 그만이다. 저자가 받은 안내문은 다음과 같다.

여기서 한 가지 조심할 게 있다. 실제 베트남 주식을 사기 위해서는 베트남 증권사에 개설한 계좌로 돈을 보내야 하는데, 이때 한국은행 외환심사부에 가서 해외증권 투자 목적의 송금 신고를 해야 한다. 한국은행 신고필증을 받아야만 외국환은행을 통한 송금이 가능하다.

이처럼 한국은행 신고 절차가 필요한 것은 '외국환거래규정' 상 개인투자자가 국내 증권사를 거치지 않고 해외 주식에 투자하기 위해서는 한국은행 신고 절차를 거치도록 하기 때문이다. 자세한 내용은 한국은행 홈페이지

INSTRUCTION OF REMITTANCE

Oversea inward remittance, By US dollar

Please instruct your bank to transfer to:

Beneficiary name :	Saigon Securities Inc
Account number :	001-XXXXXX-XXX
Beneficiary bank :	HSBC Vietnam
SWIFT code :	HSBCVNVX
Through correspondent bank: HSBC Bank USA, New York	
SWIFT :	MRMDUS33
Amount :	USDxxxx
Details of Payment :	For Mr. Kim Hyun Dong-securities trading account XXXF001XXX

〈증권사에서 보내온 송금 안내서〉

(www.bok.or.kr) 외환거래 심사업무 안내 → 자본거래 → 증권취득에서 확인할 수 있다.

베트남 주식, 어떤 종목을 살까

베트남의 경제발전과 더불어 성장을 같이할 기업들에 초점을 맞출 필요가 있다. 일반적으로 나라의 산업이 발전하려면 이를 뒷받침할 금융시장의 발전이 필연적인 만큼, 아직 제대로 꽃을 피우지 못한 은행, 보험, 증권 등 금융기관에 장기적 관점에서의 접근이 필요하다.

주가수익비율(PER)이나 주가순자산비율(PBR)에 비할 때 베트남 금융기관들의 현재 주가 수준이 터무니 없이 비싸 보일 수 있다. 그러나 이제 막 걸음마를 뗀 베트남 금융기관들이 향후 급속한 성장세를 구가할 전망이어서 단기적인 기술적 지표에 큰 의미를 부여할 수는 없다.

베트남의 금융기관들은 감독당국으로부터 자기자본 확충을 요구 받고 있어, 향후 대규모 증자에 나설 수밖에 없는 상황이다. 또한 원활한 증자물량 소화를 위해 외국인에 대한 지분 제한이 점차 확대될 것이란 관측도 나온다. 물론 외국계 기관 투자가들이 가장 눈독을 들이고 있는 분야가 바로 금융주이다.

이런 맥락에서 통신 인프라 확충과 맞물려 통신관련 기업들의 성장세가 지속될 전망이고, 베트남 국민들의 소득수준 향상에 힘입어 음식료 등 생활용품 업체들의 성장세도 지속될 것으로 보인다. SOC 확충과 신규 주택건설 붐을 타고 건설 및 시멘트 관련 기업들도 주목받고 있다.

호찌민 증권거래센터

알타 (ALT · www.alta-vn.com) 인쇄 · 사진 · 플라스틱포장 · 장난감 · 교육설비 분야의 제품을 생산 · 판매하고 있다. 2006년 베트남 전체 플라스틱 포장 수출액은 5억 달러로 추정되는데 이 중 알타문화사의 수출액은 400만 달러 정도. 베트남에선 연간 4,000억 페이지가 인쇄되며 알타문화는 이 중 30억 페이지를 인쇄한다. 직원은 450명(2006년 6월 30일 현재).

비엔호아제과 (BBC · www.bibica.com.vn) 2001년 12월 호찌민에 상장됐다. 주요 제조품은 과자류, 캔디, 이스트 제품 등. 이 중 캔디가 전체 매출의 60%를, 과자 부문이 30%를 차지한다. 연간 생산 능력은 과자 18톤, 이스트 18톤, 캔디 29.5톤이다. 지역별 매출은 베트남 국내가 96~97%, 나머지 3~4%가 수출된다. 베트남 캔디의 시장점유율은 7%를 차지하고 있다. 직원은 1,216명(2004년말 현재).

봉밭두엣 (BBT·www.bachtuyet.com.vn) 40년의 역사를 가지는 면화 제품 제조 기업으로 일반용 코튼, 의료용 코튼, 생리용 냅킨 등 20품목을 생산하고 있다. 베트남 의료용 코튼 시장에서 90%의 독보적인 점유율을 유지하고 있다. 나머지의 10%를 Bao Thach사, Thanh Tin사 등 몇 개 회사가 차지한다. 생리용 냅킨의 시장점유율은 30% 정도이다.

느아빙밍플라스틱 (BMP·www.binhminhplastic.com) 수지·고무 제품을 생산·판매하고 있으며, 플라스틱용 주형을 설계·제조·판매하고 있다. 국내 및 인근 국가의 시장 잠재력이 크다. 향후 수요 증가가 예상되는 하이테크 분야용 플라스틱 제품 개발을 추진하고 있다. 다만 플라스틱 원료의 가격이 지속적으로 상승해 적절한 원료 재고정책이 필요하다는 분석이다. 또 빙밍 브랜드의 위조·모조 제품도 골칫거리다. 직원은 392명(2006년 3월 현재).

터이콘크리트 (BT6·www.concrete620.com) 콘크리트 제품 제조와 건설 시공이 매출의 90%를 차지한다. 특히 고강도 프레캐스트콘크리트 교각 등은 베트남에서 독점 제조하고 있다. 다만 아세안 자유무역협정 발효 이후엔 외자 기업과의 경쟁이 예상된다. 고강도 프레캐스트콘크리트 교각 분야에서의 시장점유율을 어떻게 확보할 것이냐 하는 것이 향후 열쇠가 될 것으로 보인다. 직원은 936명(2004년말 현재).

빈찌에우건설공업 (BTC) 농업농촌개발성 산하의 수력발전소, 시멘트생산공사, 비료생산공사 등이 주고객이다. 원재료의 대부분은 철강이 차지해 국내 조달하고 있으며 수입재를 일부 사용한다. 국내 시장점유율은 트레일러 제조 30%, 수리공사 용수문 제조 10%, 불도저 수리 5%, 생산라인 제조·설치 1%, 철골제조·조립 0.5% 등이다. 직원은 230명(2004년말 현재).

호찌민 시 인프라 투자사 (CII) 2001년 12월 24일 호찌민 시의 인프라 정비 분야 민간자금 조달을 목적으로 설립됐다. BOT(건설·운영·양도)·BT(건설·양도) 방식에 의한 도시 인프라를 건설·운영하고 있다. 분양 또는 임대용 주택 건설을 위한 토지사용권 취득과 도시계획에 준거한 인프라 건설, 통행요금 징수·건설 분야 설비의 제조와 매매 등의 사업을 영위하고 있다. 직원은 279명(2005년말 현재).

갈러이 (CLC) 베트남 담배총공사(비나타바)의 자회사라는 이점이 있다. 비나타바 산하의 각 담배 회사로부터 지원을 받고 있다. 다만 매출액의 80%를 비나타바에 의존하고 있다는 점은 부담이다. 베트남의 개방으로 해외 유명 브랜드와의 경쟁도 예상돼 해외 유명회사와 기술 및 제품공급 계약 등을 추진할 것으로 보인다.

자재·석유 (COM·www.comeco.com.vn) 호찌민 시의 주요 도로가 31곳에 주유소를 갖고 있다는 점은 강점이다. 베트남에 정유소 건설이 진행되고 있어 이 회사는 베트남산 가솔린과 석유를 직접 매입할 수 있을 전망이다. 다만 매입량 및 가격을 주체적으로 결정할 수 없고, 부정부패로 인해 부당한 경쟁이 발생할 수 있다. 직원은 372명(2005년 12월 31일 현재).

창이세라믹 (CYC · www.changyih-ceramic.com) 선진 설비를 갖추고 있고, 전국적인 유통망을 갖고 있으며, 시장수요에 적절한 신제품 개발의 능력이 있는 점은 강점이다. 베트남 경제 발전과 맞물려 타일 제품의 수요가 증가하고 있다. 그러나 베트남의 세계무역기구(WTO) 가입으로 중국 제품과의 경쟁이 치열해질 전망이다. 직원은 374명(2005년 12월 31일 현재).

동나이 지붕시트 · 건설 자재 (DCT) 섬유 및 시멘트 지붕 시트를 생산하는 기업으로, 베트남 시장점유율 40%를 차지하고 있다. 이 회사가 제품은 DONAC 브랜드로 알려져 있으며 남부 및 메콩 델타 지역에서 소비자의 신뢰를 받고 있다. 베트남 경제의 안정적인 성장에 따른 수혜를 받고 있다. 직원은 519명.

다낭 플라스틱 (DPC) 베트남 플라스틱 제품 시장의 0.65%를 점유하고 있다. PVC 수도관 시장의 점유율은 약 80%를 차지하고 있으며, 지역별 판매비율은 중부지방 53.8%, 북부지방 45%, 남부지방 1.2% 등이다. 향후 석유여과시설 공사가 끝나면 원료 조달이 용이해져 경쟁력이 강화될 것이란 분석이다. 직원은 300명(2004년말 현재).

사오다식품 (FMC · www.fimexvn.com) 수산물의 양식 · 가공 · 보관, 식량 · 농산물의 매매, 가공용 기계 · 설비의 수입, 부동산업 등을 영위한다. 고객이 각국의 대규모 수입업자인데다 미국 · 일본 · EU의 거대시장 기준에 맞출 수 있는 가공 능력을 갖추고 있다. 수산 원료 어획량이 계절마다 변동이 크고, 국내외 기업과의 경쟁이 치열해지고 있는 점은 약점이다. 직원은 2,055명(2006년 6월말 현재).

풀파워 (FPC) 민간시설 및 공업단지 내 시설 건설에 경험이 풍부하며 직원들의 전문성도 높다. 주된 활동지역인 베트남 남부의 경우 공업단지를 중심으로 외국인 투자가 크게 증가하고 있다. 다만 ISO(국제 표준화 기구)의 품질 관리규격에 따른 대응이 필요하다는 지적이다. 직원은 729명(2005년 12월말 현재).

FPT (FPT · www.fpt.com.vn) 소프트웨어 및 정보통신기술을 개발 판매하고 있으며, 영화 · 라디오 · TV프로 제작 · 발행, 광고업, 부동산업, 호텔 · 레스토랑 경영, 건설업 등을 영위하고 있다. 베트남의 IT산업은 베트남 경제성장과 밀접한 관련이 있는데, 향후 베트남 경제가 7~8%의 성장을 지속할 전망이어서 경제환경 측면의 리스크는 크지 않다. 직원은 6,120명(2006년 6월 현재).

종합포워딩 (GMD · www.gemadept.com.vn) 종합 로지스틱 업무를 취급하고 있다. 컨테이너 창고 운영 업무는 전국점유율 23%, 컨테이너 수송 대리점 업무는 20%를 차지하고 있다. 포워딩 업무도 전국점유율의 15~20%를 차지한다. 직원은 441명(2001년말 현재).

하파코 (HAP) 제지업, 목재 가공, 플라스틱 · 옷감 · 인공 피혁 · 목제품 제조, 알루미늄 샷시 제조·설비, 계·원재료, 화학 약품의 수출입 등의 사업을 영위한다. 북부지방의 제지회사에서는 바이반 제지에 뒤이어 2위를 기록했다. 북부지방 화장지 시장점유율은 10~15%를 차지하고 있다. 직원은 884명(2004년말 현재).

하띠엔운수 (HTV) 하띠엔운수주식회사. 수상·육상운송 서비스, 종합 물자, 운반 설비 판매, 항만 정비 사업 등을 영위한다. 수상 수송은 남부, 메콩 델타 지방에 집중되고 있으며, 이 분야가 매출의 80%를 차지한다. 남부지방에서 수상 수송점유율은 6.5% 정도이다.

인터후드 (IFS·www.wonderfarmonline.com) 매출고 비중에서 수출 비중이 꾸준히 증가하고 있다. 2001~2004년 중 국내시장 매출 비중은 약 80%였는데, 2005년에는 65%로 줄어들었다. 반면 수출은 꾸준히 증가하고 있으며 현재 30여 개국에 제품을 수출하고 있다. 수출액 중 35~50%는 북미지역이 차지한다. 베트남의 각종 과즙 제품 시장에서 이 회사의 제품은 50~60%의 점유율을 기록하고 있다. 직원은 788명(2006년 2월말 현재).

이멕스팜의약품 (IMP·www.imexpharm.com) 베트남에선 전국 의약품 생산 기업은 국내 기업 162개 사, 합작 기업 12개 사 등 174개 사가 있는데, 베트남 GMP(의약품 적정 제조 기준)을 맞추는 기업은 61개 사이고, WHO-GMP에 부합하는 기업은 19개 사에 불과하다. 또 GLP(의약품 안전성 시험 실시 기준)에 부합하는 기업은 31개 사, GSP(의약품의 공급과 품질관리의 실시에 관한 기준)을 충족하는 기업은 16개 사에 불과하다. 이멕스팜 의약품은 2006년 8월 WTO-GMP 기준을 충족하고 있다. 직원은 570명(2006년 6월말 현재).

던다우공업단지   (ITA · www.tantaocity.com) 탄타오 공업단지의 인프라 정비 · 운영, 공업단지 · 거주 지구의 건설 · 운영 등의 사업을 영위한다. 인프라 투자, 특히 공업단지의 건설은 투자활동에 직접적인 영향을 받는 만큼 베트남 투자 동향을 꼼꼼히 체크할 필요가 있다. 직원은 96명(2006년 6월말 현재).

깅도식품   (KDC · www.kinhdofood.com) 깅도그룹의 핵심회사. 주된 사업은 농산품의 가공, 엿 · 음료수 · 과즙 음료의 생산 등이다. 그룹 계열사인 노스깅도식품주식회사(종목코드 : NKD)가 2004년 12월 호찌민 증권거래센터에 상장됐다. 깅도식품은 전국에 걸쳐 25개 점포와 215개의 도매업자, 6만 5,000개 소의 소매판매소를 확보하고 있으며, 국내 엿 시장점유율 40%를 차지하고 있다. 해외 30여 개국에 수출하고 있고, 2006년 매출은 1조 500억 동, 세금공제 후 이익은 1,500억 동으로 추정되고 있다. 직원은 2,200명(2005년).

카비코베트남건설채광   (MCV) 광산을 발굴하고 채굴하는 사업을 영위하고 있다. 향후 베트남 경제가 7~8%의 성장을 유지할 것으로 본다면 경제환경 측면의 리스크는 낮다. 다만 부채비율이 2004년 91.46%, 2005년 86.40% 등으로 차입금과 이자 지불의 압력을 받고 있으며, 타사와의 경쟁도 치열해지고 있다.

깅도미엔박식품 (NKD · www.kinhdofood.com) 깅도그룹이 베트남 북부지역의 빵 · 스넥 시장 확대를 목적으로 설립한 회사이다. 깅도그룹이 47.82%를 출자하고 빵, 스넥, 과자, 월병, 초콜릿, 캔디 등을 주력으로 생산하고 있다.

남부배터리 (PAC) 전지 · 배터리의 제조 · 판매 · 수출입, 전지 · 배터리 제조용 물자 · 설비의 수출입 등의 사업을 영위한다. 전지 · 배터리 베트남 시장점유율 1위 업체로, 2002~2005년까지 연평균 매출이 12% 증가했다. 국내 매출 비중이 85%에 달해 국내 경제 상황에 큰 영향을 받는 구조이다. 개방으로 베트남 진출 해외 기업과의 경쟁도 치열해질 전망이다.

페트롤리멕스가스 (PGC · www.pgas.com.vn) 모회사인 베트남 석유총공사가 주식의 52.36%를 보유하고 있다. 베트남 경제의 성장은 에너지 수요에 직접적인 영향력을 미친다. 따라서 베트남 경제가 향후 7~8%의 성장을 유지할 것으로 본다면 경제환경 측면에서의 리스크는 높지 않은 상황이다. 직원은 776명(2006년 6월말 현재).

석유기계공업 (PMS · www.cokhixangdau.com) 베트남 석유총공사의 자회사로 국내에서 사용하는 가솔린 등 휘발유류의 65%를 공급하고 있다. 직원은 160명(2004년말 현재).

페트로베트남드릴링 (PVD · www.pvdrilling.com.vn) 유전 · 가스 굴착 · 수리, 유정 · 가스 우물의 설계 · 건조 · 검사 · 수리 · 보수 · 운영 등의 사업을 영위하고 있다. 베트남 경제의 성장률, 시장, 금리, 인플레, 환율 등 경제관련 요소들이 경영에 영향을 미칠 수 있다. 직원은 744명(2005년 12월말 현재).

랑동전구보온병 (RAL) 관련 업계에서 50년 가까운 경험을 갖고 있어 베트남 소비자에게 잘 알려져 있다. 타사 제품에 비해 품질과 가격 경쟁력을 갖고 있다. 전국에 5,000곳 이상의 대리점과 판매점을 갖고 있다. 베트남 정부의 에너지 절약 정책에 맞춰 이 회사의 에너지 절약제품의 수요가 증대될 수 있다. 다만 국내외 기업과의 경쟁이 치열해지고 있다. 직원은 2,330명(2006년 6월말 현재).

리냉장전기공업 (REE · www.reecorp.com) 1977년 국영 냉장기계 제조 공장으로 설립돼 1993년 11월 13일 주식회사로 전환, 2000년 7월 호찌민 증권거래센터에 상장됐다. 베트남 시장점유율은 공조 설비 제조 · 판매 40%, 냉장 설비 · 시스템 설치 30%, 상업용 에어컨 제조 · 판매 15%, 가정용 에어컨 제조 · 판매 10%, 냉장고 제조 · 판매 8% 등이다.

제2리닝수력발전 (RHC) 상용전력의 생산 · 판매, 전력 · 물 · 정보 시스템의 설치 · 시공, 전력 설비의 수리 · 기계 가공 등의 사업을 영위한다. 베트남 전력 시장은 경제 성장의 영향으로 수요가 꾸준히 증가할 것이란 점은 긍정적이다. 수력발전 기업은 정부의 지원도 기대할 수 있다. 다만 매출과

이익의 증대를 위해서는 사업다각화가 요구되고 있다. 직원은 66명.

사콤통신케이블 (SAM) 2006년 4월 21일 설립 20주년을 맞이했다. 주식회사로 업태를 전환한 1998년에 비해 생산량은 13.7배, 매출은 15배, 세금공제 후 이익은 18배 증가했다. 향후 생산 능력과 경쟁력 향상을 위한 투자가 추진될 전망이며, 부동산 등 사업을 확장한다는 복안을 갖고 있다. 직원은 293명(2004년말 현재).

사이공연료 (SFC) 호찌민 시내에서 주유소 21개를 경영하고 있으며 가솔린 전체 소매의 10%를 차지하고 있다. LPG 가스 소매에서는 호찌민 시 소매점 1,000개 중 20개를 갖고 있다. 직원은 597명(2004년말 현재).

사이공매리타임 (SHC) 남북간 컨테이너 운수 서비스와 서부의 컨테이너 운수 서비스 등이 매출의 다수를 차지한다. 남북간 컨테이너 운수는 전국 점유율의 8%, 서부 컨테이너 운수는 99%를 차지한다. 정책의 변경이나 베트남 경제의 동향이 업황에 영향을 미칠 수 있다. 직원은 144명.

송다공업단지 · 도시투자개발 (SJS · www.sudicosd.com.vn) 주택건설, 도시개발, 공업단기건설 등의 업무를 하고 있다. 고급 아파트 및 독립주택의 니즈를 맞출 능력이 있고, 직원들의 경험이 풍부하다는 점은 이 회사의 강점이다. 베트남 국민소득 증가와 맞물려 고품질 주택 수요도 증가할 전망이다. 다만 주택 · 도시 지역 · 공업단지의 건설 · 운영 분야에 있어 경쟁이 치열해지고 있는 점은 위협 요인이다. 직원은 360명.

SMC 투자무역 (SMC · www.steelmaterials.com.vn) 철강매매 사업을 한다. SMC의 상표는 베트남 국내외적으로 꽤 알려져 있다. 남부에서는 호찌민 시 · 빈즈온 성 · 칸트 시, 중부에서는 다낭 시, 북부에서는 하노이 시에 물류망을 구축하고 있다. 베트남 경제가 향후 안정적으로 높은 성장을 계속할 경우 철강 수요도 증대할 것으로 기대할 수 있다. 다만 국내외 기업과의 경쟁이 매우 치열해지고 있다. 직원은 129명(2006년 7월말 현재).

남부종묘 (SSC) 각종 종묘의 연구 · 생산 판매 · 수출입 등의 사업을 한다. 베트남 전체 인구의 75%가 농업에 종사하고 있어, 묘종의 수요는 여전히 높다. 캄보디아, 라오스에 대한 수출도 늘고 있다. 직원은 252명(2004년말 현재).

사콤뱅크 (STB · www.sacombank.com.vn) 자본금 기준으로 베트남 최대의 상업은행이다. 국영 상업은행의 자본 규모에 비하면 20% 정도로 머물고 있다. 그러나 국제금융공사(IFC), 오스트레일리아 · 뉴질랜드은행(ANZ)의 자본 참가와 기술적 지원을 받고 있어 경쟁력 향상이 기대된다. 또 베트남 경제 성장은 은행 서비스 시장 발전에 도움을 줄 전망이다. 국내외 경제통합으로 향후 은행의 안정적인 성장이 예상된다. 반면 시장개방으로 국내외 금융기관 간 경쟁이 가열될 우려가 있다. 직원은 2,659명(2005년말 현재).

다이닝케이블카 (TCT · www.catour.com.vn) 바텐 산(Ba Den mountain)관광

지구에 로프웨이, 슬라이딩 카, 그 외의 오락 서비스를 독점적으로 운영하고 있다. 바덴 산은 신앙의 대상이 되어 있어 방문객이 꾸준히 증가하고 있다.

특득주택개발 (TDH · www.thuduchouse.com) 부동산 투자 · 경영 분야에서 많은 경험을 갖고 있으며, 사업의 다각화 차원에서 자회사나 합작회사를 설립할 여력을 갖추고 있다는 평가다. 반면 건설기술이나 능력이 아직 충분하지 않고, 대규모 건설 시행능력과 투자자본 역시 충분하지 않다. 직원은 102명(2005년 9월말 현재).

트란시멕스사이공 (TMS · www.transimexsaigon.com) 육상 · 해상 · 항공 수출입 서비스, 해운 · 통관 대리점업, 창고 · 보세 창고 운영 등의 사업을 영위한다. 매출구조 비중은 화물인도 업무가 87%, 화물운반 업무가 4%, 창고 · 컨테이너 스테이션 운영이 9% 등이다. 직원은 580명(2004년말 현재).

사이공음료 (TRI) 호찌민 시를 포함한 베트남 남동부지방 각 성에서의 시장점유율은 탄산음료의 경우 15~20%, 비탄산음료는 25%를 차지한다. 직원은 1,066명(2004년말 현재).

탄탄세라믹 (TTC · www.thanhthanh-ceratile.com) 타일 생산 분야에서 30년 이상의 노하우를 갖고 있으며, 브랜드 및 품질 측면에서 소비자로부터 어느 정도 신뢰를 얻고 있다. 공장은 근대적 설비를 갖추고 있다. 베트남 경제성장으로 타일 제품의 수요도 증가하고 있다. 그러나 베트남 내에선 53

개 사가 타일을 생산하고 있고, WTO 가입으로 중국 제품과의 경쟁도 예상된다. 직원은 663명(2005년 12월말 현재).

던디엔플라스틱패키징 (TTP · www.tapack.com) 관련업계에서 40년의 경험을 갖고 있으며, 회사 브랜드가 잘 알려져 있다. 근대적이고 대량생산 가능한 라인을 장비하고 있어 고품질 제품의 대량주문에 응할 수 있다. 고급 패키징 제품의 생산비용이 경쟁사보다 높고, 플라스틱 분야의 국내외 기업 간의 경쟁이 우려된다는 지적이다. 직원은 1,057명(2006년 7월말 현재).

타야전선 (TYA) 100% 외자기업으로 베트남 주식 시장에 처음 상장한 기업이다. 1992년부터 베트남에서 사업을 시작해 2005년 10월 주식회사에 업태를 전환했으며, 각종 전선 · 케이블을 전문 생산하고 있다. 직원은 515명(2004년말 현재).

비엔리엔 (UNI) 샤프, 파나소닉, 알카텔, 시에멘스 등 세계 유명 브랜드의 통신설비 제품 판매 대리점이며, 사콤통신게이블주식회사(SACOM)의 구리 철사 케이블의 지정 판매 대리점이다. 베트남의 고정 전화망이 향후 5년간, 연 15%씩 성장해 2010년에는 현재의 2.5배인 1,600만 대에 이를 전망이다. 이에 따라 통신 자재 시장도 연 15~20%의 성장이 예상된다. 직원은 116명(2005년 12월말 현재).

비나후코 (VFC · www.vinafco.net) 해운 · 수운 · 육상운송 서비스를 영위

한다. 비나후코의 브랜드는 베트남 국내 및 해외의 일부 고객에게 잘 알려져 있다. 사업 내용이 다양해 리스크가 분산돼 있다는 평가다. 그러나 회사 발전을 위한 유동 자금이 충분하지 못하다는 지적이다. 직원은 562명(2005년 12월말 현재).

비나밀크 (VNM · www.vinamilk.com.vn) 컨덴스트밀크, 프레시밀크, 분유, 요구르트음료, 생크림, 치즈, 푸딩, 각종 음료(두유, 과일 주스, 생수), 식품(쿠키, 초콜릿), 커피 등을 제조 판매하는 업체이다. 2005년 네덜란드 유제품 최대 기업인 칸피나사와 합작으로 칸피나 합작회사를 설립했다. 경제발전에 힘입어 베트남 국민 1인당 유제품의 연간 소비량이 꾸준히 증가하고 있다. 직원은 3,927명(2005년말 현재).

빈손송힌수력발전 (VSH · www.vshpc.evn.com.vn) 처음엔 하노이 증권거래센터에 상장된 후 2006년 8월 18일 호찌민 증권거래센터에 다시 상장됐다. 시장변경으로 하노이 상장등록은 말소가 됐다. 발전, 전력판매, 수력발전소의 보수 · 관리 · 운영 및 컨설팅 업무 등을 영위하고 있다.

하노이 증권거래센터

아시아상업은행 (ACB · www.acb.com.vn) ACB 은행의 금융시장 전체 점유율은 2005년말 기준으로 예금잔고는 3.5%, 대출잔고는 1.72%를 차지한다. 주식상업은행만을 비교하면 예금잔고는 19.28%, 대출잔고는 12.11%에 달한다. 베트남에는 현재 국영 상업은행 5개, 정책은행 2개, 주식상업은행 37개, 합작은행 5개, 외국은행지점 29개, 크레디트 유니온 약 900개, 외국은행 주재원 사무소 45개, 파이낸스 회사 7개가 존재한다(2006년 8월 현재). 직원은 2,722명(2006년 9월말 현재).

빔선시멘트 (BCC · www.ximangbimson.com.vn) 원료 채굴지의 매장량이 대규모이고 품질도 좋으며, 공장의 위치도 채굴지 인근에 자리잡고 있다. 25년간의 역사로 인지도가 높고 전국적인 판매망을 구축하고 있다. 베트남의 시멘트 공급은 수요를 맞추지 못하고 있다. 그러나 국내외 경쟁업체와의 품질 및 가격경쟁이 치열해지고 있다는 점은 애로 요인이다. 직원은 2,591명(2006년 5월말 현재).

비그라세라 · 바히엔 (BHV) 가공 세라믹 벽돌을 생산하고 있다. 수요는 부동산 및 건설 시장의 동향과 밀접한데 베트남 경제의 고도성장이 계속되면 건설자재의 수요도 향상될 가능성이 있다. 베트남 정부는 대부분 제품의 수입 관세율을 서서히 인하하고 있어 수입품과의 경쟁이 벌어질 전망이다. 직원은 532명(2006년 6월말 현재).

바오민보험주식총공사 (BMI · www.baominh.com.vn) 국가자본투자경영총공사가 주식의 63%를 보유하고 있다. 베트남의 비생명보험 시장에선 약 20개 사가 활동하고 있지만, 바오베트와 바오민 2사가 약 60%의 시장을 점유하고 있다. 바오민 1개 사는 21.48%(2005년)를 점유하고 있다. 2010년까지의 보험분야 발전 전략에 따르면, 보험분야 전체의 보험료 수입 평균성장률은 24%에 달한다. 이 중 비생명보험의 평균성장률은 16.5%가 목표. 또 2010년 보험료 수입이 국내총생산(GNP)에 차지하는 비율이 4.2%(목표치)에 달할 전망이다. 직원은 1,580명.

바오비엣증권 (BVS·www.bvsc.com.vn) 주식 브로커, 컨설턴트, 언더라이터, 딜러, 포트폴리오 매니지먼트, 증권 보호 보관 등의 사업을 한다. 2006년 12월 18일 하노이 증권거래소에 상장됐다.

제1건설기기 (CMC·www.truckbody.com.vn) 자동차부품생산업체로 2006년 12월 11일 하노이 증권거래센터에 상장됐다. 152만 주가 상장돼 있으며, 지분은 국가가 16.77%, 사원이 20.38%, 외부인이 62.86%를 소유하고 있다.

하이즈온폼프 제조 (CTB·www.hpmc.com.vn) 각종 펌프·밸브·팬·물터빈·기계 등의 제품을 생산·판매·수출입하는 사업을 한다. 베트남 경제 성장은 공업용·농업용 펌프를 주로 생산하는 이 회사에 기회를 제공하고 있다. 그러나 다른 베트남 업체처럼 자본회수가 늦고 기술수준에 한계가 있다는 지적을 받는다. 직원은 323명(2006년 5월말 현재).

지하공사건설 (CTN) 지하공사 시공, 일반·공업용·교통·수리 수력 발전·변전소 건설 등의 사업을 한다. 지분은 창립주주가 47.64%, 사원이 13.36%, 외부인이 39%를 보유하고 있다. 2006년 12월 20일 하노이 증권거래센터에 상장됐다.

동안세라믹 (DAC) 건설용 벽돌·타일의 제조에 오랜 경험을 갖고 있다. 600개의 대리점을 갖고 있으며 베트남 북부지역에서 우위를 보이고 있다. 네덜란드와 이탈리아의 선진 기술을 이용해 생산한다는 점도 장점이다. 그러나 생산이 건설용 벽돌·타일에 집중돼 있어 공급 과잉 시 위험할 수 있다. 직원은 420명.

디엔홍인쇄 (DHI) 교과서, 일반서, 신문·잡지 등 인쇄업무와 인쇄기계 판매, 교과서 발행 대리업을 하고 있다. 상장주식수는 100만 주이고, 지분은 국가가 51%, 사원이 26.1%, 외부인이 22.9%를 갖고 있다. 2006년 12월 4일 상장됐다.

비르가세라동찌우 (DTC) 자기점토와 건설용 자재, 인프라투자, 일반·공업용 설배 건설 등의 사업을 한다. 50만 주가 상장돼 있으며, 2006년 12월 25일 상장됐다.

하이아우제지 (GHA) 각종 지제품, 화장지, 페이퍼 냅킨 제조, 목재 가공 제품·포장제품·플라스틱, 유리, 피혁 제품 등의 제조·판매 등을 한다. 호찌민 증권거래센터에 상장된 하파코주식회사(HAP)의 자회사이기도 하다.

대만에 수출하고 있다. 직원은 179명(2005년말 현재).

H.A.I 농약 (HAI) 화학제품, 비료, 식수 종묘의 생산 판매, 플라스틱 원료 매매, 농업 자재 생산 판매 가공 · 수출 등의 사업을 한다. 지분은 국가가 62.52%, 경영진이 8.02%, 사원이 9.89%, 외부인이 21.57%를 보유하고 있다. 2006년 12월 27일 상장됐다.

남무수력발전 (HJS) 수력발전소 프로젝트 투자, 전력시설의 건설 · 컨설팅, 전력의 생산 · 판매 등의 사업을 영위한다. 지분 구성은 송다총공사가 51%, 빈민수출입사가 25%, 송다시멘트주식회사가 5% 등이다. 2006년 12월 20일 상장됐다.

하노이밀크 (HNM · www.izzi.com.vn) 유제품을 생산 · 판매하고 있는 업체로 2006년 12월 27일 하노이 증권거래센터에 상장됐다. 7,049,500주가 상장돼 있다.

하이퐁 증권 (HPC · www.hpsc.com.vn) 2008년까지 자본금을 2,000억 동으로 증자할 예정이며, 증자과정에서 기존 주주 및 전략 파트너인 외국 금융기관에 주식을 우선적으로 매각할 계획이다. 베트남의 증권사는 은행을 모회사로 갖는 회사와 독립계로 나뉘는데, 은행이 모회사일 경우엔 은행이 안는 리스크(금리 · 환율 등)에 증권사가 영향을 받는다. 하이퐁증권회사는 독립계 증권사로 이러한 영향이 적다. 직원은 34명(2006년 10월말 현재).

하신코 (HSC) 하노이 제2건설투자회사의 호텔 부문이 1999년 10월 독립하여 설립된 하노이 소재 3성급 호텔이다. 이용객의 95%가 외국인이다. 호텔 객실 관련 매출이 전체의 절반 가량(2004년 기준 52.19%)을 차지하고 있으며, 나머지는 매출은 결혼식장, 회의 등 파티 서비스, 마사지, 투어판매 등 호텔관련 서비스 등으로 구성된다.

수산 투자 (ICF) 수산 양식, 수산품 가공·보관 등의 사업을 한다. 상장주식수는 11,800,000주이며, 지분은 사원이 43.73%, 외부인이 56.27%를 갖고 있다. 2006년 12월 상장이 이루어졌다.

해외노동협력 (ILC) 해운 대리업무, 해외 파견 노동자에 대한 외국어 교육, 전문 기술 양성, 노동수출 중개, 선원 양성, 소규모 선박 수리 서비스 업무 등을 영위한다. 지분은 국가가 25.0%, 사원 50.8%, 외부인 24.0% 등으로 구성돼 있다.

송다기계조립 (MEC) 기계제품의 수출입, 기계시설에 관한 연구·컨설턴트·설계·제조·조립, 기계 설비의 반입 등의 사업을 영위한다. 지분은 국가가 51%, 사원이 44%, 외부인이 5%를 갖고 있다. 2006년 12월 상장됐다.

밍푸수산 (MPC · www.minhphu.com) 수산물을 가공해 판매하고 있는 업체로 미국, 일본, 캐나다, 오스트레일리아, 유럽, 홍콩, 한국, 아세안 국가 등에 수출을 하고 있다. "항상 고객의 요구를 듣고 이해하고 만족시키자."

라는 모토를 갖고 있다. 2006년 12월 상장됐으며, 상장주식수는 6백만 주이다.

디엔퐁플라스틱 (NTP. nhuatienphong-tifoplast.com.vn) 민생용 플라스틱 제품의 생산·판매, 건설·공업·농어업·교통 운수의 각 분야에서 사용하는 플라스틱 제품의 생산·판매 등의 사업을 하고 있다. 회사의 상표가 소비자에게 잘 알려져 있고 제품의 품질이 안정적이라는 평가다. 국내 및 인근 국가 시장을 개척할 여지가 남아 있다. 그러나 근래 플라스틱 원료가격이 상승하고 있는 점은 부담요인이다.

태평양횡단 (PAN) 주택 청소 서비스, 경질액질 폐기물·기화성 산업 폐기물 처리, 해충 구제 등의 사업을 하고 있다. 320만 주가 2006년 12월 상장됐다.

푸퐁산업 (PPG) 강화·미술 유리 생산, 기계 제품 부품·건설 자재·금속 전기제품 판매 등의 사업을 영위한다. 400만 주가 2006년 12월 상장됐다.

하이퐁페트롤리멕스운송서비스 (PTS) 운송업, 수송수단 건조 및 수리 등의 사업을 영위하고 있다. 수운분야 매출이 전체의 30~38%(2004~2005년)를 차지하며, 이 분야 이익은 전체의 78~88%에 달하고 있다. 베트남은 수상 운송 수요가 많으며 선박의 건조·수리 수요도 높다. 다만 개방으로 자금력과 기술력이 뛰어난 외국 기업과의 경쟁이 불가피할 전망이다. 직원은 361명.

제9송다 (SD9 · www.songda9.com.vn) 일반 · 공업 · 교통 · 수력 발전 등 건설, 도시 인프라 · 공업단지 투자 · 건설과 관리 등의 사업을 하고 있다. 700만 주가 2006년 12월 상장되었다.

제10송다 (SDT · www.songda10.com.vn) 지하공사, 수력발전소 공사, 공업용지 공사, 주택시공 등의 사업을 한다. 600만 주의 주식이 2006년 12월 상장되었다.

사이공증권 (SSI · www.ssi.com.vn) 브로커, 딜러, 투자 컨설턴트, 보관, 포트폴리오 매니지먼트, 언더라이터 등의 업무를 하고 있다. 5,000만 주의 주식이 2006년 12월 상장되었다.

송다포장 (STP · www.baobisongda.com) 시멘트 봉투를 중심으로 각종 포장용품을 생산 · 판매한다. 이 회사의 성장은 시멘트 산업의 성장에 의존하고 있는데, 베트남 경제가 안정적인 성장을 이어가고 있어 수요 증가를 기대할 수 있는 상황이다. 그러나 일부 대규모 시멘트 생산 기업들이 시멘트봉투를 직접 생산하려는 움직임은 부담요인이다. 직원은 233명(2005년말 현재).

사이공종합서비스 (SVC · www.savico.com.vn) 재정투자, 부동산 서비스, 각종 차량 수리 등의 서비스 사업을 영위한다. 1,287만 주가 2006년 12월 상장되었다.

탁바수력발전 (TBC) 이 회사는 생산한 전력을 국가 전력망에 직접 공급하고 있기 때문에 판매시장이 매우 안정적이다. 베트남의 전력수요가 연평균 15% 안팎으로 증가하고 있는 점은 긍정적이다. 그러나 전력생산을 수자원에 의지하고 있어 실적이 기후의 영향을 크게 받는다. 발전설비도 노후화됐다는 지적을 받는다. 직원은 238명(2004년 12월말 현재).

뚱광공업 (TKU · www.cidvn.com) 각종 알루미늄 제품을 생산 · 판매하고 있다. 매출 비중은 공업용 · 일반용 알루미늄바 75%, 수출용 합금 알루미늄을 포함한 각종 알루미늄 제품 15%, 알루미늄 제품 가공 7~10% 등이다. 이중 알루미늄바 생산량은 베트남 생산량의 30~40%를 차지하며, 베트남에선 Tung Shing 알루미늄사가 유일한 라이벌 회사이다. 물론 경제 성장과 알루미늄 제품 수요는 밀접한 관련이 있다.

시멘트석고 (TXM) 각종 석고의 수입 · 판매, 각종 시멘트의 판매, 시멘트 분쇄, 육상 운송 등의 사업을 영위하고 있으며, 350만 주의 주식이 2006년 12월 상장되었다.

비그라세라드손세라믹 (VTS) 벽돌 및 각종 건설 자재의 생산 · 판매, 벽돌 · 타일 생산기술의 이전, 공업 · 민간 시설의 시공, 건설 자재 생산기술의 이전, 운송업, 부동산업, 관광업, 건설 자재 원료의 채굴 · 가공 등의 사업을 한다. 100만 주가 2006년 9월에 상장되었다.

베트남 사람들은 손재주가 좋기로 유명하다. 이러한 특성을 잘 살린 산업은 장래가 유망하다

© 김완준

주식 투자 유의점

베트남 자본 시장은 짧은 역사만큼이나 법규나 시스템 전반이 허술한 편이다. 공정공시 기능이 미흡할 뿐만 아니라 기업들의 정보도 주로 베트남 어로 제공되며, 내용도 대부분 빈약하다. 특히 외국인의 경우 기관 투자가들도 정보수집에 어려움을 겪고 있어 개인의 경우 자칫 분위기에 휩쓸려 '묻지마' 투자에 나설 가능성이 매우 높다.

외국인의 경우 주문 전략이 그대로 노출될 위험도 있다. 예컨대 우리나라에서 직접투자하는 투자자의 경우 보통 하루 전쯤 주문을 내는데, 증권사 직원들이 아침 개장 전에 주문들을 보며 자신들이 선취매해 이득을 보는 경우도 간혹 있다고 한다. 그만큼 공정한 거래 시스템이 정착되지 않았다는 반증이다.

2006년 상장주식이 100개를 넘어섰지만 시장 전반의 규모는 주변 아세안 국가에 비해 터무니없이 작은 수준이다. 이에 변동성에 유의할 필요가 있다. 베트남 경제에 대한 낙관적인 전망이 우세함에도 불구하고 유수의 외국계 펀드들이 아직 베트남 시장에 적극 참여하지 않은 이유도 이 때문이다.

이들은 베트남 시장의 크기를 리스크로 인식하고 있다. 예를 들어 대규모 투자 펀드라면 어떻게 해서든 베트남 주식을 사모으겠지만, 나중에 수익을 실현하려 막상 주식을 처분할 무렵엔 작은 시장 규모 때문에 주가가 급락, 오히려 손해를 볼 수 있다고 우려한다. 즉, 탈출(EXIT)에 자신이 없다는 얘기다.

HSBC의 글로벌 이머징 마켓 펀드를 운용하는 닉 팀버레이크 매니저 역시 베트남 증시의 유동성이 충분하지 않다는 입장이다. 그는 이런 이유로 자신이 운용하는 2억 2,000만 달러짜리 펀드를 아직 베트남 종목에 편입하지 않고 있다.

이처럼 베트남 시장은 아직까지도 조그마한 수급 변동에도 주가가 급등락할 여지가 높다. 주식 시장 상장 종목이 늘고, 시가총액도 커지면 시장의 맷집도 좋아지겠지만 당분간은 변동성에 유의할 필요가 있다. 따라서 베트남 주식에 대한 투자 리스크를 줄이기 위해서는 단타성 매매보다는 추세를 겨냥해 장기투자로 접근하는 전략이 필요하다.

비상장종목이 거래되는 OTC 시장에선 더욱 주의가 필요하다. 현지 언어와 사정을 전혀 모르기 때문에 베트남 브로커에 전적으로 의존해야 하는데, 가급적이면 증권사의 중개를 통해 OTC 종목을 매입하는 것이 안전하다. 비상장주식의 경우 거래 빈도와 매물이 적은 만큼 과대평가된 기업들이 많다는 점도 고려해야 한다.

종목코드	영문회사명	주요사업	자본금
ABT	Ben Tre Aquaproduct Import and Export	농수산물의 수출, 가공	33.00
AGF	An Giang Fisheries Import & Export JSC	농수산물의 수출, 가공	78.88
ALT	ALTA JSC	책과 문방구	13.35
BBC	Bien Hoa Confectionery Corporation	과자류, 캔디	87.47
BBT	Bach Tuyet Cotton Corporation	의료용 섬유	68.40
BHS	Bien Hoa Sugar	설탕제조	162.00
BMC	Binh Dinh Minerals JSC	Titan개발, 광산 매매	13.11
BMP	Binh Minh Plastic Company	플라스틱 파이프	139.33
BPC	Bim Son Packaging JSC	시멘트 포장지	38
BT6	Chau Thoi Concrete Corporation No.620	콘크리트 제품 제조, 건설 시공	100.00
BTC	Binh Trieu Construction And Engineering JSC	농업용기계 설계, 조립, 수리	13.51
CAN	Halong Canned Food Corporation	통조림	35.00
CII	HCM Infracstruture Investment JSC (CII)	호찌민 시 인프라건설, 주택건설	300.00
CLC	Cat Loi JSC	담배원료 제조	84.00
COM	Materials - Petroleum Joint Stock Company	석유 공급	34.00
CYC	Chang Yih Ceramic	Ceramic 제조	90.48
DCT	Dong Nai Roofsheet & Construction Material	건설자재	120.97
DHA	Hoa An JSC	광산개발, 건설자재	67.07
DHG	HauGiang Pharmaceutical JSC	약품생산, 수입	80.00
DIC	Development, Investment & Construction JSC	건설 재료 무역, 건설	32.00
DMC	Domesco	약품생산, 수입	107.00
DNP	DongNai Plastic Construction JSC	건설 plastic 제조	20.00
DP	Da Nang Plastic JSC	PVC 등 플라스틱 제품 제조	15.87
DRC	Da Nang Rubber JSC	고무 타이어(자동차, 오토바이, 자전거)	92.48
DTT	Do Thanh Technology Corporation	PET, PP, PE 제조	20.00
DXP	Doan Xa Port	항구	35.00

베트남 주요 상장종목 (호찌민 증권거래센터) *(단위 : 10억 동)*

종목코드	영문회사명	주요사업	자본금
FMC	Sao Ta Import - Export	무역	60.00
FPC	Full Power JSC	공장, 빌딩 내 전기시스템의 설계, 시행	19.15
FPT	Finance Promotion Technology	S/W 공급, 정보통신 공급	608.10
GIL	Binh Thanh Import-Export, Production And Trade JSC	가방, 수산물 생산 · 수출입	45.50
GMC	SaiGon Garmext Manufacturing Trade JSC	의료 생산, 수출	22.75
GMD	General Forwarding & Agency Corporation	종합 운송	347.95
HAP	Hai Phong Paper JSC	제지	60.00
HAS	Hanoi P&T Construction & Installation JSC	통신설비	24.97
HAX	Hang Xanh Automobile	차동자 부품공급과 딜러	16.26
HBC	Hoa Binh Construction & Real Estate	인프라 건설과 부동산 매매	56.40
HBD	BINH DUONG PP PACK MAKING JSC	cement packing 생산	15.35
HMC	HoChiMinh City Metal Corporation?	금속 생산, 무역	158.00
HRC	Hoa Binh Rubber	고무 제조	96.00
HTV	Hatien Transport JSC	해상 운송	48.00
IFS	Interfood Shareholding Company	음료수, 과자류	242.84
IMP	Imexpharm	약품 생산	84.00
ITA	Tan Tao Industrial Park Corp.	탄타오공업단지 인프라 건설, 토지, 건물 임대	450.00
KDC	Kinh Do Corporation	과자류	300.00
KHA	Khanh Hoi Import Export JSC	가방 제조, 소비재 수출입, 총판 대행	65.38
KHP	Khanh Hoa Power JSC	전기 공급	163.22
LAF	Long An Food Processing Export JSC	농축산물 가공, 수출, 판매	47.73
LBM	Lam Dong Construction Material	건설 재료 제조	16.39
LGC	Lu Gia Electric Engeneering	전기 엔지니어링	10.00
MCP	My Chau Packing	metal packing	30.00
MCV	CAVICO Vietnam Mining and Construction JSC	광산개발, 건설자재	31.00
MHC	Hanoi Maritime Holding Company	해운, 부동산 리스	120.00
NAV	Nam Viet Joint Stock Company	건설 재료 매매	25.00

종목코드	영문회사명	주요사업	자본금
NHC	Nhi Hiep Brick-Tile JSC	건설자재(벽돌,타일)	13.36
NKD	North Kinhdo Food JSC	식료품, 과자	84.00
NSC	National Seed Joint Stock Company	씨앗 생산, 수입 · 수출	30.00
PAC	Dry Cell and Storage Battery	battery 제조	102.63
PGC	Petrolimex Gas	가스공급	200.00
PJT	Petrolimex Joint Stock Tanker Company (PJTACO)	석유운송	35.00
PMS	Petroleum Mechanical Stock Company	석유용 탱크 제조	32.00
PNC	Phuong Nam Cultural JSC	서점 운영, 문구 제조 판매	35.00
PRUBF1	Prudential Balance Fund	Public Fund	500.00
PVD	PETROVIETNAM DRILLING AND WELL SERVICES JSC	석유 개발 서비스 제공	680.00
RAL	Rang Dong Light Source and Vacuum Flash JSC	lamp 제조	79.15
REE	Refrigeration Electrical Engineering Corporation	기계설비, 에어컨	338.25
RHC	Ry Ninh II Hydroelectric Joint Stock Company	수력 발전	32.00
SAF	SAFOCO JSC	식품	27.06
SAM	Cables And Telecom Materials JSC	통신케이블	374.39
SAV	Import-Export & Economic Co-Operation JSC	목재 제조, 수출입	65.00
SCD	Chuong Duong Bevevarages JSC	음료수 생산	85.00
SDN	Dong Nai Paint Corporation	페인트 제조	11.40
SFC	Saigon Fuel Company	휘발유, 가스 판매	17.00
SFI	SEA & AIR FREIGHT INTERNATIONAL	운송 대리, logistic	11.39
SFN	Sai gon Fish Net JSC	fish net 생산	30.00
SGC	SAGIMEXCO Dong Thap	음식료 무역	40.89
SGH	Saigon Hotel Corporation	호텔	17.66
SHC	Sai Gon Marine JSC	선박, 운송	15.00
SJ1	Seafood JSC No.1	해산물 수출	20.00
SJD	Can Don Hydropower JSC	발전소	200.00
SJS	Song Da Urban Development and Industrial JSC	주택건설, 도시개발, 공업단지 건설	50.00

종목코드	영문회사명	주요사업	자본금
SMC	Steel Material Company	철강매매	60.00
SSC	Southern Seed Joint-stock Company	각종 종묘의 연구·생산 판매·수출입 농산물의 생산 판매	60.00
STB	Saigon Commercial Bank	은행	2,098.42
TAC	Tuong An Cooking Oil JSC	cooking oil 생산	189.80
TCR	TAICERA ENTERPRISE COMPANY	ceramic tile 제조	299.74
TCT	Tay Ninh Cable Car JSC	cable car 관광 service	15.99
TDH	Thu Duc Housing Development	부동산 개발과 임대	170.00
TMC	Thu Duc Trading and Im-Export JSC (Timexco)	기름과 카스, 철강	27.00
TMS	Trans-Forwarding And Warehousing Corporation	종합 운송	42.90
TNA	Thien Nam Trading Import Export Corporation	소비재 수출입	13.00
TRI	Sai Gon Beverages JSC	음료수	45.48
TS4	Sea Food JSC No. 4	수산품 가공 판매 수출	30.00
TTC	Thanh Thanh Ceramic	건설자재	40.00
TTP	Tan Tien Plastic	Plastic 제조	106.55
TYA	Taya Electric Wire and Cable JSC	전선, 케이블	241.52
UNI	Vien Lien Joint Stock Company	통신장비	10.00
VFC	VINAFCO Joint Stock Corporation	해운	55.76
VFMVF1	Vietfund Management Fund No.1	자산운용 공모 펀드	300.00
VGP	The Vegetexco Port JSC	야채 수출·수입	38.85
VID	Vien Dong Paper Joint Stock Company	packing, 휴지, 종이 생산, 수입·수출	84.56
VIP	VIETNAM PETROLEUM TRANSPORT JSC	운송, 기름과 카스 매매	351.00
VIS	Viet Y Steel	철강 생산	100.00
VNM	Vietnam Dairy Products JSC	유제품, 식품 제조	1,590.00
VPK	Vegetable Oil Packing JSC	cooking oil 생산	76.00
VSH	Vinh Son-Song Hinh Hydro Power JSC	수력 발전	1,250.00
VTA	VITALY JOINT STOCK COMPANY	타일제조와 팔매, 건설재료·매매	40.00
VTB	Tan Binh Electronic	전자제품 생산	70.00
VTC	VTC Telecommunications JSC	통신설비, IC카드	24.15

베트남 주요 상장종목 (하노이 증권거래센터)

(단위 : 10억 동)

종목코드	영문회사명	주요사업	자본금
ACB	Asia Commercial Bank	은행	1,100.05
BBS	But Son Cement Packing JSC	packing	40.00
BCC	Bim Son Cement JSC	cement	900.00
BHV	Ba Hien Viglacera	cemramic	9.00
BMI	Bao Minh Insurance	보험사	434.0
BTS	But Son Cement	cement	900.0
BVS	Bao Viet Securities	증권	150
CIC	COTEX Investment and Construction	건설	8.89
CID	Construction & Infrastructure Development JSC	건설	5.41
CJC	CENTRAL AREA ELECTRICAL MECHANICAL	전기공급 장비수리	20.00
CMC	Construction and Engineering JSC No.1	차동자 부품 생산	15.20
CTB	Hai Duong Pump Manufacturing JSC	pump	17.14
CTN	Underground Works Construction JSC	지하 건설	30.00
DAC	Dong Anh Ceramic Construction	도자기 건설용	7.50
DAE	EDUCATIONAL BOOK JOINT-STOCK COMPANY IN DA NANG CITY	교과서 출판사	5.00
DHI	Dien Hong Printing JSC	교과서 출판사	10.0
DTC	Dong Trieu Viglacere	ceramic 제조	5.00
EBS	Education Book JSC in Hanoi	교과서 출판사	10.00
GHA	Hai Au Paper JSC	종이	12.89
HAI	H.A.I Join Stock Company	농약 생산	114.00
HJS	Nam Mu Hudro Power JSC	발전소	60.00
HLY	Ha Long I viglacera	ceramic 제조	5.00
HNM	Ha Noi Milk JSC	우유 생산	70.50
HPC	Hai Phong Securities	증권	50.00
HPS	Hoa Phat Construction Stone JSC	건설 돌 개발과 공급	15.65
HSC	Hacinco Hotel JSC	호텔	5.80

종목코드	영문회사명	주요사업	자본금
HTP	Hoa Phat Textbook Printing JSC	교과서 출판사	9.00
ICF	INVESTMENT COMMERCE FISHERIES CORP.	수 · 해산물	118.00
ILC	International Labour & Services JSC	노동 수출	6.00
LTC	LOW CURRENT - TELECOM JSC	정보통신 전기 서비스	7.00
MCO	Investment and Construction JSC No.1	infra 건설	11.00
MEC	Song Da Mechanical Assembling JSC	기술 consultant	10.00
MPC	Minh Phu Seafood Corp	수 · 해산물 수출	600.0
NBC	Vinacomin ? Nui Beo Coal JSC	석탄 제조	60.00
NLC	Na Loi Hydro Power JSC	전기 공급	50.00
NPS	Nha Be, Phu Thinh Garment	의류 제조	10.59
NST	Ngan Son JSC	담배 재료	
NTP	Tien Phong Plastic	plastic 제조	144.46
PAN	PAN Pacific	청소와 bulding 유지보수	32.00
PJC	Petrolimex Ha Noi Transportation and Trading JSC	석유운송과 매매	15.63
PLC	Petrolimex Petrochemical JSC	석유화학 수입 · 수출, 매매	150.00
POT	Post and Telecommunication Equipment Factory	정보통신 장비공급	149.99
PPC	Pha Lai Thermal Power Plan	전기공급	3,071.96
PPG	Phu Phong Corporation	무역	40.00
PSC	Petrolimex Sai Gon	석유	12.90
PTC	Post and Telecommunications Investment and Construction	건설과 설치	50.00
PTS	Hai PhongPetrolimex	운송	17.40
S55	Song Da 505	infra 건설과 설치	7.00
S64	Song Da 6.04	infra 건설	7.00
S91	Song Da 9.01 JSC	civil 건설	15.00
S99	Song Da 909 JSC	infra 건설	5.00
SAP	Textbook Printing JSC	교과서 출판사	9.00
SCC	Songda Cement JSC	cement 제조	19.80

종목코드	영문회사명	주요사업	자본금
SD3	Song Da 3	infra 건설	20.00
SD5	Song Da 5	발전소 건설	22.00
SD6	Song Da No. 6	infra 건설	23.00
SD7	Song Da No. 7	건설재료 제조	15.00
SD9	Song Da No.9	건설	70.00
SDA	Song da international manpower supply and trading	노동수출 · 무역	20.00
SDC	Song Da Consulting JSC	건설	10.00
SDT	Song Da No.10	건설	60.00
SDY	Song Da Yaly Cement	cement, 건설재료	15.00
SGD	Educational Texbook	교과서 출판사	10.00
SIC	Song Da Invesment & Development	infra 건설	22.00
SJE	Song Da No.11	건설	20.00
SNG	Song Da 10.1	건설	19.00
SSI	Saigon Securities Incorporation	증권	500.0
STC	HCMC Book & Educational Equipment	교과서 출판사	28.80
STP	Song Da Packing JSC	packing	8.00
SVC	SAIGON GENERAL SERVICE CORPORATION	금융 · 부동산 투자, retailer	128.73
TBC	Thac Ba Thermal Power Plan	전기공급	635.00
TKU	Tung Kwang Industrial JSC	aluminum doors	32.82
TLC	THANG LONG TELECOMMUNI CATIONS JOINT-STOCK COMPANY	통신 cable 제조 및 통신재료 생산, 수입 · 수출	100.00
TLT	Thang Long Viglacere	ceramic brick	18.00
TPH	Hanoi Textbook Printing	교과서 출판사	12.00
TXM	Ciment Viglacera JSC	cement	35.00
VBH	Binh Hoa Electronic	전자조립과 제조	29.00
VC2	Vietnam Contruction No.2	건설	20.00
VFR	Vietnam Freight JSC	운송	150.00
VMC	Machanic - Construction JSC	기계와 건설	35.00

종목코드	영문회사명	주요사업	자본금
VNC	The Vietnam Superintendence and Inspection	종합 inspection	52.50
VNR	Viet Nam Reinsurance JSC	재보험, 금융투자	343.00
VSP	VINASHIN Petroleum Investment and Transport	석유운송과 투자	40.00
VTL	Thang Long JSC	맥주	18.00
VTS	Viglacera Tu Son Ceramic JSC	도자기	10.00
VTV	Transportation Material Cement JSC	cement 제조	25.00

아름다운 관광지 정도로만 여겨지던 베트남의 위상이 앞으로는 달라질 것으로 기대된다 →
ⓒ 김완준

외국계 컨설팅 회사 임원인 A씨(38)는 작년부터 해외 부동산에 대한 관심이 부쩍 많아졌다. 1가구 2주택자에 대한 양도세 중과세 부과로 국내에서 주택을 보유하기가 어려워진 데다, 초등학생인 아이의 조기 유학을 위해 해외 주택을 살까 고민이 많아진 탓이다. 그는 미국 로스앤젤레스(LA) 주변에 단독주택을 구입할 계획이다.

새해 들어 미국 등 해외 부동산의 가격 거품 논란이 뜨겁지만 2007년 2월 마감된 '미래에셋맵스 아시아퍼시픽 부동산 공모 1호 투자회사' 공모에는 4천억 원이 넘는 돈이 몰렸다. 중국, 인도, 베트남, 미국, 일본, 호주 등의 상업용 부동산에 직접투자한다는 사실이 입소문을 타면서 대박이 난 것이다. 2006년 말 베트남 호찌민 신도시의 한 고급 아파트 분양 현장에는 한국인 관광객들이 대거 모였다. 이들은 국내 S은행 청담동 지점의 프라이빗뱅킹(PB) 고객들로, 해외 부동산 투자에 대해 알아보기 위해 베트남 현지까지 날아온 거액 자산가들이다. 우리나라에서는 부동산 투자 규제로 더 이상 큰돈을 벌기가 힘들어지자 해외로 눈을 돌린 것이다.

6. 해외 부동산 투자

떳떳해진 해외 부동산 투자

해외 부동산 투자 5계명

부동산 투자의 신천지 아시아

떳떳해진 해외 부동산 투자

2005년 정부의 '8·31 부동산 대책'이 발표된 이후 '1가구 2주택' 보유
자들을 중심으로 해외 부동산 투자에 대한 관심이 크게 늘었다. 여기에 2006
년 주거용 해외 부동산 투자가 전면 자유화되고, 투자 목적의 해외 부동산
투자까지 허용되면서 해외 부동산 투자는 그야말로 봇물을 이루고 있다.

해외 부동산은 국내 소유의 주택과는 별개로 취급돼 양도세 중과나 종합
부동산세 합산 대상에서 제외되기 때문에 부유층 자산가들에겐 매력적인
재테크 수단으로 자리매김하고 있다.

해외 부동산 투자와 관련된 세금 문제에서 주의할 점은 해외 부동산 취득
시 현지 국가에 내는 세금으로 세금 납부가 끝난 게 아니라는 것이다. 우리
정부는 해외에서 산 부동산의 보유세는 현지에 내야 하지만 팔았을 때의 양
도소득세나 상속·증여세는 모두 한국에서 과세하는 것을 원칙으로 한다.

해외에서 산 주택을 자녀에게 증여할 경우 한국 국세청에 신고한 뒤 증여

세(세율 10~50%)를 내야 한다. 다만 상속자가 외국 시민권자 등 비거주자인 경우 현지 국가에서 과세할 수도 있다. 이때 현지 국가에서 과세가 이뤄지지 않으면 우리나라에서 과세할 수 있다.

해외 부동산을 처분하거나 명의를 변경할 경우에는 우리나라에 있는 외국환은행에 신고해야 한다. 만약 현지에 납부할 세금보다 우리나라에서 내야 할 양도세가 많다면 차익을 국내에서 더 내야 한다. 현지에서 낸 양도세가 우리나라에서 내는 세금보다 많다면 환급이 되지 않는 것은 불리하다. 어느 쪽이든 많은 세금을 내야 한다는 점에서 억울한 점은 있지만, 자신이 취득하거나 처분하는 부동산이 국내 부동산이 아닌 해외 부동산이라는 점을 생각하면 당연한 일이다.

최근 유학생 자녀를 둔 가정이 늘면서 해외에 주택을 구입하려는 실수요 차원의 해외 부동산 투자가 늘어나는 실정이다. 은퇴를 앞두고 동남아시아와 피지 등에 별장이나 겨울 거주용 '세컨드 하우스'를 구입하려는 자산가들도 늘고 있다. 상속·증여 목적의 해외 부동산 구입도 과거보다 늘었고, 베트남 등지에서는 현지 부동산 개발 사업에 직접 진출하는 건설회사도 속속 생겨나고 있다.

몇 년 전만 해도 해외 부동산 투자는 국부 유출이라는 비판 여론 때문에 개인은 엄두도 낼 수 없었다. 그러나 해외 부동산 투자를 엄격히 금지하던 외국환 규정이 크게 완화돼 지금은 개인도 1년 중 6개월 이상을 2년 연속 해외에 체류한다는 체재확인서를 사후에 제출하면 주거용 주택을 취득가액이나 송금액에 제한 없이 구입할 수 있다.

투자 목적으로 해외 부동산을 구입할 때 해외송금액 한도도 100만 달러에서 300만 달러로 늘어났다. 이제는 돈만 있으면 미국은 물론이고 캐나다, 호주 등에 자기 명의의 부동산을 마음대로 살 수 있다.

해외 부동산 투자를 생각하고 있다면 2006년부터 원화 환율이 크게 하락해 정부가 남아도는 외화를 해외 투자로 유도하기 위한 정책을 계속 발표하고 있다는 사실을 잊지 말아야 한다. 지금은 제도적으로 제한된 것일지라도 머지않아 허용될 가능성이 있다는 것이다.

실제로 정부는 2006년 원화 환율이 급격히 하락하자 외환자유화대책을 서둘러 발표했다. 이 때문에 '2008~2009년 3단계 외환자유화 규제완화 조치'도 이른 시일 내에 발표될 가능성이 높다.

해외 콘도·골프장 회원권 구입 시 10만 달러 이상에 대한 국세청 통보, 해외 부동산 취득 시 30만 달러 이상에 대한 국세청 통보, 자산총액 20% 이

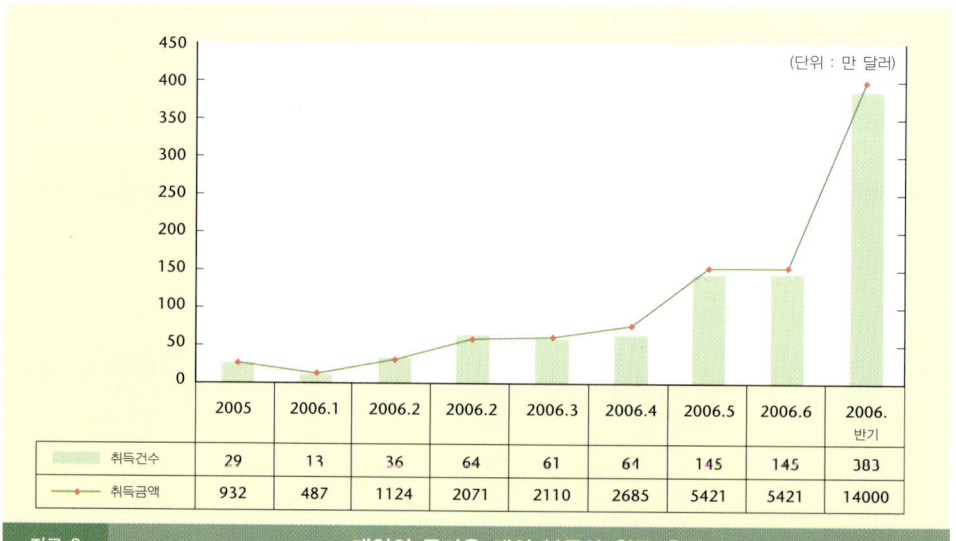

	2005	2006.1	2006.2	2006.2	2006.3	2006.4	2006.5	2006.6	2006.반기
취득건수	29	13	36	64	61	64	145	145	383
취득금액	932	487	1124	2071	2110	2685	5421	5421	14000

자료 2　　개인의 주거용 해외 부동산 취득 추이

(단위 : 만 달러)

구분	투자목적(건물 · 상가 · 토지 · 주택 등)	주거용 주택취득
취득대상자	거주자(개인 · 법인)	2년 이상 장기체재예정 거주자(개인)
취득명의인	신고인	신고인 또는 신고인의 배우자
취득가액	제한없음	제한없음
국내송금액	100만 달러까지. 2007년 3월부터 300만 달러로 확대됨(모기지론상환 · 제비용 포함).	제한없음
분양권여부	허용	불가
공동소유	지분이 구분 표시되어 독립적인 재산권 행사가 가능한 경우에 한하여 가능	부부간(본인 · 배우자)만 허용
취득건수	100만 달러 송금액 이내에서 제한없음	1건 원칙
신고수리금액	국내송금액(신고서상 기재란)	좌동
국세청 통보액	취득가액 30만 달러 초과	좌동
취득보고	취득 후 3월 이내	좌동
보유사실보고	신고수리 후 매 2년마다(등기부등본)	좌동
해외체재사실 입증서류 제출	해당없음	-100만 달러(국내송금액 기준) 초과 시 매 1년마다 2년까지 제출(2회 이후 제출 면제) -100만 달러 이하는 모두 제출 면제. 단, 배우자 명의 취득은 금액에 관계없이 2년간 제출

내로 묶인 국내 펀드의 해외 펀드 투자한도, 연간 5만 달러 이상 해외 예금에 대한 국세청 통보 및 외국환은행에 대한 자금계획 적정성 신고 등이 폐지될 가능성이 높다.

이렇게 되면 해외 부동산 투자는 일부 부유층의 전유물이 아닌 보통 사람들을 위한 재테크 수단으로 자리 잡을 것이다. 결국 다른 사람보다 먼저 투자한 사람이 돈을 버는 재테크 불변의 법칙이 해외 부동산 투자에서도 입증되는 셈이다.

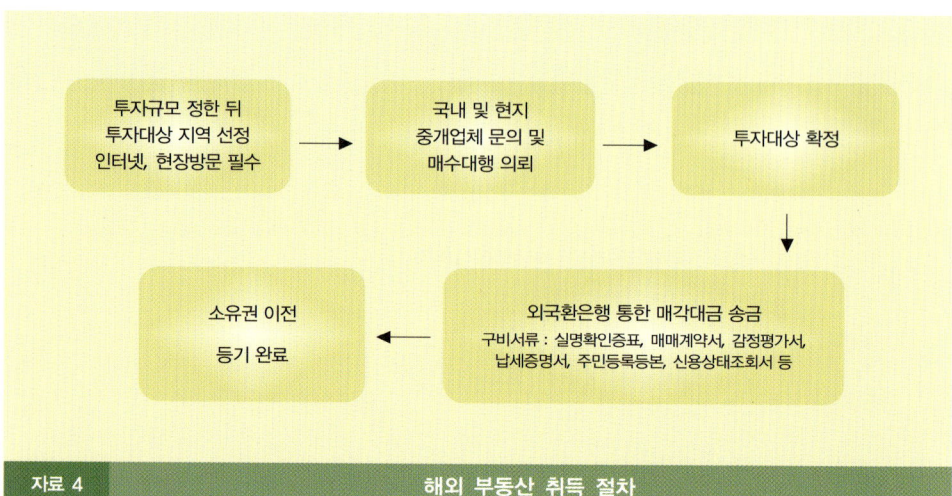

자료 4 해외 부동산 취득 절차

자료 5	해외 부동산 취득 대행 · 컨설팅 안내	
구분	주요 회사	특징
컨설팅회사	루티즈코리아, 뉴스타부동산 등	미국, 캐나다, 영국 등 현지업체와 제휴
부동산 정보업체	부동산114, 스피드뱅크	미국, 중국, 홍콩 등 현지 협력업체와 제휴
금융기관	시중은행 이주센터 등	부동산 취득 절차 안내

해외 부동산 투자 5계명

1. 부동산을 매입하려는 나라의 제도와 경제 상황을 확인하라

미국인 중 400만 명이 외국에 거주하고 있을 만큼 선진국에서는 이미 재테크의 한 수단으로 해외 부동산 투자가 자리 잡았다. 그러나 낯선 나라의 부동산을 사는 것은 결코 쉬운 일이 아니다. 우선 외국인의 부동산 구입이 가능한지 여부가 관건이다.

스위스는 외국인의 부동산 구입을 불허하고, 인도, 베트남 등은 취득은 가능하지만 여러 제약 요인이 따른다. 중국에서는 외국인 개인도 자유롭게 부동산을 매입할 수 있다. 국제부동산협회 웹 사이트(www.icrea.org)를 통해 국가별 외국인 부동산 구입 허용 여부를 확인할 수 있다.

우리나라의 부동산 관련 법률과 달리 중국은 민법 체계가 아직 완성되지 않아 주택 소유에 대한 인식이 낮고, 소유권이 인정되지 않는다는 점을 기억해야 한다. 중국에서는 부동산 투기 억제 차원에서 2006년 8월부터 기존 주택의 양도차익에 대해 20%의 양도소득세를 부과하고 있다.

중국과 마찬가지로 베트남 역시 재산법에 대한 법률 체계가 아직 완성되지 않았기 때문에 부동산을 취득할 때 분쟁의 여지가 없는지 꼼꼼히 챙겨둘 필요가 있다. 인도는 영국의 식민지였던 탓에 근대적 법체계가 발달되어 있지만, 외국인의 부동산 취득에는 엄격한 제한이 따른다.

어떤 나라의 부동산을 살 것인지 망설여진다면 인구가 계속 늘고 있는지 알아보라. 경제 성장이 계속되고 인구가 지속적으로 늘어난다면 부동산 수요는 자연스럽게 생긴다.

2. 모기지론에 대한 환상을 버려라

국내와 마찬가지로 해외 부동산에 투자할 때에도 현지 금융기관의 융자 제도를 잘 활용하면 자금 부담 없이 부동산을 매입할 수 있다. 그렇지만 가급적이면 모기지론은 이용하지 않도록 한다. 국내에서 아파트를 구입할 때처럼 해외에서도 다양한 주택담보대출 상품을 이용할 수 있을 것이라 생각하면 오산이다.

중국이나 베트남 등은 부동산 구입 대금 지불에 있어 현금을 선호한다. 인도는 주택담보 대출 상품이 발달했지만 외국인이 이를 이용하기는 쉽지 않다. 멕시코, 그리스, 스페인, 동유럽 등은 과거부터 주택 매매대금을 현금 일시불 형태로 지불하고 있다.

펀드명	설정일	수익률		
		1개월	3개월	6개월
아시아태평양리츠재간접	2006.2.13	6.2	12.1	20.8
맥쿼리IMM아시안리츠재간접 ClassA	2006.5.15	5.9	15.0	23.8
맥쿼리IMM아시안리츠재간접 ClassB	2006.5.15	5.9	14.8	23.4
삼성-REITs 종류형재간접 1	2005.9.21	7.0	17.5	22.2
탑스글로벌리츠재간접 1 A	2006.5.11	4.0	10.3	18.9
맥쿼리IMM글로벌리츠재간접클래스 A	2005.5.30	4.6	9.4	18.4
한화라살글로벌리츠재간접 1(B)	2006.3.30	0.8	9.4	18.6
블루랜드글로벌부동산재간접 A	2006.5.11	2.3	9.6	18.1
Japan REITs 재간접 1	2005.3.16	7.0	17.5	22.2

해외 부동산 투자 펀드 수익률

(단위 : %, 2007년 1월 9일 기준 수익률, 자료 : 제로인)

모기지론이 발달한 나라에서도 최소한 집값의 40% 정도는 선불금 형태로 지급하기 때문에 이 정도의 현금은 준비하고 있어야 한다. 무엇보다 서둘러 집을 처분해야 하는 일이 생겼을 경우 모기지론에 발이 묶이는 일이 없도록 해야 한다.

3. 현지 부동산 중개업자와 상의하라

해외에서 부동산을 사고팔기 위해서는 현지의 부동산 관련 법규와 거래 관행을 알아야 한다. 그러나 현실적으로 개인이 부동산에 대한 권리와 거래 절차를 일일이 확인하기란 불가능하다. 때문에 해외 부동산을 거래할 때는 현지의 믿을 만한 부동산 중개업소를 찾는 것이 무엇보다도 중요하다.

중국의 상하이와 푸둥 등에는 상하이부동산랜드 등 국내 부동산업체들이 많이 진출해 있어 상대적으로 쉬운 편이다. 반면, 베트남에는 부동산 중개 업소라는 개념도 없고, 인도는 야후인디아(Yahoo! India) 등에서 중개업소를 검색할 수 있다. 4~6%의 중개수수료를 지불하면 국제부동산협회(ICREA)에 서 믿을 만한 해외 부동산 중개업소를 찾을 수 있다. 취득 후 자금중개, 임 대사무 등 사후 절차까지 해주는 전문업체를 찾아야 뒤탈이 없다.

T · I · P

적은 돈으로 해외부동산에 투자한다 : 리츠 활용하기

미국이나 호주, 중국, 베트남 등 해외 부동산에 투자하기 위해 반드시 수 억 원이 필요한 것은 아 니다. 해외 금융기관의 모기지론을 이용하지 않아도 괜찮다. 해외 부동산에 간접투자하는 리츠 (REITs · 소액 투자자들로부터 자금을 모아 부동산에 투자하는 펀드 또는 회사) 상품이 있기 때 문이다.

국내에서 판매되는 해외 부동산 투자 리츠 상품은 미국과 유럽, 아시아 등 해외 여러 지역에 투자 하기 때문에 특정 지역의 부동산 가격이 하락하더라도 투자 위험을 줄일 수 있다.

해외 부동산에 관심 있는 사람들 대부분은 여유자금이 5억 원을 넘는 자산가들이지만, 최근 간접 투자 방식의 리츠 상품이 선을 보이면서 5,000만 원 정도의 투자금을 가진 개인 투자자들도 해 외 부동산 투자 대열에 동참하고 있다.

2006년 3월 출시된 푸르덴셜투자증권의 '글로벌부동산증권펀드'의 경우 최소 가입 금액이 1,000 만 원이다.

4. 공증 통해 부동산 권리를 확보하라

우리나라에서 부동산을 구입할 경우에는 매매계약서를 작성하고, 소유권 이전 등기 절차를 거쳐야만 부동산에 대한 자신의 권리를 확보할 수 있다. 그러나 일부 국가에서는 부동산에 대한 권리가 분명하지 않거나 아직 등기 시스템이 갖춰지지 않은 경우도 많다.

2차 세계대전을 거치면서 부동산에 대한 경계가 불분명해진 동유럽이 대표적인 나라고, 베트남도 소유권에 대한 규정이 분명하지 않다. 중국에서는 등기절차를 통해 소유권 이전 절차를 밟을 수 있고, 인도도 재산권 체제가 잘 갖춰져 있지 않다.

소유권에 대한 규정이 분명하지 않을 경우 자신의 권리를 확보할 수 있는 공증(公證)을 해야 한다. 부동산의 소유권을 둘러싸고 분쟁이 벌어졌을 때, 소유권을 입증해야 하는 쪽은 권리를 주장하는 사람에게 있지만, 낯선 외국에서 법적 분쟁을 해결하기 위해 들이는 시간과 비용은 결코 만만치 않다.

이럴 때 공증을 받아두면 분쟁이 발생했을 때 자신의 권리를 분명히 주장할 수 있다. 베트남에는 부동산을 비롯해 각종 문서와 관련된 권리관계 처리를 위해 공증이 많이 사용된다.

5. 언어는 기본, 급행료는 덤

해외 여행이든 해외 투자든 그 나라 말을 모르면 여간 불편한 게 아니다.

특히 돈과 관련된 문제라면 자신의 의사를 분명히 전달하고, 상대방의 의사도 잘 이해해야 한다. 투자 이민이나 완전 이주를 가는 것이 아니더라도 마찬가지다. 자칫 사기를 당할 수 있기 때문이다.

현실적으로 해외 부동산 투자는 현지 중개업소나 변호사를 통해 이뤄지는 경우가 많다. 이때 약간의 급행료를 주는 것이 여러 모로 편리하다. 부동산 중개업소를 통해 급행료를 묻거나 공증사무실에서 직접 확인할 수 있다. 급행료를 내면 몇 개월이 걸릴 일이 한 달 만에 이루어지기도 한다. 공인 국제 부동산거래 업체인 '콜드웰 뱅커 헌트 케네디'에 따르면, 해외 부동산을 구입할 때 지불하는 급행료는 50~500달러까지 다양하다.

와이탄에 즐비한 서양식 건물들. 사진에 보이는 건물은 상하이 세관

부동산 투자의 신천지 아시아

우리나라에서 해외 부동산이라고 하면 보통 미국이나 캐나다, 호주 등이 투자처로 거론된다. 미국에 유학생 자녀를 둔 실수요자가 많고, 캐나다나 호주 등으로 이민 가려는 사람들이 많기 때문이다. 그러나 시세 차익 목적으로 해외 부동산에 투자한다면 가까운 곳으로 눈을 돌리는 것이 낫다.

중국, 일본, 인도, 베트남, 중앙아시아 등 지리적으로 인접하면서 정치·경제·사회적으로 우리나라와 긴밀한 관계가 있는 아시아 부동산 시장은 세계적으로 주목을 받고 있다.

2005년 아시아 지역 상업용 부동산에 대한 국내외의 투자 금액은 675억 달러로 1년 전보다 46% 늘었다. 전체 투자자금 중 외국인 투자자금이 197억 달러로 전체 자금의 29%를 차지했다. 세계적인 부동산 투자 자문회사인 존스 랑 라살(Jones Lang LaSalle)에 따르면, 2006년 상반기 아시아 태평양 지역 상업용 부동산 투자는 430억 달러로 지난해 같은 기간보다 40% 증가했다. 라살은 "앞으로 2~3년간 보다 많은 해외 투자자금이 아시아 부동산 시장으로 몰려들 것"이라고 전망했다.

아시아 부동산에 투자하는 투자자들의 성격도 주목할 만하다. 미국과 유럽의 부동산 개발업체를 비롯해 연금 펀드와 생명보험사들이 투자수익률을 높이기 위해 아시아 부동산을 대거 사들이고 있다. 세계적인 투자은행과 사모펀드(PEF)의 아시아 부동산 매입도 빼놓을 수 없다. 최근 유가가 오르면서 떼돈을 번 중동지역의 '오일 달러' 자금이 싱가포르와 말레이시아 부동산에 몰리기도 했다.

미국의 월스트리트저널(WSJ)은 2006년 9월 '아시아 부동산 시장으로 돈이 몰리고 있다'는 기사를 통해 아시아 부동산에 대한 투자 열기를 전하기도 했다. 아시아 부동산은 그야말로 해외 부동산 투자의 신천지가 되고 있다.

세계 부동산 자금이 아시아로 몰리면서 아시아 지역의 부동산 가격이 급등했다. 2005년 도쿄의 최고급 사무실 가격은 5% 올랐고, 인도 뭄바이는 4%, 중국 상하이 푸둥 지구의 최고급 사무실 가격은 23%나 뛰었다. 일반 사무실 가격의 상승폭은 놀랄만 할 정도다. 뭄바이 29%, 상하이는 40% 각각 올랐다.

성장 가능성 면에서도 북미 지역이나 유럽을 압도한다. 경제 성장에 따른 도로, 항만, 철도 등 사회 간접시설 개발 붐과 함께 도시화에 따른 부동산 수요가 폭발적으로 늘어날 것으로 예상되기 때문이다.

1987년 뉴욕 주식 시장의 대폭락과 일본 경제의 거품 붕괴, 1997년 아시아 외환위기를 사전 경고해 국제 금융계에서 '닥터 둠(Doctor Doom)'이라는 별명을 갖고 있는 마크 파버(Marc Faber)는 "아시아 지역의 인구 구성과 향후 도시화 추세를 감안할 때, 아시아 지역의 부동산 가격은 틀림없이 오를 것"이라고 말했을 정도다.

이같은 분석은 우리나라의 근대화 과정을 떠올리면 쉽게 이해할 수 있다. 1970년대와 1980년대 도시화와 산업화 과정 중 버려진 땅이 아파트 단지로 개발되면서 땅값이 폭등한 사례를 우리는 심심찮게 봐왔다. 도심 재개발로 슬럼가가 대규모 아파트 단지로 변하는 경우도 마찬가지이다. 이같은 개발의 기억은 중국, 인도, 베트남을 방문해 본 사람이라면 누구나 느낄 수 있다.

실제 상하이의 집값은 지난 6년간 3배 가까이 올랐다. 사무실 수요가 절대적으로 부족한 인도에서는 향후 2~3년간 80억 달러의 사모펀드 자금이 인도 부동산에 유입될 것으로 전망되고 있다. 인도에서는 A급 사무실 부지가 650만㎡에 불과한데 뭄바이, 뉴델리, 방갈로르 등의 사무실 수요는 계속 늘고 있다.

세계적인 컨설팅 회사인 맥킨지에 따르면, 2010년까지 선진국의 기술회사들이 인도로 사무실을 옮기는 규모가 현재의 4배인 600억 달러로 늘어날 것으로 추정하고 있다.

전통적으로 토지를 숭배해 돈만 생기면 땅을 산다는 베트남도 아시아 부동산 투자 열기에서 빠지지 않는다. 베트남 부동산금융공사(Refico · Real Estate Finance Corporation)에 따르면, 2006년 6월 현재 베트남의 경제 수도 호찌민의 사무실 월 임대료는 2003년보다 2배 이상 상승했다.

2006년 6월 현재 호찌민 중심가인 동코이 거리 주변의 땅값은 평당 7,000만 원 수준에 이르렀고, 일부 지역은 평당 1억 원을 넘어섰다. 10년 경력의 공무원 월급이 150달러(약 15만 원)인 나라에서 호찌민 시내 3층 가

옥 매매가격은 3~4억 원에 달한다.

호찌민 시 남부에는 푸미흥(Phu My Hung) 신도시 개발이 한창이다. 이곳에는 베트남의 부유층을 위한 아파트 단지가 속속 들어서고 있다. 전통적으로 2층 가옥에 대한 선호도가 높은 베트남에서 ㎡당 1,500~1,800달러(약 140만~170만 원)에 달하는 아파트가 팔린다는 것은 베트남 부동산 시장에 큰 변화가 있음을 의미한다.

국내에서는 P&D 코리아(Planner & Development Korea), 대원 칸타빌, GS건설 등이 호찌민 신도시 개발 사업에 참여하고 있으며, 포스코건설은 하노이 인근 신도시 개발 사업에 진출한 상태이다.

2006년 중국에서는 사회주의 국가에서 벌어진 일이라고는 믿기지 않을 일이 일어났다. 집값 폭등으로 집을 살 수 없게 된 시민들이 '부동산 불매 운동'을 벌인 것이다. 선전(深圳)의 한 개인 사업가가 시작한 "3년 동안 주택 구입을 거부하자."는 시민운동은 선전과 광저우(廣州)를 중심으로 급속히 퍼졌고, 급기야 팡누(房奴·집의 노예)가 되지 말자는 선전 구호까지 나왔다.

그해 선전의 신규 분양아파트 가격은 12만 5,000달러(약 1억 1,875만 원)로, 대학을 졸업한 전문직 종사자가 월급(약 800달러)을 10년 동안 꼬박 모아야 벌 수 있는 돈이었다.

중국 정부는 2006년 부동산 투기 억제를 위한 고강도 대책을 쏟아냈다. 시중 자금이 부동산으로 흘러가는 것을 막기 위해 상업은행의 지급준비율을 잇달아 올렸고, 건설회사에는 서민용 주택 공급을 확대하도록 했다. 또 1년 이상 중국에 거주하지 않은 외국인의 부동산 구입도 차단하는 강수를 뒀다. 2007년 들어서는 대형 주택에 대한 보유세를 도입하겠다는 말까지 나오고 있다.

그렇지만 중국 정부의 이같은 대책 발표에도 불구하고 중국의 집값은 여전히 상승 중이다. 2000년 초 상하이를 중심으로 치솟았던 중국의 집값 열풍은 이제 베이징을 중심으로 한 화북지방으로 옮겨붙고 있다.

미국의 〈월 스트리트 저널(WSJ)〉은 2007년 1월 중국 부동산 시장이 올해도 두 자릿수의 투자 수익률을 거둘 것으로 전망했다. 농촌 인구가 도시로 몰리면서 주택 수요가 지속적으로 늘고, 고급 사무실 등 오피스 수요도 계속 늘어날 것이라는 전망이다. 2008년 베이징올림픽과 2010년 상하이엑스포를 앞둔 여행객 증가로 호텔 수요도 급증할 것으로 예상된다.

7. '위안화 자산을 사라'

중국 부동산 투자

중국 부동산의 매력

우리나라와 사회체제가 다른 해외 부동산에 투자할 때는 현지 부동산거래제도에 대한 숙지가 필요하다. 적게는 수천만 원에서 많게는 수십억 원을 투자하는 상황에서 관련 규정을 잘못 이해해 투자자금을 회수할 수 없다면 낭패가 아닐 수 없다.

중국 부동산 시장은 시장구조나 제도에서 우리나라와 확연한 차이가 있다. 때문에 중국 부동산 시장의 기본 구조에 대한 이해가 선행되어야 한다.

중국 부동산 시장의 기초 '토지사용권'

중국은 기본적으로 국가가 토지를 소유하는 사회주의 국가이다. 1982년 헌법에 따라 도시의 토지 소유권은 국가에, 농촌은 인민위원회의 소유이다.

중앙 및 지방 정부가 농촌 인민위원회를 통제하는 만큼 모든 토지의 소유권은 국가에 있다고 할 수 있다. 그러나 1988년 4월 12일 개정헌법 제10조는 토지사용권이 법에 따라 양도 가능하다고 규정했다. 이 말은 토지소유권에서 토지사용권을 따로 떼어 사고팔 수 있게 됐다는 뜻이다.

우리가 말하는 '소유권'은 점유를 통한 사용권과 처분권이 동시에 있음을 의미한다. 특히 중요한 것은 재산으로서의 토지나 건물을 처분할 수 있는 권리이다. 중국에서는 소유권 대신 토지사용권을 양도하는 형식으로 부동산거래를 인정한다.

토지 사용자인 부동산 개발업체가 지방 정부에 토지사용권을 신청하면 중앙 정부에서 이를 승인하는 형식으로 토지가 시장에 공급된다. 부동산 투자자는 건설업자에게 건축물과 사용권에 대한 대가를 지급하는 식이다.

토지사용권은 특별한 사유가 없는 한, 계약서에 명시된 사용기간(일반적으로 상업지역 50년, 공업지역 70년, 주거지역 100년) 동안 보장받는다. 최소 50년 동안 토지를 점유할 수 있다는 점에서 중국의 토지사용권은 사실상 소유권과 다름없다. 그러나 국책사업으로 해당 토지가 수용될 경우(특별한 사유)에는 일정한 보상을 받고 사용권을 돌려줘야 한다.

사용권 매매는 매수자와 매도자 간의 계약에 의해 자유롭게 이뤄진다. 부동산 매매는 '계약법'의 규제를 받으며, 부동산을 사고팔 때는 정부가 제정한 표준계약서를 작성해야 한다. 상하이 시에서 주택 매매계약을 체결할 때에는 '상하이 시 부동산 매매계약서'를 사용한다. 만약 매수자와 매도자 중 한 쪽이 외국인일 때에는 '부동산 등기 시 공증에 관한 통지'에 의해 지방정부의 공증처(상하이는 구 정부 보증처)에서 공증을 받아야 한다.

중국의 '주택(房)' 구분

중국에서는 우리가 흔히 사용하는 '부동산(不動産)'이라는 말 대신에 '방지산(房地産)'이라는 표현을 통해 건물(房)과 토지(地)를 통칭한다. 마찬가지로 주택을 지칭할 때 낯선 용어들이 많이 사용된다. 중국에서 주택을 구분하는 기본적인 용어들에 대해 알아두자.

중국 7	중국의 주택
주택 용어	**의미**
안거주택(安居房)	택지를 정부가 무상 또는 염가로 공급하는 서민용 주택. 중앙정부가 추진하는 '안거공정(安居工程)' 방침 실시에 따라 국가와 지방정부가 재정을 투입해 중저소득 가정을 위해 건설·공급하는 비영리 주택
경제적용방(經濟適用房)	서민용 저가주택. 1994년 '도시경제적용주택 건설관리방침'에 따라 정부가 자금 혹은 정책성 대출을 제공하고, 토지는 행정 배분 방식으로 제공한다. 주택 설계와 기능은 주민의 기본 생활 수요 충족 원칙 하에 건설·공급되는 주택. 정부의 주택공급 계획에 맞춰 부동산 업체가 개발, 판매한다. 농지전용 부담금(土地出讓金) 면제, 각종 세금 절반 감면 등의 혜택이 따른다. 다만, 개발 이윤이 3% 이내로 억제돼 부동산 개발업체 입장에서는 이익이 많지 않다.
개인투자주택(個人集資房)	직장 단위 별로 개인이 주택건설 자금을 모아 건설하는 주택
상품주택(商品房)	부동산 개발공사(房地産開發公司)가 개발, 건설하여 시장가격으로 분양 또는 임대하는 주택. 건설용지 토지사용권은 유상양도 방식으로 획득하며, 개발자금은 개발기업이 조달, 완공 후 시장 상황에 의해 가격이 결정된다.
외소상품방(外銷商品房)	과거 외국인용 아파트와 중국인용 아파트를 구분할 당시 주택 구분
내소상품방(內銷商品房)	외소상품방은 1㎡당 판매가격이 2만 위안 이상인 고급 아파트를 지칭했다. 현재는 이 구별이 사라지고 상품주택과 경제적용방으로 구별된다. 2001년 8월 중국 정부는 외국인이 살 수 있는 외소방(外銷房)과 중국인밖에 살 수 없는 내소방(內銷房)의 구별을 없애, 외국인은 중국 부동산을 자유롭게 구입할 수 있게 됐다.

외국인도 사용권 취득 가능

외국인도 규정에 맞게 신고 절차를 밟으면 토지사용권을 합법적으로 취득할 수 있다.

중국 정부는 2001년 8월 내국인용과 외국인용으로 나누어져 있던 주택 구분을 없애면서 외국인의 중국 부동산 투자 제한을 없앴다. 중국은 187개 국제통화기금(IMF) 회원국 가운데 부동산에 대한 외국인 투자 제한이 없는 극히 일부 국가에 속한다. 중국과 홍콩은 동남아시아 국가 중 외국인 개인 명의로 주택·상가·오피스 등의 부동산을 매입해 등기할 수 있는 거의 유일한 나라이기도 하다.

중국 정부는 2006년 하반기부터 위안화 절상을 노린 해외 투기자본의 유입을 막기 위해 1년 이상 중국에 체재했다는 사실을 증명할 수 있는 외국인에 대해서만 주거 목적의 부동산을 살 수 있도록 했다. 이런 규제에도 불구하고 베이징과 선전을 제외하고는 여전히 비거주 외국인의 부동산 투자가 가능한 것으로 알려져 있다. 실제로 2006년 말 부동산랜드 상하이지사에 확인한 결과 취득이 가능했다.

다만 베이징과 선전 등 주요 도시에서의 외국인 부동산 투자는 앞으로도 어려울 것으로 보인다. 중국 정부가 2008년 베이징올림픽을 앞두고 부동산 투기 차단에 적극 나섰기 때문이다. 상하이 등지에서도 외국인 자금이 많이 몰리면서 중국 정부가 규제를 강화하고 있다.

중국 국가외환관리국(SAFE)에 따르면 2005년 외국 기관 투자가들의 중국 부동산 매입 규모는 34억 달러 수준. 그러나 이 통계에는 비공식적인 부동산거래가 포함되지 않아 실제 외국인의 중국 부동산 매입은 이보다 훨씬 클 것으로 보인다. 외국 기관 투자가들은 중국 내 부동산을 매입한 후, 홍콩이나 싱가포르 등에서 부동산 투자신탁(REITs)을 판매하고 있다. 중국 관영 신화통신에 따르면 상하이 주택 10채 중 2채가 외국인과 외지인(홍콩·마카오인)의 소유라고 한다.

발빠르게 성장하는 중국의 부동산 시장

중국 정부는 1990년대 후반까지만 해도 도시 거주자들에게 무상으로 주택을 제공했다. 국영기업이나 공공기관, 학교 직원들은 모두 정부나 해당 기관이 제공한 주택에서 살았다. 1998년 3월 무상 주택공급 제도가 폐지된 후 민간 주택 시장이 빠르게 형성되기 시작했다.

중국 정부는 부동산을 경제 성장의 동력으로 인식, 부동산육성책을 취해왔다. 중국 부동산 시장은 2001년부터 성장하기 시작했다. 중국 국가통계국에 따르면 2001년 부동산 투자자금은 전년 대비 29.7% 증가한 4,857억 위안으로 집계됐다. 부동산 투자 증가율은 공장, 부동산 등 고정자산 투자 증가율보다 13.5% 포인트 높았고, 부동산 투자가 고정자산 투자에서 차지하는 비중은 20%를 넘었다. 2006년 부동산 자금은 고정자산 투자의 20~30% 이상을 차지하고 있다.

1996~2000년까지 상하이에서 거래된 주택은 모두 6만 7,333호로 전체 부동산 시장의 5%에 불과했다. 그런데 2000년에는 750만㎡의 기존 주택

이 상하이에서 거래됐고, 거래대금은 656억 위안(80억 달러)에 달했다.

중국의 경제지 '중국경제시보(中國經濟時報)'에 따르면 2000년 현재 도시 거주민의 59%가 자가 주택을 소유하고 있으며, 평균 주택 면적은 50~80㎡(15~24평), 가족 구성원은 2~4명으로 조사되었다. 임대주택 거주자는 19.7%에 불과했다. 응답자의 21.9%는 향후 5년 내에 70~150㎡(21~45평)의 집으로 옮기고 싶다고 말해 고급 주택에 대한 수요가 커지고 있음을 알 수 있다.

2004년 현재 중국 가계의 평균 주택 규모는 70㎡(21평)에서 90~120㎡(27~36평)로, 1인당 주거 공간은 20.4㎡(6평)에서 35㎡(11평)로 늘어났다.

중국 상무부에 따르면 1998~2000년 사이 신규 주택건설 면적은 203억㎡(61억 평)로 과거 30년간의 2배에 이른다.

중국 부동산 왜 인기인가

중국 부동산은 위안화 평가 절상에 따른 자산증식 효과가 가장 큰 투자 대상이다. 더구나 중국의 빠른 경제성장에 맞춘 부동산 수요까지 감안하면 중국 부동산은 일석다조(一石多鳥)의 재테크 수단이다.

사실 중국 부동산 시장의 인기는 가격만 봐도 알 수 있다. 베이징의 아파트 가격은 2005년 한 해만 20%가 올랐고, 2006년 1분기에는 17.3% 상승했다. 중국 경제 발전의 주축 지역인 광저우(廣州)와 선전(深圳)의 작년 1분기 집값은 1년 전에 비해 각각 14%, 20% 뛰었다.

중국의 집값이 오르는 배경에는 위안화 절상을 노린 해외 투기자금만 있는 게 아니다. 2008년 베이징올림픽과 2010년 상하이엑스포라는 거사를 앞두고 있어 건축 수요가 줄줄이 대기 중이다. 역사적으로 한국, 호주, 그리스 등 과거 올림픽을 개최했던 나라들의 부동산 가격은 올림픽 개최 3년 전부터 상승했고, 올림픽이 끝난 후에도 계속 올랐다.

경제 발전에 따른 도시화로 주택 공급이 수요를 따라가지 못하는 상황이 장기화될 가능성도 높다. 중국 도시 인구가 매년 1% 정도 증가한다고 가정하면, 신규 주택 건설을 위해서는 10.5억㎡가 필요하다. 신규 수요에 기존 재개발 등의 건축 수요를 더하면 수요는 앞으로도 계속 생길 것으로 보인다.

여기에 가계 소득 증가와 소득 양극화에 따른 고급 주택 수요 증가도 중국 부동산 시장의 성장 스토리에서 빼놓을 수 없는 요인이다. 앞서 중국의

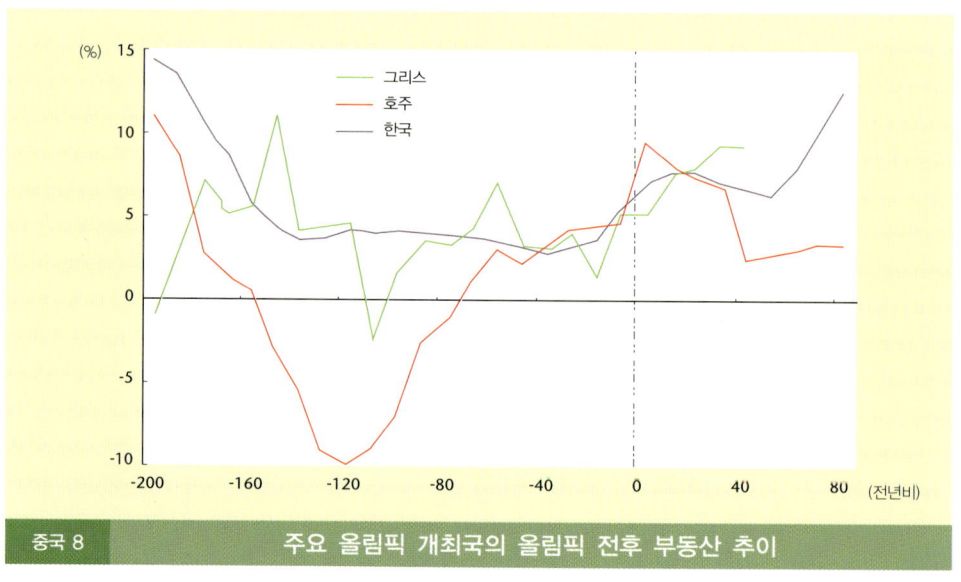

중국 8 · 주요 올림픽 개최국의 올림픽 전후 부동산 추이

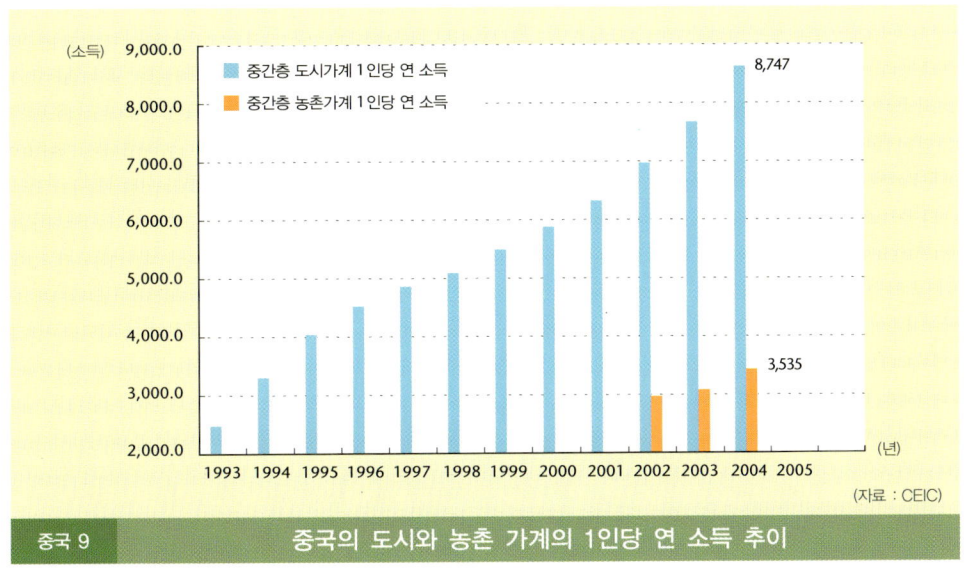

　　중국의 도시와 농촌 가계의 1인당 연 소득 추이

부동산 시장 현황을 소개하며 언급했듯이 2000년 당시 도시 거주민의 평균 주택 면적은 50~80㎡(15~24평)였는데, 도시민의 20% 이상은 5년 내에 70~150㎡(21~45평)로 집을 넓히고 싶어했다.

중국의 집값 상승 원인

　중국의 집값이 계속 오르는 이유는 무엇일까. 가장 근본적인 해답은 수요는 늘어나는데 공급이 따라오지 못하기 때문이다.

　중국 4대 도시(베이징, 상하이, 광저우, 선전)의 주택 수요 공급 추이를 살펴보면 이같은 불균형을 잘 알 수 있다. '경제 특구' 1호 선전의 주택 판매 완성

(주 : 광저우는 면적(천 평방미터), 나머지는 금액(백만 위안) 자료 : CEIC, 한국투자증권)

중국 10 부동산 투자기준 중국 4개도시 수요공급 추이

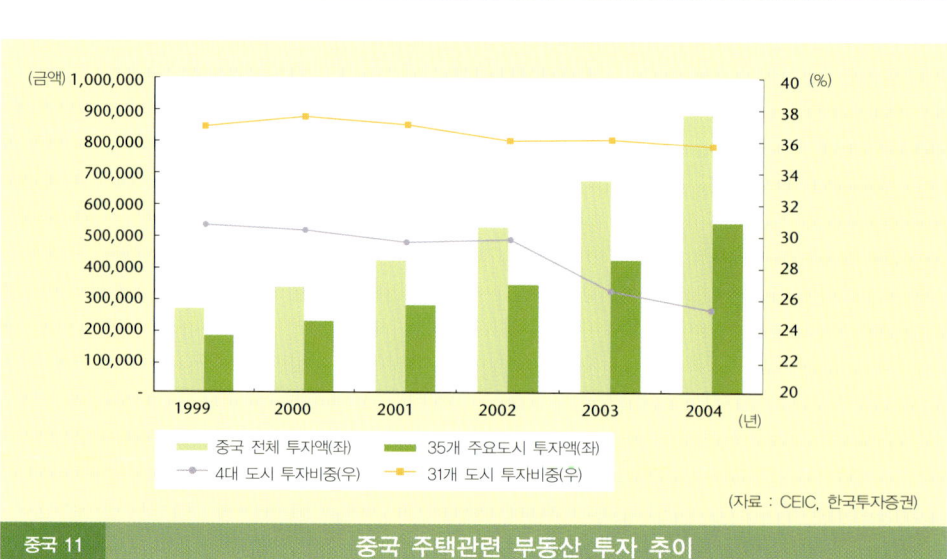

(자료 : CEIC, 한국투자증권)

중국 11 중국 주택관련 부동산 투자 추이

비율은 2004년 말 3.4배에 달했다. 상하이, 베이징, 광저우 등에서도 이같은 공급 부족 현상이 두드러진다.

반면, 부동산 투자는 오히려 하향 추세다. 중국 정부의 분류 기준에 의한 35개 주요 도시의 주택 관련 투자는 중국 전체 투자액의 60%를 넘으며, 이 중 절반 가까운 투자가 상하이, 베이징, 선전, 광저우 등에 집중돼 있다.

그러나 4대 도시의 부동산 투자 비중은 1999년 30.6%에서 2004년 25.3%로 감소했으며, 나머지 31개 도시는 36.9%에서 35.7%로 안정적인 모습을 보이고 있다.

우리나라의 건설교통부에 해당하는 중국 건설부가 내놓은 답은 '중소형 평수 공급 부족'이다. 건설부가 2006년 6월부터 두 달 동안 주요 40개 도시에서 2006년 상반기에 건설된 아파트 면적을 조사한 결과 평균 면적이 115㎡(35평)에 달했다. 특히 15개 도시의 경우 평균 면적은 120㎡(36평)였다. 정부에서는 아파트의 70% 이상을 90㎡(27평) 이하의 중소형 아파트로 짓도록 했지만 건설회사들은 90㎡가 넘는 중대형 아파트를 전체 공급 물량의 70%나 지은 셈이다.

이같은 대형 평형 선호 현상은 건설회사 입장에서는 자연스러운 일이다. 대형 평형일수록 이익이 많이 남기 때문이다.

중국의 부동산 세제

중국의 세금은 기본적으로 유통세(turnover tax · 생산, 유통, 서비스 과정 등에서

중국 12	중국 조세 체계
세금 항목	세금 종류
유통세	증치세(增値稅 : 한국의 부가가치세에 해당. 세율은 17%)
소득세	기업소득세, 외국인투자기업과 외국기업소득세, 개인소득세, 세율은 5~45%
자원세	자원세, 도시토지 사용세
특정목적세	도시 유지 · 건설세, 토지증치세, 차량구매세, 고정자산투자방향조절세, 경작지 점유세
재산 및 행위세	부동산세, 도시부동산세, 차량(선박)이용세, 차량(선박)허가세, 인지세, 도살세, 계세(契稅 · 주택취득세 부과), 상속세, 증권거래세, 연회세
농업세	농업세, 목축업세
관세	관세

발생하는 소득에 부과되는 세금), 소득세(생산자, 개인 등이 획득한 이익에 부과되는 세금), 자원세(자원 개발과 토지 사용자에게 부과되는 세금), 특정목적세, 재산 및 행위세, 농업세, 관세 등 7가지 유형으로 분류된다.

부동산 관련 세금은 기본적으로 부동산을 매입할 때 발생하는 취득세, 부동산 보유세, 매각에 따른 양도 차익에 부과되는 양도소득세 등으로 분류된다.

우리나라 사람들이 가장 많이 투자하는 상하이의 아파트를 구입한 뒤 보유, 취득하는 경우를 예로 들어 세금이 얼마인지 알아보자.

취득 매수자가 구입금액의 1.5%에 해당하는 계약세를 내야 한다. 계약세 납부 여부는 나중에 부동산을 등기할 때 확인되기 때문에 반드시 납부해야 한다.

계약세 외에 인지세, 거래수수료(250위안), 능기비용(100위안), 공증비(구입금액이 50만 위안 이하인 경우에는 구입금액의 0.3%+100위안, 구입금액이 50만~500만

구분	세목	세율	계산방식	납세자	비고
신규주택취득	양도	3%	판매가×3%	명의이전자	세금의 50%까지 지원 가능
	인지	0.05%	계약가×0.05%	매수·매도자	
거래	인지	0.05%	계약가×0.05%	매수·매도자	
	양도소득세	20%	양도차익×20%	매도자	매도자가 판매 1년 내에 신규주택 구매 시 환급 가능
임대	인지	0.1%	계약가×1%	매수·매도자	
	기타*	10.5%	임대수입×10.5%	임대인	임대료 2,000위안 이상
	양도소득세	7.5%	임대수입×7.5%	임대인	임대료 2,000위안 미만
교환	인지	0.5%	계약가×0.5%	매수·매도자	
	기타	5%	판매가×5%	수입발생측	교환 전후 신규주택 구입 시 환급
	양도소득세	3%	교환대상 부동산 가액의 차액×3%	더 많은 돈을 지급한 측	50% 보조금

* 기타 : 판매세, 도시건설세, 교육세, 재산세, 소득세, 포함

(자료 : Zhang Yongyu/Fang Chen, Practical Real Estate Handbook, Shanghai Oriental Press, 1999. 주택 매각에 대한 양도소득세 부분은 2006년 7월 발표된 국가세무총국의 '통지' 반영)

위안 이하인 경우 구입금액의 0.25%+350위안), 대출공증비(대출금액의 0.3%) 등이 추가로 들어간다.

　　보유　상하이에는 거주 혹은 자가 목적으로 아파트를 보유할 경우, 부동산 보유세(房産稅, 임대수입 총액의 4%)가 면제된다. 부동산을 임대하는 경우에는 영업세(임대수입 총액의 3%), 소득세(임대수입 순익의 10%)가 단일세금으로 분류되어 있어 임대료의 5%만 내면 된다. 다만 임대 수입 총액의 0.1%에 해당하는 인지세는 별도로 내야 한다.

　　매각　중국에서 부동산을 매각할 때에는 영업세(양도차익의 5%), 토지증치

세(양도차익의 30~60% 누진과세), 소득세(양도차익의 20%) 등 3가지 세금이 부과되나 실제로 과세되는 경우는 거의 없다. 상하이에서는 아파트 매각에 따르는 세금이 면제된다. 다만 매각대금의 0.03%인 인지세는 납부해야 한다.

중국 정부는 1999년 침체된 부동산 경기를 살리기 위해 개인의 주택 전매를 허용하고, 소득세와 토지증치세 등을 면제하는 등 부동산 시장 육성에 적극 나섰다. 그러나 2004년 '미 준공 주택 전매 금지' 발표를 시작으로 부동산 정책 기조가 규제로 바뀌고 있어 주의가 필요하다.

특히 2006년 7월 우리나라의 국세청에 해당하는 중국 국가세무총국은 '양도소득세 문제에 관한 통지'를 통해 기존 주택 양도차익에 대해 20%(비용을 제외한 순소득 대상)의 높은 세금을 부과하겠다고 발표했다. 또 양도소득세를 영업세, 토지증치세와 일괄 처리하기로 하는 등 양도세 부담을 대폭 강화하고 있어 중국의 주택을 구입한 외국인 투자자 입장에서는 전에 비해 집을 팔 때의 세금 부담이 크게 늘었다.

다만 주택 양도과정에서 발생하는 각종 세금과 실내 인테리어 비용, 대출 이자 등은 양도차익에서 공제가 가능하도록 했고, 집을 팔았다가 1년 내에 다시 살 경우에는 양도소득세를 납부보증금 형식으로 받아두었다가 집을 사는 시점에서 되돌려주는 등 집 평수를 늘리거나 거주 이전 등을 위해 매도하는 실수요자에 대해서는 구제키로 했다.

중국 부동산 투자 ABC

앞서 언급한 것처럼 중국에서는 외국인도 부동산을 자유롭게 소유하고 등기할 수 있으며, 법적인 보호도 받을 수 있다. 다만 중국 정부는 2006년 하반기부터 외국 투기자본 유입을 억제하기 위해 1년 이상 체류한 외국인에 대해서만 부동산을 구입할 수 있도록 제한하고 있다. 이 때문에 단기 차익을 노린 중국 부동산 투자는 사실상 불가능해졌다.

특히 보유 부동산을 매각할 때는 당국의 허가를 받아야 하고, 외국인의 부동산 구입자금에 대한 환전심사가 강화돼 부동산을 매입했더라도 자금 반출이 전보다 어려워졌다는 점을 염두에 둬야 한다.

부동산거래 절차는 국내와 크게 다르지 않다. 먼저, 사고자 하는 부동산을 현장 답사 후 매매대금 송금 등을 위한 현지 위안화 계좌를 개설한다. 현장 답사를 위해서는 중국 현지에 진출한 우리나라 부동산 회사를 이용할 수 있다. 이들 부동산 회사들은 현장 답사에서 투자컨설팅까지 제공하기 때문에 잔금지급 및 소유권 이전에 필요한 법률서비스를 모두 해결해 준다.

현재 상하이부동산랜드(www.landshanghai.com)를 비롯해 상해부동산뱅크(www.shanghairoom.com), 코리아부동산(www.pudongkorea.com), 상하이하우징(www.shanghaihousing.com), 상하이플러스(www.shanghaiplus.com), 상하이애셋(www.shanghaiasset.com), 상하이주공(www.shanghaijugong.com) 등 여러 중개업소가 영업하고 있다.

이들 업소는 한국어를 지원하면서 매물 정보에서부터 법률 컨설팅 등 부동산과 관련한 일체의 서비스를 제공한다. 중국어를 몰라도 한국에서 직통으로 연결되는 전화가 있어 부동산 정보는 물론 실제 투자까지 가능하다.

매매계약 체결은 선수금(手付金) 지급→계약서 작성→계약금 지급→잔금 지급→소유권 이전 등기 등의 순서로 진행된다.

선수금은 우리나라에서의 '가계약금'과 비슷한 것으로, 기존 아파트 구입 시에는 통상 매매가격의 1% 정도를 지급한다. 신축 아파트를 살 경우에는 약 4만 위안의 선수금을 건축회사에 지급한다.

매매계약 체결은 안전을 위해 공증사무실에서 매매당사자, 부동산 중개회사가 모여 체결한다. 중국의 공증사무실은 공공기관으로, 계약금(매매대금의 30%)을 예치한 뒤 소유권 이전을 확인한 후 매도인에게 계약금을 포함한 매매대금 전액을 건네주는 데 이용된다. 공증사무실 이용수수료는 거래금액의 0.3%이다.

부동산 중개회사를 통해 잔금 지급과 소유권 이전 절차를 마치면 모든 거래가 마무리된다.

텐진(天津)의 잠재력

중국 국무원은 2005년 6월 텐진의 장기(2005~2020년) 종합 발전 계획인 '텐진 시 빈하이(濱海) 신구 개발 및 개방 추진에 대한 의견'을 정식 승인하고, 빈하이 지역을 선전과 푸둥을 잇는 '국가 종합 개혁 시험구'로 공식 지정했다.

국무원은 특히 "베이징, 상하이, 충칭(重慶)과 더불어 4대 직할시 중 하나인 텐진을 북방 경제의 중심 도시, 국제 항구도시, 생태도시로 발전시킬 것"이라고 선언해 국가 차원에서 텐진을 경제 근거지로 만들 것임을 분명히 했다.

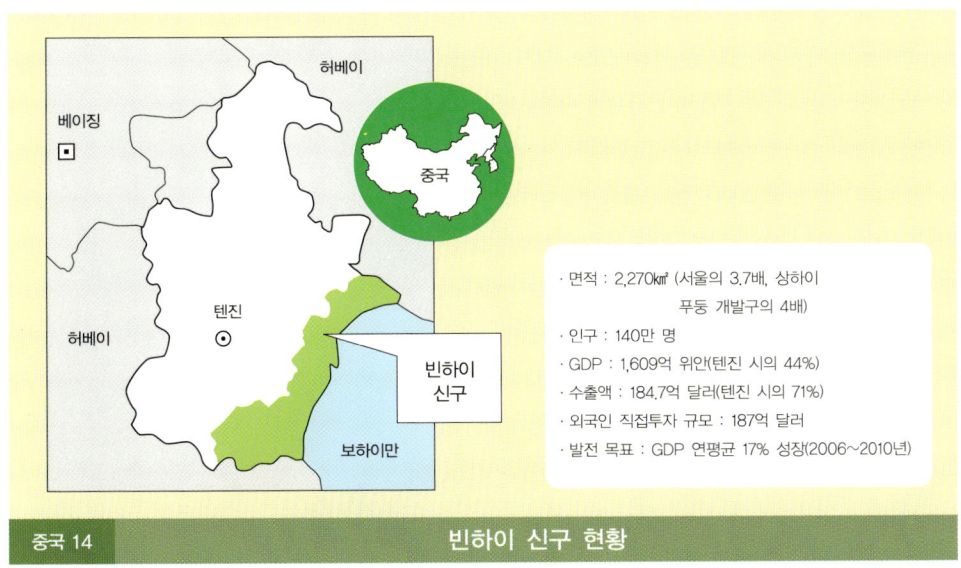

· 면적 : 2,270㎢ (서울의 3.7배, 상하이 푸둥 개발구의 4배)
· 인구 : 140만 명
· GDP : 1,609억 위안(텐진 시의 44%)
· 수출액 : 184.7억 달러(텐진 시의 71%)
· 외국인 직접투자 규모 : 187억 달러
· 발전 목표 : GDP 연평균 17% 성장(2006~2010년)

중국 14   빈하이 신구 현황

저장성 원저우(溫州)

　중국이 개혁·개방에 나선 이후 저장성(浙江)에는 경제 발전의 모델을 제시하기 위해 경제 특구 도시를 지정한 곳이 한 곳도 없다. 그러나 저장성의 1인당 GDP는 중국 평균의 2배인 3,400달러에 달한다.

　특히 저장성에는 '원저우 상인' 으로 유명한 원저우가 있다. 원저우는 '세계의 신발 공장' 이면서 매년 5억 개의 안경을 생산, 전 세계 안경 시장의 70%를 점유하고 있다. 원저우산 라이터의 세계시장점유율은 무려 80%에 달한다. 원저우는 1960년 중국 최초의 개인사업자 영업등록증이 나온 곳이면서, 1980년에는 중국 최초의 전문 시장인 '융자차오 단추시장' 이 문을 열었다. 이곳 상인들은 동남아시아와 아프리카까지 진출했으며, 북한의 평양 제1백화점 경영권을 인수하기도 했다.

· 인구 22명당 1명 사장

· 연간 1억 위안 이상 단일제품
　생산단지 604개

· 전문시장 4,008개

· 원저우산 제품 세계시장점유율
　−라이터 80%, 안경 70%

· 중국 50대 민영기업 중 26개가
　저장성 기업

(자료 : 저장성 정부)

중국 15　　　**저장성 민영경제 파워**

중국의 주택담보대출(住房貸款)

중국에도 우리나라처럼 다양한 주택담보대출 상품이 있으며, 만기가 30년인 대출 상품도 있다. 자기자본금 3,000만 원만 있으면 1억 원짜리 아파트를 구입할 수 있다. 집값의 70%까지 은행 대출이 가능하기 때문이다. 주택담보대출은 은행의 수입심사기준을 통과하면 받을 수 있다. 1억 원짜리 아파트를 구입하기 위해 7,000만 원을 대출받으려면 월수입이 84만 원 이상이어야 한다.

주택담보대출 영업이 가장 활발한 금융기관은 건설은행이다. 외국인이 신규 분양을 받고자 할 경우 중국 내에 소득원이 있으면 내국인과 마찬가지로 집값의 70%까지 주택담보대출을 받을 수 있다. 거주 목적으로 90㎡(25평 상당) 이하 중소형 주택을 구입하는 경우에는 구입 가격의 80%까지도 대출이 가능하다.

신청은 매물을 선택한 직후 빨리 하는 것이 좋다. 위안화보다 달러화로 대출금을 받는 것이 여러 모로 편리하다. 위안화 대출을 신청하면 나중에 부동산을 매각할 때 달러화로 교환할 수 없고, 위안화 절상에 따른 자산가치 증식 효과를 감안할 때 외화 대출의 이자 부담이 적다.

달러화 대출은 홍콩상하이은행(HSBC)나 동아은행(東亞銀行·BEA) 등 홍콩계 은행에서 이용할 수 있다. 대출심사는 대개 일주일 정도 소요된다.

우리나라에서처럼 중국 은행들도 주택에 대한 저당권 설정 계약 후 대출을 해준다. 대출 한도는 신축아파트의 경우 1㎡당 단가가 7,000위안이다. 또는 총액 100만 위안(약 1억 2,000만 원) 미만 물건은 80%까지 대출이 가능하다. 기존 아파트나 신축아파트로 1㎡당 단가가 7,000위안 이상이거나 총 구입가격이 100만 위안 이상일 경우에는 70%까지 대출을 받을 수 있다. 3채 이상 구입할 때에는 신축, 중고, 금액에 상한이 없이 60%까지 대출을 통해 자금을 조달할 수 있다.

상환 기간은 최장 30년으로, 은행에 따라 다르지만 70년(대출인의 나이 기준)과 30년(해당 부동산의 건축 년도 기준) 중 짧은 쪽이 일반적으로 최대 대출기간이 된다. 만약 35세인 사람이 건축된 지 5년 된 아파트의 대출을 신청하면, 건축물의 잔존 연수 25년과 신청인의 잔존 연수 35세 중 짧은 쪽인 25년이 최대 대출기간이 되는 식이다.

대출 금리는 현재 3~5년 위안화 대출이 연 6.48%, 5년 이상일 경우 연 6.84% 수준이다.

대출에 필요한 서류는 ① 매매계약서(기존 아파트)나 예소상품방양도계약서(預銷商品房讓渡契約書, 신축 아파트) ② 수입증명서(중국 내에서 수입이 있는 경우는 납세증명서, 중국 내에서 수입이 없을 경우에는 우리나라의 근로소득원천징수 영수증이나 지방세납세 증명서 등 한국대사관이 인정하는 한국 내 수입증명서. 한국에서 발급

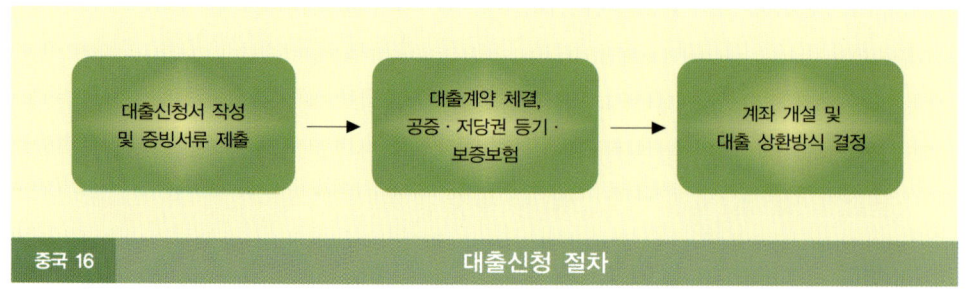

| 대출신청서 작성 및 증빙서류 제출 | 대출계약 체결, 공증·저당권 등기·보증보험 | 계좌 개설 및 대출 상환방식 결정 |

중국 16 　　　　대출신청 절차

받은 모든 증명서는 공증을 받아야 해외에서 사용이 가능하다) ③ 은행과의 저당권설정계약서, 융자계약서 ④ 신분증(여권) ⑤ 융자신청서 ⑥ 기타 은행에서 요구하는 서류 등이다.

기혼자는 배우자의 여권 사본도 챙겨야 한다. 중국에서는 결혼한 사람의 재산은 자동으로 부부 공동 재산이 되기 때문이다. 미혼자는 호적등본 사본을 제출하면 된다.

주택담보대출신청 절차는 중국 은행 홈페이지의 '개인대출(個人貸款)' 중의 '개인주택대출(個人住房貸款)' 등에서 확인할 수 있다. 보다 구체적인 대출신청서류 작성이나 대출 종류, 상환방식 등에 대해서는 매매 대상 지역에 위치한 은행 지점에서 확인해야 한다.

중국 아파트 매각

중국 부동산에 투자하는 경우 대부분 5년 이상은 장기 투자한다고 생각해야 한다. 5년 이내에 아파트를 처분할 경우 20%의 양도소득세를 물어야 할 뿐 아니라, 환전을 통해 자금을 반출하는 것도 어려워지고 있기 때문이다. 중국 정부가 외국인의 부동산 매입을 제한한 것도 대규모 단기 부동산 투자 자금이 빠져나갈 경우 경제에 큰 영향을 줄 수 있다는 우려 때문이다.

그러나 부동산은 다른 자산에 비해 유동성이 크게 떨어져 마음대로 빠져나올 수 없는 상황이 벌어지기도 한다. 특히 중국처럼 정책 당국의 제도 변경에 따라 부동산 가격이 급등락하는 나라에서는 탈출 전략을 미리 고민해

둘 필요가 있다.

중국에서 부동산을 위안화로 매각하는 경우에는 ① 부동산 양도계약서(매매가격 위안화 표시) ② 토지자산관리국 발행 소유권이전증서 ③ 매도인 발행 대금청구서 및 판매통일영수증(외국 국적을 가진 개인이 부동산을 매각할 때 관할 세무국에서 발행하는 영수증) ④ 외환관리국 발행 해외송금 승인증서 ⑤ 관할 세무국 발행 면세증명 또는 납세증명서(영업세·소득세) 등을 챙겨두어야 한다. 그렇지 않을 경우 위안화를 외화로 환전할 수 없는 사태가 벌어진다.

부동산을 외국의 개인이나 법인에 외화로 매각할 경우에는 송금 문제에 크게 신경 쓸 필요가 없다. 해외 결제 외환계좌를 갖고 있는 투자자에게 외화로 부동산을 매각할 때는 외국의 은행에서 대금 결제가 이뤄지기 때문에 중국의 외환관리규제를 받지 않는다.

또한 중국 부동산을 매각한 돈을 우리나라로 송금하는 것도 가능하다. 물론 중국은 위안화 절상을 노린 해외 투기 자본의 유입을 막기 위해 외화 반입과 반출을 엄격히 단속하고 있다는 점을 잊지 말자.

중국 정부는 2006년 하반기부터 부동산 매각 대금을 해외로 반출할 때 양도소득세 등 세금납부 여부를 확인한 뒤 본국으로의 송금을 허용한다. 또한 부동산 매각에 대해 당국의 별도 허가를 얻도록 하는 등 부동산 매각 절차가 까다로워졌다. 외국인의 부동산 구입자금 환전심사를 강화해 자금 성격이 불분명할 경우에는 매각에 어려움을 겪을 수 있다.

그러나 정상적인 방법으로 송금하고 매각에 따른 세금 납부 등의 절차를 제대로 거치면 자금 회수는 100% 가능하다. 즉, 돈이 확실한 경우에는 나중에 투자금을 회수하는 데 아무 문제가 없다.

T·I·P

중국의 아파트 매매, 이런 점을 주의하라

● 텅 빈 아파트 중국의 아파트는 우리나라와 달리 내부 설비가 전혀 구비되지 않은 채 인도된다. 요즘 외국인 투자자들이 늘면서 일부 시설이 갖춰진 아파트도 있지만, 기본적으로 전원콘센트와 배관 외에는 아무것도 없는 아파트가 대부분이다. 아파트를 인도받은 후 구매자가 자비를 들여 직접 내수 설비 공사를 별도로 해야 한다. 때문에 아파트를 구입할 때에는 내부 인테리어 비용을 따로 계산해 둬야 한다.

● 보증 없는 아파트 우리나라에서 아파트를 분양받을 때는 10~20%의 계약금을 지급한 뒤 여러 차례에 걸쳐 중도금을 지급하고 건물이 완공되면 잔금을 치른다. 그러나 중국에서는 아파트가 완공되기 전 분양대금을 모두 지급하도록 되어 있다. 만약 아파트에 대한 소유권을 취득하기 전 문제가 발생하면, 아파트를 분양받은 사람과 대출해 준 은행이 모든 책임을 진다. 중국 같은 사회주의 국가에서 이런 일이 벌어지기 쉽지 않지만, 혹시 모를 위험을 대비해 건설회사와 부동산개발회사가 정식으로 토지사용증을 발급받았는지 확인해야 한다. 건설공정용지허가증, 시공허가증, 건설공정계획허가증, 아파트판매허가증(상품방예수허가 등) 등도 반드시 확인해 둘 필요가 있다.

● 아파트가 줄었다 중국은 우리나라와 건축면적을 표시하는 방식이 다르다. 중국에서는 아파트의 전용면적을 '건축면적'이라고 표현한다. 건축면적 150㎡(45평), 5LDK라고 표시된 아파트가 있다고 하자. 우리나라에서라면 전용면적 45평에 방이 5개쯤 되는 중대형 아파트를 상상할 것이다. 그러나 중국에서 사용하는 건축면적은 발코니나 소방시설 같은 공유면적을 포함한 개념이다. 중국 아파트의 '건축면적'은 우리나라에서 사용하는 전용면적의 70~75% 정도에 불과하다.

● 분양권 전매 금지 과거 중국 부동산에 투자했던 사람들은 분양권 전매(轉賣)를 통해 단기간에 막대한 차익을 얻을 수 있었다. 하지만 2004년부터는 중국에서도 분양권 전매가 금지됐다.

● 매매계약서 확인 우리나라에서도 마찬가지지만 특히 중국 같은 해외에서 부동산 매매 계약을 체결할 때에는 매도자와 실소유자의 신분이 일치하는지와 매매대금 지불 방식 등을 계약서상에 명시해둬야 나중에 문제가 생겼을 때 책임 소재를 분명히 할 수 있다. 부동산 중개회사를 통해 매매계약서를 작성하더라도 가장 기본적인 사항에 대해서는 꼭 확인을 해야 한다. 매매계약이나 가계약을 할 때에는 매도자의 신분증과 등기부상의 소유자가 일치하는지 잊지 말고 확인해 두자.

중국 현지 은행에 외화송금계좌를 개설한 뒤 한국이나 외국에서 미국 달러화나 홍콩달러 등으로 송금한 금액은 우리나라와 중국의 외환당국에 의해 이미 자금 성격에 대해 검증을 받았기 때문에 자본이득을 국외로 자유롭게 송금할 수 있다. 부동산을 구입한 자금이 해외에서 들어온 것이고, 부동산을 매각해 얻은 위안화 수입으로 관련 세금을 내면 세무당국이나 외환관리국의 승인을 쉽게 받을 수 있다.

부동산 담보대출을 홍콩 소재 은행에서 외화로 받은 경우에도 대출 자금이 국외조달자금으로 분류돼 원금과 자본이득을 모두 국외로 송금할 수 있다.

주택과 아파트에서 상가로

2006년 8월부터 외국인의 중국 부동산 구입이 '1년 이상 거주한 실수요자'로 제한되자, 부동산 수요가 주택에서 대형 빌딩 등 상업용 부동산으로 옮겨가고 있다.

모간스탠리(Morgan Stanley) 등 외국의 대형 기관 투자가들은 2006년 상반기에만 15억 달러를 투자했고, 하반기에도 15억 달러를 빌딩 매입에 쏟아부었다. 모간스탠리는 2006년 여름 상하이의 복합건물 '투모로 스퀘어(Tomorrow Square)'를 매입했다.

골드만삭스(Goldman Sachs)의 '화이트홀 펀드'는 2006년 상하이의 22층 '레인보우 플라자(Rainbow Plaza)'를 사들였다. ING그룹은 3억 5,000만 달러짜리 중국 부동산 펀드를 설정했다. 우리나라의 미래에셋그룹은 2006

중국 17	2006년 외국인 기관 투자가들의 중국 부동산 매입 현황		
일시	주체	내용	금액
2006.2	카길	상하이 별장 24채	1억 달러
2006.3	골드만삭스	상하이 호텔식 아파트 1동	0.7억 달러
2006.3	게이트웨이 캐피탈	상하이 호텔식 아파트 1동	6억 위안
2006.4	모건스탠리	상하이 아파트 4동	7억 위안
2006.5	도이체방크	베이징 별장 174채	4억 위안
2006.6	ING그룹	창사 부동산 투자계획 발표	2,240만 달러
2006.7	미래에셋	상하이 푸둥 오피스 빌딩	2,869억 원

(자료 : www.china-cbn.com 등)

년 7월 상하이 푸둥 지구에 23억 4,000만 홍콩달러(약 2,869억 원)에 대형 오피스 빌딩을 매입했다. 최근 중동의 갑부들이 중국 부동산을 사들이기 위해 부동산 투자 전용 사모펀드에 대규모 자금을 투입하고 있다. 중국 경제가 꺼지지 않는 한 외국인 투자자들의 중국 부동산 투자는 계속될 것이라는 점을 극명하게 보여주는 사례들이다. 중·장기 투자자라면 주택보다는 상업용 부동산에 투자하는 것을 적극 고려해볼 시점이다.

중국의 부동산 투기 대책

1999년 침체된 부동산 경기를 살리기 위해 미준공 주택 전매 허용과 소득세 면제 조치를 단행했던 중국 정부는 최근 부동산 투기 규제를 위한 정책들을 쏟아내고 있다. 부동산 정책 기조가 완화에서 규제로 바뀌는 것으로, 이럴 때에는 신규 매매에 신중을 기하는 것이 바람직하다.

중국 정부의 부동산 정책 전환 신호탄은 2004년의 '미준공주택 전매 금지' 발표였다. 이때부터 비거주용 부동산(상가, 오피스텔)에 대한 세제가 강화되고, 주택담보대출 금리가 오르기 시작했다. 모기지론 납입금 비율(최초 주택구입 시 자기자본 비율)도 총 대출금의 20%에서 30%로 올라갔다.

급기야 2006년 4월에는 인민은행이 1년 만기 대출금리 인상에 나섰고, 이어 시중은행의 지급준비율(예금인출에 대비해 중앙은행에 적립하는 돈의 비율)이 잇따라 인상됐다. 국무원은 '부동산 가격안정 종합 대책'을 통해 주택을 산 뒤 5년 이내에 되팔 경우 세금을 부과하는 특단의 대책을 발표했다. 건설회사에게는 신규로 건설하는 주택 가운데 90㎡(25평 상당) 이하의 중소형 주택을 전체 개발면적의 70% 이상으로 확대하도록 해, 집값 상승을 억제하도록 했다.

특히 2006년 7월 24일에는 '2002년 외국인의 부동산 투자 제한 철폐' 이후 4년 만에 다시 외국인의 부동산 투자 억제 조치가 발표됐다. 이로 인해 1년 이상 중국에서 체재한 사실을 증명할 수 없는 경우에는 주거용 부동산을 매입할 수 없게 됐다.

그러나 중국 정부의 외국인 부동산 투자 규제가 베이징과 선전 등 투자 과열 지역에서의 투기를 막기 위한 조치라는 점을 잊지 말자. 사실 '7·24' 조치 이전에도 비거주 개인이나 기업이 중국 부동산을 구입하기 위해서는 '1년 이상 체류한 자로 실거주 목적의 실명 구입'이라는 규정이 있었다. 하지만 대부분 현지 부동산 중개업소를 통해 차명으로 부동산을 구입하는 경우가 비일비재했다.

중국의 부동산 주식들

중국 부동산 투자는 중국 경제에 대한 투자라는 점에서 분명 매력적이다. 그러나 사회주의 국가라는 점에서 정책 발표에 따른 위험 역시 어느 나라보다 높은 것이 현실이다. 갑작스런 정책 발표로 가격이 급락하거나 처분에 제한을 받게 되면 투자원금이 고스란히 묶일 수 있다.

이같은 위험 때문에 부동산에 직접투자하기보다는 부동산 가격 상승과 건설 수요 확대에 따른 실적 개선이 기대되는 부동산 주식에 투자하는 것도 나쁘지 않은 선택이다.

부동산 투자에 따르는 투자비용(현지 시장조사, 각종 수수료와 세금, 관리 비용)을 따져보면 주식을 통한 간접투자는 결코 비싸지 않다.

홍콩 증시의 부동산 기업들

기업명	종목코드	웹사이트	비고
디벨로퍼(Developers)			
청공 홀딩스 Cheung Holdings	0001	www.ckh.com.hk	12월 결산법인
항룽부동산 HangLung Properties	0010	www.hanglung.com	6월 결산법인
헨더슨 부동산 Henderson Land Development	0012	www.hld.com	6월 결산법인
신세계발전 New World Development Company	0017	www.nwd.com.hk	6월 결산법인
쉬온건설 Shui On Construction and Materials Limited	0983	www.shuion.com	
선훙카이부동산 Sun Hung Kai Properties	0016	www.shkp.com.hk	6월 결산법인
중국해외발전 China Overseas Land & Investment	0688	www.coli.com.hk	중국 건축공정총공사가 1979년 설립한 국무원 산하 기업
시노랜드 Sino Land	0083	www.sino-land.com	6월 결산법인
인베스터(Investors)			
RZI REIT Asset Management	0405	www.gzireit.com	12월 결산법인
Great Eagle Holdings 鷹君集團有限公司	0041	www.greateagle.com.hk	12월 결산법인
홍콩부동산 Hong Kong Land		www.hkland.com	12월 결산법인
휘산흥업 Hysan Development	0014	www.hysan.com.hk	12월 결산법인
휘산흥업 Hysan Development	0014	www.hysan.hk	12월 결산법인
Kerry Properties Kowloon 嘉里建設有限公司	0683	www.kerryprops.com	12월 결산법인
PCPD Pacific Century-Premium Developments Limited	0432	www.pcpd.com	12월 결산법인
Swire Pacific		www.swirepacific.com	2월 결산법인
Wharf Holdings		www.wharfholdings.com	12월 결산법인
북경북진실업 北京北辰實業	0588	홍콩 증시의 H주 상장 종목으로, 베이징에서 부동산 개발·투자·판매를 담당하는 부동산 회사. 2003년 12월 베이징 올림픽 국제회의센터 사업자. 2008년 베이징올림픽의 수혜주	
중국 증시의 부동산 기업들			
상하이육가취 금융무역개발 上海陸家嘴 融貿易區開發	SHB 900932 SHA 600663	상하이 푸둥 지구의 육가취금융무역구를 개발하고 있는 중국 최대 부동산 개발 회사. A주와 B주 모두 상장되어 있어 국내 투자자 매입 가능	

기업명	종목코드	비고
보리부동산 Poly Real Estate Group	SHA 600048	중국 1위 국유 디벨로퍼. 2006년 7월 31일 상하이 증시 상장. 보리부동산(保利房地産)은 지분 75%를 가진 보리그룹 (保利集團 China Poly Group)의 자회사. 보리그룹은 과거 인민해방군 소속이었으나, 현재는 국무원 산하 기업이다. 2005년 말 기준 877㎡ 토지를 보유, 중국 국유 디벨로퍼 중 최대 규모의 땅을 가진 땅 부자. www.gzpoly.com
만과기업 톈진, 우한 등 China Vanke	SZB 200002 SZA 000002	베이징, 상하이, 홍콩, 선전, 16개 대도시에 개발 용지 다수 보유. 중국에서 가장 존경받는 20개 기업 중 하나로, 만과성시 화원(萬科城市花園), 만과신성(萬科新城) 등의 주택 브랜드를 갖고 있다. 12월 결산 법인

중국 부동산 투자, 어디가 좋을까

　주식이든 부동산이든 투자의 성패를 가르는 것은 적절한 타이밍과 좋은 대상을 찾는 식견이다. 주식에 비해 유동성이 떨어지는 부동산 투자에서는 좋은 물건을 선택하는 것이 특히 중요하다. 이는 중국처럼 경제가 빠르게 성장하는 나라에서도 마찬가지다. 개발예정지를 선점하거나 수요가 몰리는 곳에 투자하는 것이 부동산 투자의 핵심이다.

상하이 ~ 톈진

　중국처럼 국토가 넓고 인구가 많은 곳에서도 부동산 수요가 집중되는 곳이 있다. 바로 중국의 '행정 수도' 베이징과 '경제 수도' 상하이, '경제 특구 1호' 선전(深圳) 등이 그런 곳이다.

이 세 도시가 중국 경제의 상징이라면 톈진은 중국 정부가 동북아 항공·해운 물류 중심과 첨단 제조업 기지로 육성하고 있는 첨단 신도시라 할 수 있다. 중국 정부는 2006년 9월 톈진 빈하이 신구를 위안화 태환을 위한 시범 지역으로 지정, 위안화의 완전 태환과 자유로운 송금을 할 수 있도록 허용했다. 중국 정부는 톈진 빈하이 신구를 상하이의 푸둥 지구에 이어 중국의 두 번째 금융 기지로 만든다는 계획이다. 원저우(溫州) 상인으로 유명한 저장성 원저우는 중국의 제조업 기지라는 점에서 관심을 가질 만하다.

상하이 부동산의 투자 매력

① 1인당 평균 주택거주면적 13.1㎡(약 4평). 상하이 시는 2007년 시민의 1인당 거주면적을 16~18㎡(약 5평)로 늘릴 계획이다. 2010년에는 20㎡(약 6평)가 될 것으로 예상

② 2010년 세계 무역박람회 개최로 인한 도시 건설

③ 도시화의 진행에 따른 부동산 개발

④ 소득 증대에 따른 주택 구매력 증가. 2007년 시민 1인당 GDP 8,000달러 목표

⑤ 외지인 유입에 따른 고급 주택·오피스 수요 증가 예상

상하이는 중국의 경제 수도이면서 화동(華東) 경제권의 중심지다. 위로는 행정 수도이자 화북(華北) 경제권의 중심인 베이징을 연결하고, 아래로는 화

남(華南) 경제권의 광둥성을 연결하는 요충지다.

상하이 시는 2003년 2월 '비거주 건물에 대한 매매 및 임대차 제한 취소에 관한 통지'를 통해 외국인의 부동산거래에 대한 차별을 전면 폐지해 외국인도 상가, 주택, 오피스 등에 자유롭게 투자할 수 있게 했다.

2005년부터 이뤄진 중국 정부의 부동산 투기 억제 대책에도 불구하고, 부동산 투자와 관련해서는 거의 규제를 하지 않는다. 상하이 현지 부동산 중개업소에 따르면, 2006년부터 중국 정부가 외국인 부동산 매입 제한 등 부동산 규제책을 잇달아 내놓고 있지만 상하이에서는 거의 실시되지 않고 있다. 이는 상하이가 1990년대 중국 경제가 빠르게 성장하는 과정에서 누린 상징적 지위 때문이다.

상하이는 크게 푸둥, 황푸(黃浦), 양푸(楊浦), 여만(瀘灣), 쉬후이(徐匯), 민항(閔行), 장닝(長寧), 징안(靜安), 자베이(閘北), 홍차오(虹口) 등 10개 지구로 나뉘어 있다. 황하강을 경계로 서쪽의 푸시(浦西)와 동쪽의 푸둥(浦東) 지역으로 구분된다. 쉬자후이(徐家匯), 홍차오(虹橋), 푸둥(浦東), 구베이(古北) 등에 고급 주택이 몰려 있다.

상하이 중심부의 건축 년수는 5~6년, 전용면적 85㎡(약 25평) 정도로 외

국인용 기존 아파트 가격은 몇 년 전 1억 원 정도에 거래되었다. 구입자금의 70%를 은행 대출로 해결하면 자기자본 3,000만 원 정도로 상하이의 아파트를 구입할 수 있다.

동팡밍주 광장에서 바라 본 푸동. 오른쪽에 보이는 건물은 세계에서 4번째, 중국에서는 가장 높은 빌딩 진마오따샤(88층)

2년 전 인도 뭄바이 지점으로 발령 난 은행원 B 차장(41). 1년간의 연수를 마치고 뭄바이 현지에 갔을 때 천정부지로 치솟은 집값에 그는 혀를 내둘렀다. 뭄바이 근교 BKC(Bandra Kula Complex)의 소형 아파트 가격은 1억 원을 훌쩍 넘었다. 인도 부동산업자들이 외국 기업 주재원들의 사정을 알고 가격을 높여 부른다는 사실을 뒤늦게 알았지만 도시 근교에 집을 구해야 할 처지에서 다른 방도가 없었다.

인도의 부동산 시장은 수요와 공급 원리가 철저하게 적용되는 전형적인 시장이다. 경제 수도 뭄바이가 대표적인 사례이다. 뭄바이는 1947년 영국으로부터 독립한 이후 60년 넘게 임대료가 동결됐고, 현재까지 뭄바이 시내 건물의 60%는 법적으로 임대료를 올릴 수 없는 상황이다. 임대료 동결로 집주인들은 건물을 방치했고, 뭄바이 전체의 40%가 전기도 들어오지 않는 빈민가로 방치되어 있다. 임대료 인상이 억제되면서 재건축이나 건물신축도 제한되어 일부 지역을 중심으로 부동산 가격이 급등했다.

세입자의 동의 없이는 임대료를 올리거나 건물을 재개발할 수 없도록 한 법률 규정도 신규 주택 공급을 가로막는 요인이다. 특히 임차권을 자식에게 물려주기도 하는 현실에서 세입자 전원의 서면 동의를 받기란 불가능에 가깝다.

인도는 2007년까지 모두 4,500만 가구의 주택이 필요한 상황이지만, 2006년까지 주택 수는 2,260만 가구에 불과한 실정이다. 외국 자본이 서둘러 인도 부동산 시장에 진출하는 것도 이런 이유 때문이다. 뉴욕 맨해튼의 록펠러 센터를 보유하고 있는 '티시먼 스페이어 프로퍼티즈'는 이미 2005년 4월 ICICI 은행의 사모 펀드 사업부문과 합작해 10억 달러를 투자하기로 했고, 싱가포르의 애센다스 펀드도 인도 투자 규모를 2배 가까이 늘렸다.

8. 떠오르는 인도

부동산 시장

주목할 만한 인도 부동산 시장

인도 부동산 시장은 접근이 쉽지 않다. 외국인이 인도 부동산을 취득하려면 인도 중앙은행(RBI)의 사전 승인을 받아야 한다. 부동산 취득을 위해 중앙은행의 승인을 필요로 한다는 말은 사실상 취득을 불허한다는 뜻이다. 물론 외국 기업이 인도에 지점을 내거나 현지 사무소를 설립할 때는 중앙은행의 승인 없이 부동산을 매입할 수 있다. 그러나 이 경우에도 사후 취득 사실을 신고해야 한다.

세계은행은 2004년 세계 투자환경 보고서에서 "인도는 토지 소유권 개념이 불분명하고, 부동산의 점유나 양도 등이 제한적"이라고 지적한 바 있다. 부동산에 대한 권리를 떠나 인도를 한 번쯤 방문해본 사람이라면 열악한 주거 환경에 한결같이 혀를 내두른다.

공급이 제한된 상황에서 오피스 빌딩을 중심으로 한 수요 증가로 가격만 상승하는 기형적인 시장이라는 지적이 나오곤 한다. 세계은행에 따르면 인도 뭄바이와 델리의 소득 대비 토지 가격은 일본 도쿄의 10배에 이른다.

이같은 불만에도 불구하고 인도 부동산에 대한 관심은 중국이나 베트남 못지않다. 이유는 아주 간단하다. 인도 경제가 발전하면서 부동산에 대한 수요가 지속적으로 늘고 있기 때문이다. 2025년이면 인도 인구가 중국을 능가할 것이라는 전망 역시 인도 부동산의 매력이다. 현재 인도의 인구는 약 10억 명. 중국(14억 명)에 이어 세계 2위의 인구 대국이다.

2004년 말 기준 420억 달러(약 42조 원)에 달하는 인도 부동산 시장은 연간 35~40%씩 성장하고 있다.

경제 수도 뭄바이를 비롯해 IT 메카 방갈로르 등은 매년 사무실 수요가 폭발적으로 늘고 있다. 여기에 하이데라바드, 첸나이, 푸네, 콜카타, 찬디가르(Chandigarh) 등의 신도시들이 속속 생겨나 사무실에 대한 수요는 앞으로도 계속 증가할 것으로 전망된다. 뭄바이와 델리 근교에는 다국적 기업 주재원들을 위한 고급 아파트 수요가 점차 증가하고 있다.

최근 인도 정부의 대외 개방 정책을 감안할 때, 외국인의 부동산 투자 제한 정책도 머지않아 풀릴 가능성이 높다. 인도 경제의 성장을 믿는 투자자라면 지금부터 인도 부동산 시장에 관심을 가져야 한다. 세계적인 투자은행 메릴린치는 인도 부동산 시장이 10년 내에 900억 달러의 시장으로 변모할 것이라고

© India Brand Equity Foundation

전망했다.

인도 부동산 시장의 성장 가능성은 이미 세계 주요 언론을 통해 소개되고 있다. 미국의 대표적 신문 '뉴욕타임스'는 2006년 5월 '인도 부동산 시장이 달아오르고 있다'는 기사를 통해 인도 부동산 시장이 연평균 30%의 초고속 성장세를 구가하고 있다고 전했다.

영국 파이낸셜타임스(FT)는 인도 전역 A급 오피스 빌딩의 공급이 홍콩이나 도쿄보다 적고, 미국의 맨해튼에 비해서는 절반 수준에 불과하지만, 수요는 아웃소싱 산업의 발달과 정보통신(IT) 시장의 빠른 성장에 힘입어 폭발적으로 늘고 있다고 분석했다.

인도 부동산 시장의 매력

인도 부동산 시장의 매력은 인도 경제를 이끄는 중산층에서 찾을 수 있다. 경제 성장에 따른 소득 증가로 고급 아파트 수요가 지속적으로 늘고 있다. 이뿐만 아니다. 인도의 대표 산업인 아웃소싱 산업의 발달로 중산층의 소비력이 커지면서 쇼핑몰, 사무실 등의 수요가 크게 늘고 있다.

메릴린치는 아웃소싱 산업 덕분에 인도에는 매년 20만 개의 일자리가 새롭게 만들어지고, 140만㎡의 상업용 부동산 수요가 창출될 것으로 예상하고 있다. 그러나 인도 정부의 공식 통계에 따르면 현재 1억 채의 주택이 부족하고 929만㎡의 사무실 공간이 부족한 상황이다.

인도 정부의 외국인 투자 규제 완화 정책도 부동산 시장의 성장 잠재력을 높이는 요인이다. 2006년 인도 정부는 외국 기업이 1,000만 달러(약 100억 원)를 투자하면 외국 부동산 개발 회사의 100% 자회사 소유를 허용하기로 했다. 5만㎡가 넘는 상업용·주거용 건물의 신축도 허용하고 있다.

인도 부동산 투자 ABC

인도 정부는 1991년 외국인에게 자국 시장을 개방하면서 단기 투기세력을 우려해 외국인의 부동산 투자를 제한적으로만 허용했다.

1999년 제정된 인도의 외국환거래법(FEMA)에 따르면 외국인이 인도 부동산을 취득하거나 양도하기 위해서는 중앙은행의 사전 승인을 얻어야 한다. 부동산을 사들인 뒤 처분할 때도 중앙은행의 허가를 받아야 한다.

물론 인도 정부가 외국인의 부동산 투자를 100% 차단한 것은 아니다. 5년 미만의 임대 목적 주거용 부동산의 경우 중앙은행의 사전 승인을 얻지 않아도 매입이 가능하다.

중앙은행으로부터 지점 또는 사무소(연락사무소는 제외) 설립 허가를 받은 외국인의 경우에는 부동산 취득에 대한 승인을 얻은 것으로 간주된다. 이 경우 부동산을 취득한 후 90일 내에 중앙은행에 신고서를 제출하면 된다.

인도 외국환거래법의 자세한 내용은 인도 중앙은행 홈페이지(www.fema.

rbi.org.in)를 통해 확인 가능하다. 외국인 투자자의 인도 부동산 취득과 처분에 대한 규정—비거주 외국인의 인도 부동산 취득과 양도 규정(Acquisition and Transfer of Immovable Property in India by a person resident outside India)—역시 중앙은행 홈페이지에서 확인할 수 있다. 서울 한남동에 위치한 주한 인도대사관의 '경제 및 무역부서'에 문의하면 관련된 자료를 얻을 수 있다.

이같은 인도 정부의 규제에도 불구하고 외국인들은 간접투자 방식으로 인도 부동산 시장에 계속 투자하고 있다. 미국의 아파트 개발업체인 오카우드월드와이드는 지난 2004년 인도 개발업체와 함께 인도 부동산 시장에 진출했다. 시공은 인도업체에게 맡기고, 자체 설계와 감리 방식으로 주상복합 단지를 건설했다.

2006년 인도 정부의 외국인 투자 규제 완화 정책(외국 부동산 개발 회사의 자회사 소유 허용, 5만㎡ 이상 건물 신축 허용) 이후, 미국의 캘리포니아공무원연금(Calpers)은 2006년 4월 인도 부동산 펀드에 1억 달러를 투자하기로 결정했다. 3월에는 투자은행 모간스탠리의 부동산 투자 자회사가 처음으로 인도 부동산 회사에 6,800만 달러를 투자하기로 했다.

2006년 6월 인도 증권거래위원회(SEBI)가 부동산뮤추얼펀드(REMFs · Real Estate Mutual Fund) 설립 예비 인가안을 마련했다. REMFs는 실물 부동산은 물론, 일반 기업체 주식뿐 아니라 부동산 회사 주식과 채권 및 주택저당증권(MBS)에도 투자할 수 있다.

현재 인도에는 30개 정도의 부동산 관련 뮤추얼펀드가 있지만 아쉽게도 주식 시장에 상장된 REMFs는 없다. 따라서 REMFs에 투자하기 위해서는 펀드를 운용하는 증권사 주식을 사거나 부동산 회사 주식을 사는 방법밖에 없다. 외국인의 부동산 회사 지분 취득은 전체 지분의 26%로 제한되어 있다. 현 시점에서 외국인 직접투자(FDI)가 아닌 경우 개인 투자자가 인도 부동산에 직접투자할 수 있는 방법은 거의 없는 셈이다.

국내에서 아시아 부동산 펀드가 판매되고 있지만 이들 중 인도 부동산에 투자하는 펀드는 전무한 실정이다. 다만 2007년 1월 정부가 '해외 투자 확대방안'을 통해 외국 자산운용사의 부동산 펀드 판매를 허용함에 따라 조만간 인도 부동산 펀드를 접할 수 있을 것으로 보인다.

뉴델리 시내 상가 모습. 지어진 지 수십 년이 지났다

인도 부동산 투자, 어디가 좋을까

뭄바이 · 델리 외곽 지역

1990년대 중반까지만 해도 인도에서 부동산거래가 활발하게 이뤄지는 곳은 수도 델리와 금융 및 상업의 중심지인 뭄바이 정도였다. 그러나 이 도시의 주거 시설이나 사무실 환경은 열악하다. 일부 신축 건물이 있지만 대부분 낡고 오래되어 여간 불편한 게 아니다. 게다가 과거 사회주의의 잔재로 건물 주인이 임차인들을 강제로 내보낼 수 없어 건물주들은 신축보다 외벽을 덧칠하는 수준에서 개보수를 끝내곤 한다.

사정이 이런데도 외국계 금융기관들을 중심으로 한 오피스의 수요가 증가하고 있어 임대료가 급등하고 있다. 몇 년 전 월 5만~6만 원이던 뭄바이 시내 아파트 임대료가 2006년에는 300만 원까지 치솟았다.

특히 2000년대 들어 외국인 자금이 유입되면서 뭄바이와 델리 외곽 지역

© India Brand Equity Foundation

이 주목받고 있다. 이곳들은 고급 아파트 설립 붐이 불면서 집값이 천정부지로 치솟고 있다.

뭄바이에서 자동차로 1시간 거리에 위치한 사무실 밀집 지역 BKC(Bandra Kula Complex)에서는 방 두 칸짜리 아파트의 매매가격이 우리 돈으로 1억 2,000만 원대에 달한다. 교통 사정이 나아지면 지금보다 더 오를 것이라는 전망이 지배적이다.

새로운 계획도시들

우리나라의 삼성전자와 LG전자 공장이 위치한 구르가온(Gurgaon)은 외국계 금융기관들이 몰리면서 BPO(Business Process Outsourcing)의 중심지로 주목받고 있다. 'BPO'란 회사 업무 처리 전 과정을 외부 업체에 맡기는 아웃소싱 방식을 말한다.

구르가온은 소프트웨어 산업의 메카로 부상한 남부 방갈로르와 함께 인도를 대표하는 아웃소싱 기지로 떠오르고 있다.

우리나라 현대자동차 공장이 위치한 첸나이, 콜카타, 뭄바이에서 자동차로 3시간 거리인 푸네(Pune), 삼성전자 제2공장이 들어선 노이다(Noida) 등도 투자 유망 지역으로 떠오르고 있다.

이들 지역은 모두 안정적인 전력공급을 바탕으로 중앙냉방 시스템, 편리한 사무 공간, 넉넉한 주차 공간, 운송수단의 발달 등에 힘입어 인기를 끌고 있다.

인도 정부는 펀잡(Punjab) 주(州) 외곽의 찬디가르(Chandigarh)를 비롯해 구자라트(Gujarat) 주에 속한 뭄바이 인근의 뉴 뭄바이(Navi Mumbai), 라자스탄(Rajasthan) 주의 자이푸르(Jaipur) 등을 계획도시로 선정해 집중 개발 중이다(아래 지도 참조).

우리나라의 포스코가 진출 계획을 밝히면서 유명해진 오리사(Orissa) 주는 포스코의 투자 계획 발표로 벌써 땅값이 들썩이고 있다.

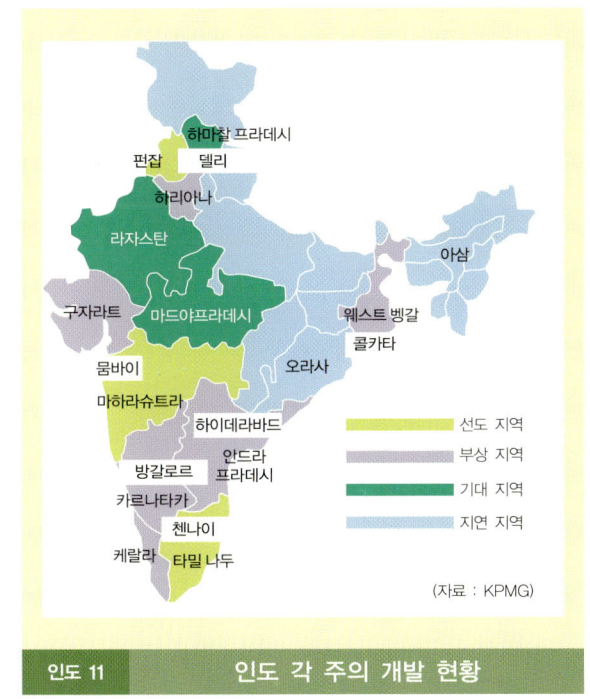

	선도 지역
	부상 지역
	기대 지역
	지연 지역

(자료 : KPMG)

인도 11   인도 각 주의 개발 현황

지금은 부동산 임대사업을 하는 윤재명 씨(51)는 10년 만에 다시 찾은 베트남이 너무 많이 변해 깜짝 놀랐다. 1996년 회사 일로 베트남을 찾았던 당시 성장 잠재력이 무궁무진하다는 느낌을 받았지만, 2006년 다시 찾은 베트남은 기대 이상이었다.

공항을 빠져나와 10년 전 묵었던 하노이 대우호텔을 찾았을 때도 많이 달라진 모습을 느낄 수 있었다. 예전에 썰렁한 느낌이었지만 호텔 로비에는 베트남 현지인과 외국인들로 북적거렸고, 리셉션 룸마다 현지 기업들의 행사로 만원이었다.

도로변은 깨끗이 정비됐고, 도로에는 자전거 물결이 오토바이 물결로 완전히 바뀌었다. 10년 전 보기 힘들었던 승용차들이 제법 많아졌다. 마티즈 택시가 눈에 들어왔지만 벤츠나 BMW, 일본제 세단이 '쌩쌩' 달리는 모습에서는 베트남의 변화가 피부로 느껴졌다.

윤재명 씨는 하노이 방문길에 '무릎을 쳤다'고 한다. 10년 전 베트남에 좀더 관심을 가졌더라면, 큰 기회를 잡을 수도 있었을 텐데, 그렇지 못한 아쉬움이 컸기 때문이다. 지난 10년간 베트남의 부동산 가격이 '천정부지'로 치솟았다는 '가이드'의 얘기를 들으니 더욱 아쉬웠다.

그러나 윤 씨는 더 늦기 전에 베트남의 변화를 확인한 것만으로도 다행이라고 생각했다. 오히려 베트남의 경제가 지금보다 더욱 성장할 것으로 가정하면, 베트남에서 사업의 기회를 잡을 수 있다는 생각을 가졌다. 실제 윤 씨는 귀국 후 베트남 투자, 특히 부동산 투자에 골몰하고 있다. 물론 아직 기회가 남아 있다는 판단에서다.

9. 베트남 부동산 시장,
전망이 좋다

주목할 만한 베트남 부동산 시장

　베트남은 리틀 차이나로 불릴 정도로 중국과 여러모로 비슷한 발전상을 보이고 있다. 대외교역이 급속히 확대되고, 해외 기업들의 베트남 진출이 봇물을 이루고 있다. 연평균 7~8%의 고도성장이 지속되면서, 베트남 경제는 전방위적으로 팽창을 거듭하고 있다.

　베트남의 모습은 한국의 1960~1970년대 개발연대를 연상케 한다. S자형의 길게 휘어진 국토 여기저기에 공업단지가 들어서고 있고, 이들을 연결하는 도로공사도 한창이다. 개발을 준비 중인 택지들이 이곳저곳에서 붉은 속살을 드러내고, 북부에서 남부까지 건설기기의 우렁찬 굉음이 끊이지 않는다.

　농촌 인구들은 기회를 찾아 대도시로 몰려들고 있으며, 대도시는 하루가 다르게 팽창하고 있다. 소득 수준이 높아지면서 대규모의 고급 아파트도 들어서고 있다. 기업의 비즈니스가 확대돼 외국인의 진출이 늘자 도심에는 서

구형의 최첨단 오피스텔도 속속 들어서고 있다.

베트남 부동산 시장은 1990년대 이후 폭발적인 성장세를 보이다 최근 몇 년간 침체양상을 보이고 있다. 그러나 실물경제 성장이 지속되는 한 꾸준한 성장세를 지속할 것으로 전망된다. 베트남 부동산 시장에 관심을 기울여야 하는 이유는 다음과 같다.

첫째, 베트남의 도시화율이 매우 낮다는 점이다. 농업기반 사회에서 공업 사회로 급격히 이전하고 있지만 도시화율은 2006년 기준으로 26%에 그치고 있다. 2000년대 들어 최근 5년간 북부의 하노이와 남부의 호찌민 등 대도시로는 150만 명의 인구가 물밀듯이 유입했고, 이로 인해 주택보급률이 30%선으로 떨어진 상태다.

한국증권의 분석으론 현재 26%인 베트남의 도시화율이 2010년까지 33%로, 도시 인구가 2,600만 명에서 3,300만 명으로 급증할 것으로 전망

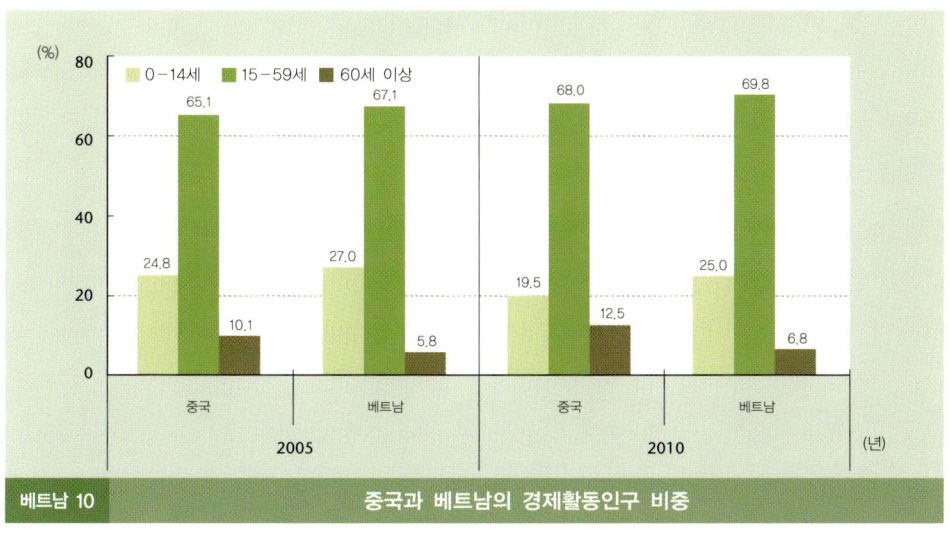

베트남 10 　중국과 베트남의 경제활동인구 비중

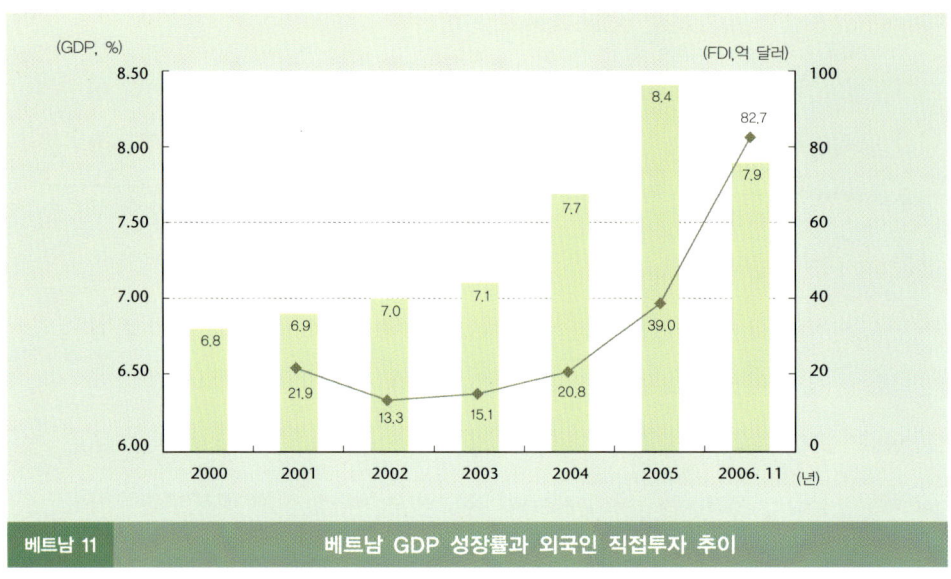

(GDP, %)   (FDI,억 달러)

연도	GDP	FDI
2000	6.8	
2001	6.9	21.9
2002	7.0	13.3
2003	7.1	15.1
2004	7.7	20.8
2005	8.4	39.0
2006. 11	7.9	82.7

베트남 11   **베트남 GDP 성장률과 외국인 직접투자 추이**

(자료 : CEIC, 베트남 통계청, 한국투자증권)

되고 있다. 2004년 기준 8.22억㎡인 전체 주거용 연면적이 2010년에는 12.65억㎡로 증가할 것으로 예상되며, 이로 인해 2010년까지 4.43억㎡의 주거용 건축 면적이 추가로 건설돼야 한다는 분석이다.

둘째, 베트남의 두터운 젊은 층은 인구구조상 주택 수요가 늘어날 수밖에 없는 상황이다. 셋째, 글로벌 경제와의 통합 및 외국기업의 진출 확대, 베트남 로컬기업들의 창업 및 높은 성장세로 사무실과 임대주택의 수요가 급증하고 있다. 여기에 해외교포인 비엣키우들의 현금이 베트남 부동산 시장으로 꾸준히 유입될 전망이다.

베트남 부동산

베트남의 부동산 가격은 1990년대부터 뛰기 시작했다. 1986년 도이모이 (쇄신) 도입 이후 경제가 서서히 살아나면서 부동산 가격도 오르기 시작했다. 1993년 토지법 이후 토지사용권의 양도가 가능해지면서 지가, 즉 토지사용권 가격이 급등했다.

당시 금리수준도 낮았고, 신규주택은 부족한 상태였다. 여기에 지방 자산가들의 대도시 부동산 사재기 열풍까지 더해져 1997년 아시아 금융위기 직전까지 큰 폭으로 상승했다. 이후 주춤한 부동산 시장 열기는 2000년 무렵 재점화됐다. 2003년에는 토지법 전면개정으로 외국인에게도 내국인과 유

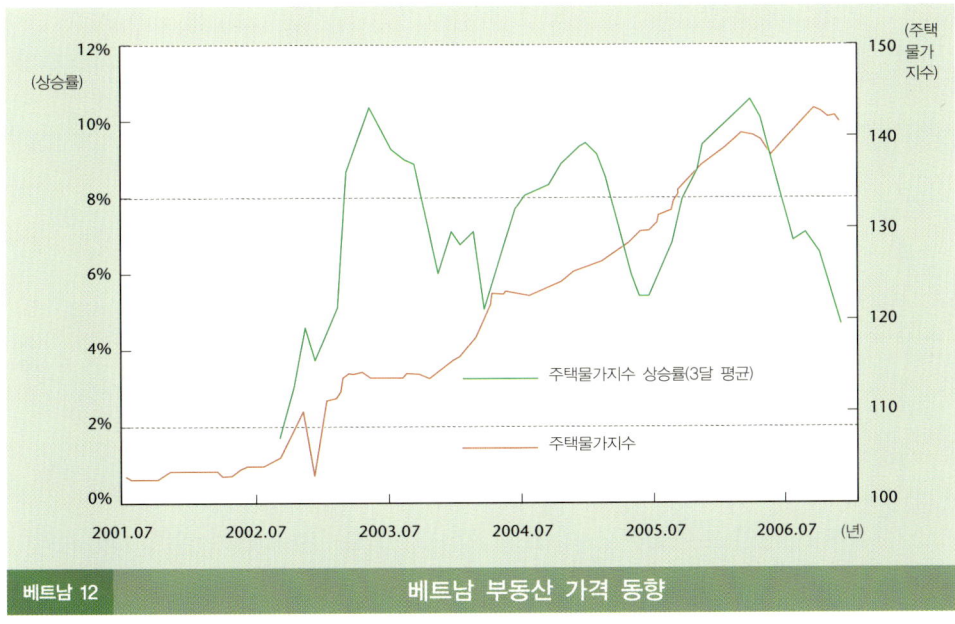

| 베트남 12 | 베트남 부동산 가격 동향 |

사한 토지권리가 부여되면서 지가상승 압력은 더욱 커졌다.

하노이에서 먼저 땅값이 치솟았고, 남부 호찌민이 이를 뒤쫓는 식으로 지가 상승에 불이 붙었다. 소위 '묻지마' 부동산 투자가 횡행했고, 영세 부동산개발 사업자들이 난립했다. 땅값뿐 아니라 아파트 가격은 투기목적의 전매과정을 거치면서 하늘 높은 줄 모르고 치솟았다. '투기'가 '투기'를 불러들이는 양상이었다.

이에 베트남 정부는 부동산 시장을 죄기 시작했다. 특히 토지사용권을 엄격하게 관리할 목적으로 2004년 '개정토지법'을 발표했다. 토지의 위치 등에 따라 공시지가를 책정하는 한편 사업용 토지에 주택을 건축하지 않고 나대지로 분할해 판매하는 행위를 금지했다. 토지관련 세제도 대폭 강화됐다.

부동산 시장엔 곧바로 효과가 나타났다. 2004년 개정 토지법 이후 부동산 거래는 활기를 잃었고, 몇 년째 침체 양상을 이어가고 있다. 다만 베트남 정부는 부동산 대출을 규제하면서도 외국 자본에 의한 부동산 개발 사업은 계속 장려했다. 이에 중저가 주택시장은 얼어붙었지만 고급 부동산 시장은 상대적으로 견조한 흐름을 이어가고 있다.

이처럼 부동산 가격은 경제발전과 밀접한 관련이 있다. 한국에서도 개발연대를 거치면서 전국의 땅값이 수도권을 중심으로 폭등한 적이 있다. 서울 양재동 말죽거리의 경우 1962년 평당 300원 하던 땅 값이 2005년 4,000만 원까지 올랐다. 43년간 무려 13만 배가 뛰었다.

이를 감안하면 베트남의 경제성장이 지속되는 한 최근 주춤하는 부동산 가격이 꺾일 가능성은 그리 크지 않아 보인다. 1990년대 말 동남아지역에선 부동산 시장 위축이 전반적인 경기침체로 이어진 경험도 있다. 베트남 정부 역시 이를 잘 알고 있다.

따라서 베트남 부동산 시장은 규제가 나올 때마다 주춤하는 양상을 보이 겠지만, 향후 높은 경제성장이 지속된다는 가정 하에 부동산 시장 역시 '계 단식' 성장세가 이어질 전망이다.

부동산 시장 양극화

베트남 인 P씨는 2006년 7월 100억 동(약 6억 원) 이상을 들여 호찌민 시 탄푸(Tan Phu) 군 지역에 12채의 아파트를 구입했지만 큰 낭패를 봤다. 몇 달이 흘렀지만 단 4채밖에 팔지 못했기 때문이다.

P씨는 12채를 무리 없이 팔 거라고 생각했다. 3채만 팔아도 투자원금을 뽑고도 남을 것으로 계산했다. 하지만 판매한 4채의 주택도 그다지 이익이 남지 않았고, 투자한 원금을 갚느라 애를 먹고 있다.

P씨처럼 베트남 인 N씨도 곤욕을 치르고 있다. 호찌민 시 8군 지역에 아 파트 건설 프로젝트를 진행 중인 그는 지난 2년간 아파트의 30% 밖에 팔지 못했다. 때문에 큰 자금난 압박을 받고 있다.

호찌민 시 탄빈(Tan Binh)에 사는 T씨는 주택 담보로 은행에서 빚을 내 7 채의 집을 샀다가 빚더미에 올라섰다. 은행 대출금을 갚을 때가 됐지만 주 택거래가 좀처럼 이루어지지 않자 고리대금에 손을 댔다 큰 낭패를 봤다.

이처럼 최근 베트남 부동산 시장은 꽁꽁 얼어붙었다. 지난 2003년 11월 국회를 통과한 개정토지법이 2004년 7월 발효된 이후 베트남 시장은 극심한 침체양상을 보이고 있다. 부동산 거래는 눈에 띄게 감소했다. 위의 사례처럼 부동산 시장 침체로 부동산 사업자들이 파산위기에 내몰리는 사례도 발생하고 있다.

베트남의 산업부는 부동산 거래 건수가 2004년 중 전년대비 25% 감소했고, 2005년에는 70%나 급감했다고 밝혔다. 호찌민 소재 아시아 상업은행(ACB) 부동산 센터, Him Lam 부동산 회사의 2005년 거래실적도 전년대비 각각 53%와 84% 감소했다.

거래감소는 가격하락으로 이어졌다. 하노이 신도시 지역인 My Dinh의 경우 아파트 가격이 2005년 말 ㎡당 1,000만 동(약 59만 원)에서 2005년 말 800만 동(약 48만 원)으로 20% 가량 하락했다.

2006년 2월말 현재 호찌민 시내 4,100개 소의 부동산 회사 중 50%가 문을 닫았고, 20%는 폐쇄 직전이며, 30%만이 운용되고 있다. 2004년 하반기에 발효된 개정토지법은 투기수요에 의한 지가 상승 억제를 겨냥하고 있다.

주요 내용은 토지의 위치 등에 따라 공시지가를 책정하고, 사업용 토지의 경우 주택을 건축하지 않고 나대지 상태로 분할하여 판매하는 행위를 금지했다. 또 토지관련 조세를 대폭 인상했고, 철거와 보상관련 규정도 강화했다. 베트남 부동산 업체에 대해선 정부 산하 베트남농업은행, 베트남대외무역은행, 베트남투자개발은행, 베트남기술상업은행 등 4대 은행을 통해 대출을 규제했다.

베트남 부동산 시장은 1997년 아시아 금융위기 때 큰 폭으로 후퇴한 이후 빠른 성장세를 보였다. 하지만 투기적 수요로 거품이 형성되자 부동산 관련 법규가 강화됐다. 2004년 이후 몇 년간 이렇다 할 움직임을 보이지 않고,

베트남에서 부동산 거래 기준인 금값마저 폭등하면서 거래는 더욱 뜸해졌다.

다만 개정된 토지법은 외국자본에 의한 부동산 개발 사업을 장려하고 있다. 외국인에겐 토지의 임차 및 재임차권, 저당권, 합작투자 시 자본금으로 상용할 권리를 부여했다. 이에 따라 베트남의 부동산 시장은 2004년 이후 침체기를 겪고 있지만 외국인 사업자가 참여하는 고급 주택과 프리미엄급 오피스를 중심으로는 성장세가 지속되고 있다.

하노이 시내 풍경. 개발의 여지가 풍부해서 부동산 시장의 미래는 밝은 편이다   © 김완준

베트남 부동산의 매력

　베트남 부동산 시장은 2004년 개정 토지법 발효 이후 극심한 침체를 보여왔다. 그러나 거래부진에 비해 전반적인 가격 하락폭은 제한적이었다. 또 고급 주택과 사무용 빌딩 부문에선 견조한 성장세가 이어졌다. 전문가들은 몇 가지 이유를 들어 향후 베트남 부동산 시장이 지금보다는 성장할 것으로 전망한다.

　우선 베트남의 높은 경제성장을 들 수 있다. 베트남은 아시아 이머징 국가 중에서 중국 다음으로 강력하다. 과거 저개발 국가들이 개발도상국으로 부상하는 과정에서 으레 부동산 시장이 큰 폭으로 성장했다. 우리나라의 경우만 해도 이러한 경제성장은 도시의 중산층을 빠르게 확대시켰다.

　베트남도 예외가 아니다. 현재의 고도성장이 지속되는 한 중산층이 확대되고, 이들의 가계 소득이 늘어나 주거환경에 대한 요구 또한 급상승할 것이다. 중산층의 확대는 주택수요 압력으로 이어질 수밖에 없다. 또 중산층

대상의 다양한 서비스 산업이 성장하면서 소매영업 공간에 대한 수요도 덩달아 커질 전망이다.

베트남 대외개방 확대도 베트남 부동산 시장의 전망을 밝게 한다. 베트남은 지난 1986년 도이모이(쇄신) 정책을 도입했지만, 최근 10년간 대외 개방이 본격적으로 이루어졌다. 특히 WTO 가입을 전후로 최근 몇 년간은 글로벌 스탠더드가 강조되면서 개방 강도가 더욱 강화됐다.

이에 따라 베트남을 찾는 외국인 관광객이 급속히 확대되고 있다. 한국은 물론이고 미국과 일본, 유럽계의 다국적 기업들이 속속 진출하고 있다. 중국시장에 진출한 일본 기업들이 중국의 생산기지를 다른 나라로 옮길 경우 베트남을 1순위로 꼽을 만큼 해외 제조업체들 사이에서 베트남의 인기는 높다.

특히 베트남의 인구는 8,400만 명에 달해 내수시장의 잠재력이 높다. 또 아세안 국가이고, WTO 가입으로 대외 수출 여건도 개선된 만큼 해외시장 진출의 교두보로서 글로벌 메이커들의 베트남 진출은 더욱 증가할 전망이다.

이에 따라 외국인을 위한 호텔과 사무실 공간, 고급 주택의 수요가 확대될 전망이다. 벌써부터 이 분야에선 공급이 수요를 쫓지 못하는 현상이 나타나고 있다. 호찌민 시의 경우 사무용 빌딩의 공실률이 10%를 크게 하회하고 있다. 도시 중심부에서 공실률이 거의 제로(0%)에 가깝다는 것은 이같은 현실을 잘 말해 준다.

베트남의 인구 구성에 있어 젊은 층이 많다는 점도 부동산 시장에는 '긍정적' 요소로 평가받는다. 베트남의 인구 중 30세 이하의 인구 비중은 60%를 넘고, 35세 이하 인구 비중은 70%를 넘어서고 있다. 이들은 잠재적인 주택 수요자로서 베트남 부동산 시장의 성장을 압박할 것으로 예상된다.

과거 우리나라에서는 산업발전과 더불어 농촌의 젊은 층이 도시로 급속히 이동했다. 이른바 '이농인구'가 급증하면서 도시를 중심으로 주택수요가 폭발했다. 고도성장을 구하고 있는 중국 역시 1990년대 중반 이후 이농현상이 본격화됐다.

베트남도 비슷한 현상이 나타나고 있다. 2006년 현재 620만 명인 호찌민의 인구는 최근 5년간 100만 명이 급증했다. 300만 명인 하노이 인구도 최근 5년간 50만 명이나 늘었다. 결국 젊은 층을 중심으로 한 이농현상은 도시지역의 주택수요를 상당기간 뒷받침할 것이란 전망을 가능하게 한다.

해외거주 베트남 인의 부동산 수요도 무시하지 못한다. 그동안 베트남 정부는 비엣키우들의 베트남 부동산 수요를 막아왔지만, 최근 몇 년간 규제를 대폭 완화했다. 이에 따라 일정한 조건을 충족하면 해외거주 비엣키우들도 베트남에서 부동산을 개발해 판매할 수 있고, 주택도 소요할 수 있다.

한 통계자료에 따르면 해외에 거주하는 300만 명의 비엣키우 중 10만 명 정도가 베트남의 주택을 구입하길 원하는 것으로 나타났다. 특히 이들은 베트남 현지인에 비해 수입이 월등히 높아 고급 주택에 대한 수요로 이어질 수 있다.

베트남 부동산 투자 ABC

베트남 투자 방법

베트남에서는 외국인이 집을 사고팔 수 없기 때문에 현지 부동산 투자 방법도 매우 제한적일 수밖에 없다. 외국인 개인이 베트남에서 부동산거래로 수익을 얻을 수는 없다. 따라서 현재 베트남 부동산에 투자하기 위해 가장 많이 이용되는 방식은 현지에 시행사를 세워 직접 투자하는 것으로, 국내 건설사들이 이런 방식으로 투자하고 있다.

예를 들어 베트남 측 부동산개발사업 파트너는 토지를 제공하고, 한국 측 사업자는 자본을 투자해 시행사를 설립하는 방식이다. 베트남 파트너가 제공한 땅의 가치를 산정해 자금을 투입하고, 양측은 '51대 49', 또는 '60대 40' 등으로 지분을 나누어 갖게 된다.

개인 투자자들도 돈을 모아 베트남 현지의 파트너를 찾아 시행사를 설립

베트남 13	베트남에서 수출 활동 중인 기업	
업체	공사명	공사규모
대우건설 등 6개 사	하노이 신도시 개발	747
주택공사	호찌민 서민주택 건설	29
현대건설	하이퐁 화력발전소 건설	600
삼성엔지니어링	하이퐁 DAP 비료공장 건설	110
삼성엔지니어링	까마우 비료공장 건설	800
삼성엔지니어링	하띠엔 시멘트 공장 건설	16
도로공사	호찌민 고속도로 건설	491
대원	아파트 분양사업	20
태창전업	5개 백신 생산공장 건설	1

(단위 : 백만 달러 자료 : 건설교통부)

한 후 직접투자할 수 있다. 일단 시행사가 만들어지면 부동산 개발을 위한 시공사가 선정되는데, 국내 건설사의 경우 통상 자신들이 100% 시공 사업 자로 참여하는 경우가 많다.

현지에 법인을 세우지 않고 투자하는 방법으로는 공사를 완료했거나 현재 공사가 진행 중인 부동산 회사의 지분을 사들여 배당을 받는 방식이 있다. 한국증권이 2007년 3월에 선보인 '한국 월드와이드 베트남 부동산 특별자산 펀드'가 좋은 예이다. 이 상품은 부동산 실물에 직접 투자하는 기존의 '부동산 펀드'와 달리 부동산 개발을 시행하는 베트남 현지 합작회사(JVC : Joint Venture company) 권리에 출자 지분 방식으로 투자한다. 이처럼 국내 자산운용사들이 만든 베트남 부동산 펀드를 통해서도 많은 투자가 이루어질 것으로 보인다.

실제 국내 운용사들은 30인 미만의 투자자를 모아 투자하는 '사모펀드' 형식의 베트남 투자도 적극 모색하고 있다. 이는 펀드가 분양된 아파트나 상가, 오피스텔을 블록 세일로 사들여 운용함으로써 운용수익을 배당으로 투자자에게 돌려주고, 일정기간 후 부동산 매각을 통해 펀드를 청산하는 구조이다.

물론 부동산 펀드는 좀더 논의할 필요가 있다. 기본적으로 외국인이 주택을 살 수 없기 때문에 만약 투자 펀드가 분양권을 소유하지 못할 경우 투자자들의 재산권을 어떻게 보호하며, 부동산을 매각했을 때 발생하는 차익 등이 과실송금으로 적법한지 등을 충분히 따져볼 필요가 있다.

이런 점에 주의하자

한국 투자자 중에는 베트남 부동산에 편법으로 투자하는 사례가 적지 않다. 가장 많은 경우가 명의를 도용해 부동산을 취득하거나 매매하는 형태인데, 베트남에 오래 살았거나 현지에 아는 사람이 있을 경우 명의를 빌려 부동산을 거래하는 경우다. 외국인이 주택을 소유할 수 없는 베트남에서 현지인 명의로 부동산을 거래하는 것은 불법이며, 이를 악용해 현지인이 한국인의 재산을 가로채는 사례도 심심찮게 발생한다.

직접 부동산을 매매하는 경우도 있다. 이 경우엔 부동산의 권리를 넘겨받고 만일에 대비해 돈을 주고받은 것에 대한 '채권 계약서'를 작성, 공증까지 받는다. 이 역시 외국인의 주택소유 금지에 반하는 행위, 즉 불법인 만큼 현지인이 계약무효를 주장하면 어쩔 수 없이 당하게 된다.

임대 받은 주택을 재임대하는 경우도 흔하다. 외국인은 주거 목적으로 50년간 주택을 임차할 수 있는데, 외국인 중에는 주택을 임차해 이를 재임차하는 경우가 있다. 외국인은 주택을 소유할 수 없지만 임차기간이 50년이 되다 보니 마치 제 집을 임대하듯 재임대하는 경우가 많다. 이 역시 편법이다.

베트남에 오래 살았거나 베트남 부동산 매매 경험이 많은 사람들은 편법 매매를 하더라도 단속을 용케 피해가지만, 항상 운이 따르는 것은 아니다. 베트남에 초보자인 경우엔 이러한 편법 매매는 매우 위험하므로 가급적 피하는 것이 좋다.

흔히 베트남은 작은 중국(Little China)으로 불린다. 이머징 아시아에서 중국 다음으로 높은 연평균 8% 안팎의 고도성장을 이루고 있으니 어쩌면 당연하다. 특히 최근 10년간 중국이 그랬듯 베트남 경제도 최소 10년간은 엄청난 성장을 구가하며 투자자들에게 '대박'을 안겨줄 기회의 땅이란 인식이 크다.

그러나 '대박'을 내겠다는 의도로 베트남에 접근하면 실패할 확률이 매우 높다. 불과 4~5년 전만 해도 제도가 정비되지 않은 틈을 타 땅 부자, 집 부자들이 무더기로 쏟아졌는데, 돈을 번 사람들은 대부분 베트남 현지인이거나 비엣키우였다. 순수 외국인은 거의 없었다. 결코 만만한 나라가 아니라는 얘기다.

특히 근래 베트남 부동산 시장의 법과 제도가 빠르게 정비되고 있으므로 베트남 시장에 대한 충분한 이해를 바탕으로 법을 준수하고, 정상적인 사업으로 수익을 내겠다는 각오가 필요하다. 물론 부동산 가격이 너무 오른 우리나라에 비해 베트남에는 훨씬 많은 기회가 있는 것이 사실이다. 그러므로 충분한 준비와 적법한 사업을 통해 접근하면 우리나라보다 높은 수익률을 기대할 수 있다.

베트남은 한국의 1970~1980년대를 연상케 할 정도로 빠르게 성장 중이며, 이머징 아시아에서도 가장 역동적이기 때문에 실물경제가 살아 있는 한 부동산 시장은 장기적으로 성장할 수밖에 없다. 따라서 '대박'에 쫓겨 성급하게 달려들기보다는 장기적인 관점에서 차근차근 접근하는 자세가 요구된다.

파트너도 잘 선택해야 한다. 베트남에서 한국 식당을 운영하던 A씨는 베트남 동업자들이 돈을 떼어 먹어 빈털터리로 한국으로 돌아와야 했다. 애당초 외국인이 음식점을 소유할 수 없기 때문에 투자한 돈만 날린 셈이다. 이처럼 베트남에서 파트너를 잘못 만나면 '쪽박'을 찰 수도 있다.

베트남 부동산에 직접투자하기 위해 시행사를 설립할 때도 마찬가지다. 현지 물정을 모르는 외국인, 성급한 사람이라면 베트남 파트너의 농간에 말릴 가능성이 높다. 베트남에 처음 투자하는 경우라면 파트너 선정 시 너무 서두르지 말고, 법적 절차를 하나하나 체크하며 투자하는 것이 중요하다.

동양의 파리라고 불리는 호찌민(구 사이공)은 멋진 건물들이 즐비하다

베트남 부동산 투자, 어디가 좋을까

현재 베트남에선 고급 오피스텔과 고급 주택의 수요가 많다. 이러한 니즈 (Needs)에 맞춰 고급 주택에 대한 공급도 빠르게 증가하고 있다. 앞으로 장기적인 성장세를 지속할 것으로 보이며, 고급 오피스텔과 주택, 고급 상가 등의 수요도 꾸준할 것으로 전망된다.

기본적으로 높은 성장세를 유지하고 있는 베트남 경제가 WTO 가입을 계기로 장기 성장의 발판을 마련했기 때문에 베트남 부동산 시장은 경제성장과 보조를 맞춰 장기적인 성장세를 보일 것으로 예상된다.

여기에 부동산관련 각종 법규가 개선되고, 비엣키우들의 부동산 매입 허용에 따른 수요 증가, 아세안 주변 국가 중 상대적으로 낮은 도시화율 및 주택보급률, 젊은 인구 비중(베트남의 35세 인구비중은 70%로 세계에서 가장 높은 수준) 등을 감안할 때 베트남 부동산 시장의 장기적인 전망이 결코 어둡지 않다.

다만 대도시와 지방 간의 차별적인 성장이 이루어질 가능성이 높다. 지금은 수도인 북부의 하노이와 최대 상업도시인 남부의 호찌민을 중심으로 개발이 이루어지고 있는데, 향후 베트남의 부동산 시장은 이 두 도시를 중심으로 성장이 이어질 것으로 예상된다.

호찌민과 하노이의 중심부는 많은 개발이 이루어졌지만 외곽은 아직 개발이 덜된 상태라 개발수요는 여전히 남아 있다. 특히 WTO 가입으로 외자계 기업들의 진출이 늘면서 대도시의 외국인 주거 수요는 지속적으로 늘어날 전망이며, 경제성장과 맞물려 대도시 중산층의 확산으로 고급 주택에 대한 수요는 구조적으로 늘어날 것이다.

베트남 14   베트남 휴양도시

이에 비해 지방은 도로망과 통신망이 제대로 연결되지 않아 대도시 중심의 부동산 개발수요가 전국적으로 확산되려면 인프라가 갖춰진 후에나 가능할 것으로 보인다. 호찌민을 예로 들면 고급 오피스텔과 고급 주택의 수요가 도심 외곽과 동나이성, 빈즈응성 등으로 꾸준히 확산되고 있지만, 그 이외의 지역으로 뻗어나가려면 시간이 필요하다.

베트남 부동산 투자는 단기적으로

하노이와 호찌민, 중장기적으론 다낭이나 남부 휴양도시인 나짱 등 지방의 핵심 거점도시, 및 베트남 자산가와 외국인 관광과 관련해 임대 수요가 몰릴 수 있는 몇몇 유명 휴양도시를 중심으로 접근하는 것이 바람직해 보인다. 이 중 다낭은 하노이와 호찌민에 비해 상대적으로 가격이 싸 대단위 사업부지를 확보할 수 있어 관심을 모은다.

사실 하노이와 호찌민의 땅 값은 그동안 많이 상승했고, 이들 대도시에선 좋은 위치를 찾기 힘들기 때문에 잠재적인 성장성 측면에서 다낭 지역이 점차 주목을 받고 있다. 영국계 비나캐피탈 등 외국계 펀드나 외국계 자본들이 근래 다낭에 대한 투자를 늘리는 것도 이와 무관하지 않아 보인다.

다낭은 서울과 부산의 중간 정도인 대구에 해당하는 도시로, 바다를 끼고 있어 선박을 통한 물류 이동이 자유롭고, 캄보디아와 미얀마 고속도로가 연결될 예정이다. 후에(Hue), 호이안(Hoi An), 미손(My Son) 등 유네스코가 지정한 베트남의 세계문화유산 세 곳이 집중된 지역이기도 하다.

베트남 부동산 법규

베트남 부동산 시장의 약점은 낮은 '투명성'

사회주의 국가인 베트남에선 토지소유권이 국가에 있다. 개인은 토지 임차료를 국가에 내고 일정기간 토지사용권을 획득, 이를 상속하거나 양도·임대할 수 있다. 1993년 토지법이 개정되면서 토지사용권의 매매와 양도, 임대가 가능해 졌다.

이전에는 토지소유권과 토지사용권이 명확히 구분되지 않아 토지(사용권) 거래가 허용되지 않았다. 1993년 토지법이 제정되기 이전에는 정부가 기업이나 개인, 농부에게 필요에 따라 토지를 이용할 수 있는 권리를 나누어주었다.

그러나 암암리에 '토지의 사용권리'를 거래하는 사례가 적지 않았다. 이러한 전통은 지금까지 이어지고 있다. 상당수의 부동산거래가 정부 통계에

잡히지 않는다. 이에 따라 부동산거래를 둘러싼 세금 탈루나 사기계약이 횡행하고 있다.

부동산거래 중 국가가 파악하고 관리하는 경우는 30%에 불과하다. 이에 따라 부동산거래의 통계와 조사, 평가 등에 대한 보완이 시급하다는 지적이 베트남 내부에서 일고 있다.

1993년 토지법 개정 이후 개인은 토지사용권 증명서를 발급받는데, 현재까지 증명서를 갖고 있는 가구는 70%에 불과하다. 세부적으론 농업용 토지가 80% 안팎이고, 산업 및 서비스용 토지 60%선, 주택과 임야가 50% 내외에 그치고 있다.

이는 미국의 부동산컨설팅 업체인 '존스 랑 라살(Jones Lang La salle)' 사가 실시한 부동산 시장의 투명성 평가에서 잘 나타난다. 베트남은 '2006년 부동산 투명성 지수(RETI)' 조사대상 56개국 중 가장 낮은 56위를 차지했다. 이 랭킹은 투명도가 높은 순서에 따라 1급에서 5급으로 분류되는데, 베트남은 5급 국가 중 최하위에 랭크됐다. 그 이유로 토지의 사유 제한이나 토지법의 미정비, 정보 부족 등이 꼽혔다. 특히 부동산 등록체계가 미비된 데다 거래정보를 얻기 어렵다는 점이 문제점으로 지적되고 있다.

예컨대 재정부, 건설부, 자원환경부, 통상부 간 부동산 등록체계와 관련한 업무영역 구분이 명확하지 않다. 이같은 이유로 베트남 총리실의 지시로 자원환경부는 부동산 등록체계 개선 방안에 시급히 나섰다.

부동산 세금에 관한 법규도 미미하다. 세금도 비현실적이라는 지적을 받고 있다. 베트남에선 토지사용권 양도에 대한 세금이 양도차액의 28%에 달한다. 과거 토지사용권의 양도 금액이 적었을 땐 문제가 되지 않았지만 부동산 가격이 폭등한 지금 이같은 양도세금이 비현실적이란 비판을 받고 있다.

베트남 정부도 이러한 문제점을 잘 알고 있다. WTO 가입에 따른 '글로벌 스탠더드'의 강화와 외국인의 부동산 투자확대 등으로 부동산관련 법률 체제가 점차 개선될 것으로 전망된다.

그러나 아직은 베트남 부동산 시장의 투명성이 매우 낮다는 점을 고려해야 한다. 외국인의 입장이라면 베트남 현지 정보에 어두울 수밖에 없다. 따라서 현지 부동산 투자로 낭패를 보지 않기 위해선 따져볼 것은 따지고, 신중한 판단을 거쳐 결정을 해야 한다.

사회주의와 시장경제가 혼합된 부동산관련 법규

베트남은 사회주의 국가이지만 시장경제를 인정하고 있다. 베트남 헌법 제15조는 '국가는 사회주의를 지향하는 시장경제 정책을 실현한다'고 밝히고 있다. 구체적으론 국가가 사회주의를 지향하는 과정에서 시장형성과 발전, 완성을 촉진하는 일을 하도록 규정한다.

이를 근거로 베트남의 경제조직이나 개인은 법으로 금하는 분야 이외에 모든 생산과 경영활동을 할 수 있다. '마르크스—레닌주의'와 '호찌민 사상'을 신봉하는 사회주의 국가이지만, 국민들의 정신적, 물질적 욕구를 충족시키기 위한 수단 중 하나로 시장경제를 받아들이고 있다.

'사회주의 지향 시장경제'의 단편은 부동산관련 법규에서 확인할 수 있다. 사회주의 국가인 중국은 국가가 토지의 소유권을 갖고 있다. 베트남 헌법 제17조도 '토지와 산림, 수자원, 대륙붕자원은 국가의 재산'이라고 못 박고 있다.

반면, 베트남 주택법 제4조는 '합법적으로 주택을 건립한 자는 그 주택에 대한 소유권을 가진다'고 규정한다. 주택과 같은 건물의 개인 소유를 인정하면서도 토지의 소유권만큼은 국가에 귀속함으로써 사회주의 국가의 근간은 유지하고 있는 셈이다.

토지의 경우도 소유권이 국가에 있지만 베트남 국민들은 국가에게 일정한 임차료를 지불하고 토지를 빌려 사용할 수 있다. '국가는 조직과 개인에게 토지의 안정적 장기사용을 양도한다'고 헌법에 규정돼 있기 때문이다.

건물의 권리는 건물소유권과 건물임대권으로 나뉘는데, 베트남 국민들은 건물을 소유할 수 있을 뿐만 아니라 임대할 권리도 갖는다. 이에 따라 베트남의 부동산 권리는 토지 위에 건축된 건물을 따로 구분해 '토지소유권' '토지사용권' '건물소유권' '건물임대권' 등 크게 4가지로 구분할 수 있다.

우리나라의 경우에는 개인이 토지를 소유할 수 있기 때문에 '토지사용권'이 따로 규정돼 있지 않다. 또한 기간에 관계없이 토지를 보유할 수 있지만, 베트남에선 토지사용권을 25년, 50년, 70년 단위로 계약을 통해 갱신해야 한다.

베트남 15	토지사용료 & 토지임대료
토지사용료	토지사용기간에 해당하는 토지사용 비용. 납부시점의 매년 책정되는 지역별 공시지가에 의해 결정. 관련기관의 행정적 결정에 따라 일시 또는 분납으로 납부
토지임대료	토지 임대기간에 해당하는 토지사용 비용. 납부시점의 지역별 공시지가에 사용목적별, 위치별 임대료 요율(연 0.5~2%)로 결정. 계약에 따라 매년 납부하거나 일시불로 납부

그러나 베트남의 토지사용권은 특별한 하자가 없는 한 갱신이 가능하다. 사실상 권리행사 측면에선 우리나라의 소유권과 크게 다르지 않다. 물론 베트남 국민들은 사용료를 내야만 토지사용권을 획득할 수 있다. 하지만 관할 구청에 사전허가를 받으면 우리나라처럼 상속, 매매, 임대, 저당 등을 자유롭게 할 수 있다.

2006년 10월 중국에선 토지소유권을 둘러싸고 중대한 변화가 일어났다. 전국인민대표대회 상무위원회가 국가소유 주택용지의 사용기간을 자동 연장할 경우 토지사용료를 내지 않도록 '물권법초안'을 손질했다. 주택 소유자들이 토지의 소유권마저 인정받게 된다는 것을 의미한다. 베트남 역시 궁극적으로는 중국의 전철을 밟을 가능성도 배제할 수 없다.

베트남에선 주거용 건물에 대해 개인의 소유가 인정된다. 외국인의 경우 아직까지 자신의 명의로 건물을 소유할 수 없다. 예외적으로 외국인 투자자의 경우엔 주택이나 투자 사업에 소속된 사택, 임직원 숙소 등에 대해서만 사업기간 내에 소유권이 인정된다.

그러나 베트남이 글로벌 경제에 빠르게 편입되고 있어 언젠가는 외국인들에게도 건물이나 주택 소유권이 인정될 것이란 관측이 나온다. 베트남의 정부는 과거 '비엣키우'에 대해서도 주택 소유를 제한했지만, 2006년 개정된 주택법을 통해 비엣키우들의 부동산거래 제약을 대폭 완화했다.

베트남에선 토지소유권이 국가에 있기 때문에 부동산관련 분쟁 시 조정기관이 토지와 주택에 따라 다르다. 토지의 경우 지방의 국가행정기관인 인민위원회에서, 건물과 주택은 베트남의 사법기관인 인민재판소에서 중재한다.

베트남의 행정단위는 크게 성, 중앙직할시로 나뉜다. 성은 현, 성소속시

베트남 16	한국과 베트남 부동산 주요 차이점	
구분	한국	베트남
소유주체	개인	토지는 국가(전인민), 주택은 개인
소유형태	소유권	사용권(토지), 소유권(주택)
매매형태	소유권 전매	소유권전매(주택), 사용권전매(토지)
부동산 소유기간	기간에 제한 없음	토지사용권은 계약에 따라 25년, 50년, 70년(계약 연장 가능)
외국인 토지분쟁 시 중재기관	법원	인민재판소 : 토지 인민위원회 : 건물 · 주택

(성도), 일반 시로 나뉘며 중앙직할시는 군, 현, 동, 읍으로 구성된다. 이들 행정단위에는 '인민의회' 와 인민의회가 선출한 인민의회 집행기관이자 국가행정기관인 '인민위원회' 가 있다.

인민재판소는 베트남 사법기관으로 최고인민재판소, 지방인민재판소, 군 사재판소, 기타 법률이 정한 재판소 등으로 구성된다. 결국 베트남에서 부동산을 둘러싼 분쟁을 겪게 되면 토지는 국가행정기관에서, 건물과 주택은 사법기관에서 중재를 받게 되는 셈이다.

외국인은 베트남 주택을 소유하지 못한다

국민들의 주택소유권은 인정하지만 아직까지 외국인에게는 허락하지 않고 있다. 외국인은 임대주택 건설이나 투자 사업에 소속된 사택이나 임직원의 숙소 등에 대해서만 사업기간 내 소유권을 인정받는다.

우선 외국인이 임대주택 건설에 투자한 경우엔 국가로부터 주택에 대한 소유권 증명서를 발급받을 수 있다. 소유기간은 투자 증명서에서 규정된 기간이며, 이는 주택소유권 증명서에 기록된다. 임대 대상은 내국인뿐 아니라 현지 거주 외국인도 포함한다.

외국인이 판매 목적의 주택을 건설했을 때는 주택소유 증명서를 받지 못한다. 대신 주택 소유가 가능한 베트남의 국내 단체나 개인, 해외거주 베트남 인에게 주택을 판매할 '권한'을 갖는다. 물론 베트남 인들은 외국인이 지어 만든 주택을 구입할 경우 건 별로 '주택소유권'을 발급받을 수 있다.

투자 증명서 기간이 만료되면 임대용 주택은 성, 중앙 직속 시 인민위원회(이하 성급 인민위원회)에 인계된다. 판매용으로 지어졌지만 팔리지 않은 주택도 투자허가 기간이 종료되면 베트남 정부에 반환해야 한다. 성급 인민위원회는 이들 주택을 국가소유로 결정하고, 국가소유 주택관리 기업에 위탁 관리한다. 이처럼 주택 건설 투자자가 아닌 외국인은 베트남에서 주택 소유가 불가능하다.

베트남에선 주택을 등기할 경우 반드시 부부가 공동으로 등기해야 한다. 부인의 권리를 남편과 동등하게 한 조치이다. 따라서 베트남 인과 결혼한 외국인은 주택의 절반을 갖게 되는 셈이다

2006년 시행에 들어간 주택법은 해외거주 베트남 인, 즉 비엣키우에 대한 주택소유권의 인정 범위를 크게 넓혔다. 장기간 투자하기 위해 귀국했거나 국가에 기여한 공이 인정된 비엣키우들은 주택소유권을 가질 수 있다.

국가건설에 기여할 목적으로 상시 귀국을 원하는 문화활동가와 과학자, 안정적으로 살기 위해 귀국 허가를 얻은 비엣키우들은 주택소유권을 가질

수 있다.

이들 조항에 해당하지 않더라도 베트남에 귀국해 6개월 이상 임시거주 허가서를 받은 베트남 인도 1채의 개별주택 또는 한 세대의 공동주택을 소유할 수 있다. 3개월 이상 베트남에 입국허가를 받은 비엣키우는 주택을 임차할 수 있다. 이같은 임대요건은 외국인 모두에게 적용된다.

참고로 단체와 개인에 따라 주택소유권 증명서 발급기관이 다르다. 단체의 경우 성급 인민위원회가, 개인은 성소속시(성도), 현, 읍 등 현급 인민위원회가 각각 증명서를 발급한다. 단체와 개인이 공동 소유주일 경우 성급 인민위원회에서 취급한다.

부동산거래법과 주택법, 거래 투명화에 초점

베트남 정부는 부동산거래의 투명성을 높이기 위해 노력을 하고 있다. 2006년 6월 베트남 국회를 통과한 '부동산사업법'과 2005년 12월 공포돼 2006년 7월 시행에 들어간 제정 주택법 역시 이같은 노력의 일환으로 풀이된다.

2007년 부동산 사업법(2007년 1월 발효)은 해외거주 베트남 인, 즉 비엣키우와 외국인 법인과 베트남 개인들이 베트남 부동산 시장에 참여하는 것을 허용하고 있다. 외국인이나 비엣키우의 경우 여전히 내국인에 비해 차별을 받고 있지만 부동산거래 및 서비스 시장에 참여하는 길을 열어줬다는 평가다.

응우엔 득 끼엔(Nguyen Duc Kien) 베트남 국회 경제예산위원회장은 2006

년 6월 '부동산거래법'이 비준될 당시 의회 연설을 통해 "부동산거래법이 건강한 부동산거래와 투명성을 제고하고, 나아가 부동산 가격의 현실화에도 도움을 줄 것"이라고 밝혔다.

부동산거래법에서는 부동산 거래를 하려면 우선 법인이나 개인이 회사를 설립하도록 했다. 부동산사업 면허를 취득하기 위한 법정 자본금은 베트남 국민의 경우 미화 12만 5,000달러, 외국인은 62만 5,000달러를 충족하도록 했다.

신도시와 산업단지 개발의 경우 총 투자금액의 20%, 일반 거주단기 개발의 경우 총 투자금액의 15% 이상을 보유하도록 했다. 투기적인 부동산 프로젝트 개발을 억제하겠다는 정책적인 의지가 반영됐다.

또 사업(권) 양도(Sale of Project)를 가능하도록 했다. 신도시 개발사업과 주거단지 개발사업, 산업단지 내 기반시설 설치사업 등의 사업과정에서 투자자가 양도를 원하거나 도산한 경우 사업을 양도할 수 있도록 한다.

2006년 시행에 들어간 베트남 '주택법'은 선 분양 대금의 요건을 명문화했다. 근래 베트남 부동산 시장에선 선 분양 대금을 받아 다른 용도로 전용하는 사례가 빈발했다. 이에 따라 부동산 개발사업자가 개발계획 승인을 받고 기초공사를 완료했을 때만 주택을 구입하거나 임대하려는 매입자들에게 선 분양 대금을 받을 수 있다. 내국인과 외국인 사업자 모두에게 적용된다.

예컨대 부동산 사업자는 사업부지 내 철거를 완료하고, 인프라 시설공사 등 기초공사를 마무리 한 이후에 대금을 받을 수 있다. 선 분양 대금은 전체 분양대금의 70%까지며, 사업완료 이후 나머지 잔금을 받을 수 있다.

또 입주자의 권리 차원에서 개발사업자가 계약서에 명기된 기한 내에 건물을 넘기지 못할 경우 개발사업자는 공기가 늦춰지는 만큼 이자를 공탁해야 한다. 물론 매입자가 분양대금을 미불할 경우에는 이자를 문다.

하자 보증의 원칙적인 책임도 시공사에 있도록 했다. 판매를 위한 주택의 경우 시행사에 책임이 있고, 시행사는 시공사에 하자 보증의 이행을 요구할 권한이 있다. 건축규모별 하자 보증 기간은 9층 이상 빌딩은 최소 60개월, 4층 이상 8층 이하는 36개월 이상 보증해야 한다. 3층 미만 나머지 형태의 주택에 대해서는 24개월의 주택 하자를 보증해야 한다.

베트남의 택시들은 대부분 한국산 자동차들이다. 그 정도로 한국에 대한 이미지가 좋다는 게 큰 장점이다   © 김완준

베트남 벼락부자 속출, 고도성장의 부산물

1960~1970년대 개발연대를 거치면서 우리나라에 수많은 땅부자들이 탄생했다. 특히 수도권을 중심으로 인구가 집중되면서 서울은 물론이고 인근 지역 땅값까지 천정부지로 치솟았다. 서울 도심은 한강 이남까지 확대됐고, 서울 주변엔 신도시들이 우후죽순으로 생겨났다.

배추밭이 하루 아침에 금싸라기로 변해 돈벼락을 맞은 사람들도 부지기수다. 이런 현상이 베트남에도 나타나고 있다. 산업구조가 급속히 변화하면서 농어촌 인구들이 호찌민과 하노이로 몰리고 있다. 때문에 도심의 땅값이 치솟고 베트남판 땅부자들도 속출하고 있다.

하노이 시 교외에 있는 곧(Cot)마을의 경우 1990년 무렵엔 토지가 1㎡당 8만 동(약 4,700원)에 불과했다. 당시엔 시골마을에 지나지 않았지만 개발 열풍이 불면서 1994년에 1㎡당 300만 동(약 17만 8,000원)까지 치솟았고, 2005년에는 700만 동(약 41만 6,000원)에 거래가 이루어졌다.

하노이 인근 중화(Trung Hoa)지역에 사는 H씨는 벼락부자가 된 경우다. 2년 전 소유하던 토지 500㎡을 70억 동(약 4억 1,000만 원)에 팔아, 고 누에(Co Nhue) 지구에 100㎡의 토지를 사고 자택도 지었다. 새 주택에만 40억 동이 들었다. 에어컨과 위성방송용의 파라볼라안테나도 설치했다. 남은 30억 동으로는 동 안(Dong Anh)현 하이 버이(Hai Boi)지역에 토지를 구입했다. 이 땅값이 다시 뛰어 100억 동(약 6억 원)에 되팔아 재산을 더욱 불렸다.

갑작스런 돈벼락에 되레 불행해진 경우도 있다. 동 안(Dong Anh) 현의 B씨는 '땅부자'가 된 후 오히려 폭삭 망했다. 갑자기 불어난 재물을 감당할 능력이 없었기 때문이다. 땅값이 오르자 그는 토지를 12억 동(약 7만 1,000만 원)에 팔아 큰 저택을 마련했다. 자식들에겐 최신형의 오토바이를 사줬다. 온 가족이 돈 쓰는 재미에 빠졌다. 그러다 본인은 도박에 빠지고, 아내는 마약에 손을 대 집안은 '풍비박산' 났다.

드렌(Tu Lien)현의 Y씨도 하루 아침에 찾아온 부(富)를 지키지 못했다. 그는 토지를 팔아 20억 동(약 1억 2,000만 원)을 손에 넣었지만 2년만에 거덜냈다. 부부와 네 명의 아이는 갑작스런 횡재에 돈에 대한 감각을 잃었고, 쇼핑을 일삼았다. 재산은 얼마 안 돼 탕진됐고, Y씨는 다시 밭에 나가 일을 하고 있다. 베트남판 졸부의 불행한 말로인 셈이다.

달러를 움켜쥐고 '비엣키우'가 돌아오고 있다

2004년 12월 10일 저녁, 미국 유나이티드항공(UA)소속의 한 여객기가 베트남 호찌민의 탄손녓(Tan Son Nhat) 국제공항에 조용히 착륙했다. 1975년 베트남 전쟁 종전

이후 30년 만에 미국과 베트남의 직항로가 다시 열린 것이다. 1995년 미국과 베트남의 국교정상화 이후 근 10년 만이다.

이 여객기 안에는 베트남계 미국인들이 타고 있었다. 이들은 상기된 표정으로 비행기가 멈추기를 기다리고 있었다. 몇몇은 벌써부터 눈시울이 붉어졌다. 이들은 월남의 패망 무렵 내쫓기듯 조국을 떠났던 사람들이다.

"너무도 감동적입니다. 1975년 사이공(월남의 수도로 호찌민 시의 옛 지명)을 떠났습니다. 그동안 너무도 많은 사람들이 죽었습니다." 30년 만에 재개된 미·베트남 직항로를 이용한 한 베트남계 미국인은 벅찬 감격을 이렇게 말했다.

이들처럼 베트남 종전 무렵 조국을 빠져나가 해외에 거주하고 있는 베트남 인을 '비엣키우(Viet Kieu·해외동포)'라고 부른다. 비엣키우는 샌프란시스코와 LA를 중심으로 미 서부지역에만 30만 명이 거주하고 있다. 미국과 호주, 유럽 등 전 세계적으론 비엣키우가 300만 명에 달하고 있다. 현재 많은 비엣키우들이 전문직에 종사하고 있고, 상당한 부(富)도 축적했다. 이들은 해마다 베트남에 30억~40억 달러를 송금하고 있다. 비제도권으로 유입되는 자금을 고려하면 비엣키우들의 본국 송금액은 60억~70억 달러 안팎에 달할 것으로 추정된다.

베트남이 향후 높은 성장을 지속하기 위해선 해외자본 유입이 필수적이다. 이에 따라 베트남 정부는 비엣키우에 대한 처우를 하루가 다르게 개선하고 있다. 공항에는 비엣키우들의 전용 출입문까지 만들었다. 비엣키우들도 베트남에 대한 관심을 늘리고 있다. 해외거주 베트남 기업 호찌민 시 협회(The Ho Chi Minh City Association of Overseas Vietnamese Enterprises)가 좋은 예다. 협회에는 현재 150개의 비엣키우 기업들이 가입돼 있다. 이 단체는 베트남의 WTO 가입으로 비엣키우 기업들의 베트남에서의 사업 기회가 더욱 확대될 것으로 기대하고 있다. 협회는 이에 따라 두 가지 프로젝트도 구상하고 있다. 하나는 비엣키우 기업을 위한 은행을 설립하는 것이다. 다른 하나는 호찌민 시 구찌 구역에 하이테크 산업단지를 조성하는 방안이다.

미국에 거주하는 마이클 당(Michael Dang·42·가명) 씨 역시 조국인 베트남에 대한 생각이 남다르다. 그는 실리콘 밸리의 큰 소프트 회사에서 일하고 있는데, 베트남에서 장기적인 사업을 벌일 예정이다. 이미 호찌민 시 푸미흥지구의 고급 아파트에 입주할 준비를 끝냈다.

1975년 4월 30일은 월남의 수도인 사이공이 함락된 날이다. 월맹군의 탱크가 월남 대통령궁의 철문을 깔아뭉개고 들어온 날이다. 당시 '보트피플'로 조국을 등졌던 베트남 인들이 이제는 '비엣키우'로 다시 베트남으로 돌아오고 있다. 두 손 가득히 '달러'를 움켜쥐고 조국을 찾고 있다.

도송홍(비엣펀드 매니지먼트 CIO)

"베트남 성장에 저도 놀랐습니다"

"6년 전 미국 유학을 마치고 호찌민에 돌아와 받은 첫 월급이 150달러 정도였습니다. 그때는 그리 부족하지 않았는데 지금은 어림없습니다. 한달에 700~800달러는 족히 벌어야 살 수 있을 만큼 베트남이 변했어요."

베트남 최초의 자산운용사인 비엣펀드 매니지먼트(VietFund Management)의 도송홍(Do Song Hong · 32 · 여) 부총괄이사 겸 투자책임자(CIO)는 최근 몇 년간 베트남의 변화가 놀랄만큼 빠르다며 이렇게 말했다.

비엣펀드 매니지먼트는 2003년 5월 사콤뱅크(Sacombank · 사이공상업은행)와 영국의 드래곤캐피탈의 합작으로 설립됐다. 2004년 주식형펀드인 '비엣펀드1(VFMVF1)'을 공모해 열흘만에 2,000만 달러의 투자자금을 유치했고, 첫 주식펀드 'VF1'을 베트남 증시에 상장시킬 만큼 베트남에선 인정받는 자산운용사이다.

도송홍 이사는 1975년생으로 비교적 젊은 나이지만 미국 유학 후 사콤뱅크와 비엣펀드 매니지먼트에서 베트남 자본 시장을 두루 경험한 재원이다.

그는 "베트남의 국내총생산은 2005년 8.4% 성장한 데 이어 앞으로도 높은 성장세를 이어갈 것"이라며, "베트남은 아시아 이머징 국가 중에서 중국 다음으로 역동적인 성장세를 보이고 있다."고 강조했다.

특히 "베트남은 사회주의 국가이지만 경제면에서 중국처럼 자본주의로 나아가고 있다."며, "국영기업의 민영화와 외국자본의 유입으로 베트남 경제가 향후 더욱 발전할 것"이라고 힘주어 말했다.

또 "정치가 안정된 데다 치안상태가 좋고, 정부 차원에서도 외국인 투자를 적극 유치하기 위해 법과 규정을 완화하고 있어 베트남의 전반적인 투자 환경이 좋아지고 있다."고 설명했다.

국영기업 민영화 베트남 자본 시장 꽃피운다

도송홍 이사는 "베트남 자본 시장의 발전도 빠르게 진행되고 있다."고 소개하며 "그동안 국영기업들의 민영화가 소규모로 진행됐지만, 최근 큰 기업들의 민영화가 본격화하면서 내국인은 물론이고 외국인의 관심도 모아지고 있다."고 말했다.

2006년 초 호찌민 거래소에는 베트남 최대 유제품 회사인 비나밀크(Vinamilk)와 최대 민간은행인 사콤뱅크가 상장돼 많은 주목을 받았다. 상장 후 이들 업체의 주식을 보유한 주주는 각각 7,000~8,000명에 달했다.

한국 기준으론 큰 규모가 아니지만 2005년 베트남의 전체 주식투자자가 3만 명에 불과했다는 점에서 베트남에선 획기적인 일로 받아들여지고 있다. 이런 영향으로 2006년에는 베트남의 주식투자자가 8만 명으로 급증했다.

주식 시장의 투자 성과도 좋은 편이다. 비엣펀드 매니지먼트 1호 '비엣펀드1(VF1)'의 경우 2004년 5월 운용에 들어가 2006년 8월 현재 120%의 수익률을 기록했다. 이 펀드는 대부분의 자산을 베트남의 민영화기업과 상장 주식에 투자하고, 극히 일부만 국채에 투자했다.

도송홍 이사는 "2007년부터 적용된 신증권투자법은 외국인에게 좋은 소식이 될 것"이라고 말했다. 지금까지는 증권산업에 대해 49%까지만 외국인 투자자들이 지분을 가질 수 있었지만 이론적으로 100%까지도 가능해진다는 설명이다.

베트남 부동산, 고급 주택과 오피스텔이 주도한다

2004년 개정 토지법 이후 베트남 부동산 시장이 침체양상을 보였지만 고급 주택과 오피스텔을 중심으론 성장세를 지속할 것으로 도송홍 이사는 전망했다. 외국인 투자자의 입장에선 여전히 베트남 부동산 시장에 기대를 가질 수 있을 것이란 얘기다.

베트남 부동산 시장은 1997년 아시아 금융위기로 큰 폭으로 후퇴한 이후 빠른 성장세를 보였다. 하지만 투기적 수요로 거품이 형성되자 부동산 관련 법규가 강화됐고, 2004년 이후 몇 년간 이렇다 할 움직임을 보이지 않고 있다. 더욱이 근래 베트남에서 부동산거래 기준인 금값이 폭등하면서 거래가 더욱 뜸해졌다.

도송홍 이사는 "사실 투기하는 사람들 때문에 '규제'를 만들었지만 부동산 시장은 다시 성장할 것"이라고 전망했다. 기본적으로 베트남에선 주택은 물론이고, 도로, 교량 등 인프라 구축이 미흡해 대규모 자본투입이 불가피한 상황이라는 이유에서다.

특히 경제발전에 따른 기업들의 비니지스가 확대되면서 오피스 빌딩의 수요가 늘고 있다고 분석했다. 현재 시내 중심지역의 오피스 빌딩 임대료는 1평방 미터당 30달러에 달하지만, 급증하는 수요를 봤을 때 더 오를 수밖에 없을 것이란 설명이다.

경제발전으로 베트남 사람들의 소득수준이 향상됨에 따라 고급 주택에 대한 수요도 꾸준할 수밖에 없다. 호찌민 7군 지역(서울 인근 일산과 같은 지역)에 대만업체가 지은 '푸미홍'이란 대단위 주택단지가 성공한 것도 같은 맥락이다.

도송홍 이사는 "베트남 부동산 시장이 침체되고 거래가 뜸해진 것은 사실이지만 그렇다고 매매가가 떨어지지는 않고 있다."며 "앞으로 베트남 부동산 시장은 오피스 빌딩이나 '푸미홍'과 같은 고급 주택의 성장 잠재력이 매우 크다."고 덧붙였다.

인터뷰 **오재열**(한국증권 리서치센터 중화시장분석팀장)

"베트남은 선발주자의 기득권이 통하는 새벽시장"

"베트남의 세계무역기구(WTO) 가입을 계기로 외국인 투자가 더욱 확대될 것입니다. 베트남 경제는 높은 성장을 지속할 것이며 베트남의 자본 시장도 덩달아 발전하는 전기를 맞이할 것입니다."

오재열 한국증권 중화시장분석팀장(41)은 "중국은 2001년 말 WTO 가입 전후로 시장 개방을 가속화했고, 그에 따른 경제 규모를 확대하고 있다."며

"베트남도 중국의 전철을 밟아 경제성장과 자본 시장의 발전을 꾀하게 될 것"이라고 강조했다.

오재열 팀장은 1995년부터 해마다 베스트 애널리스트로 꼽힐 만큼 주식 시장에선 유명 '스트래티지스트'로 통했고, 지금은 이머징 아시아의 핵심이라고 할 수 있는 중국과 인도, 베트남 시장의 분석가로 변신, 해당 지역의 발 빠르고 깊이 있는 분석으로 '주가'를 올리고 있다.

베트남 자본 시장은 태동기, 잠재력 높다

오 팀장은 "베트남 자본 시장이 이제 막 태동기를 지나고 있으며, '블루오션'으로 빠르게 부상하고 있다."고 말했다. 브라질, 러시아, 인도, 중국을 일컫는 브릭스(BRICs)가 한창 공사를 진행 중인 시장이라면, 베트남은 기초공사가 다져지는 '새벽시장'이라는 것이 그의 지론이다.

실제 베트남 자본 시장의 역사는 짧다. 지난 2000년 호찌민 증권거래센터가 출범한 데 이어, 우리나라의 코스닥시장에 비견되는 하노이 증권거래센터가 불과 2005년 3월에 개장됐다. 두 시장에서 거래되고 있는 상장종목수도 61개 기업(호찌민 49개, 하노이 12개)에 그치고 있다.

베트남 자본 시장은 이제 시작에 불과하다. 지금까지는 작은 기업들이 상장됐지만 2006년 상장된 비나밀크(Vinamilk)나 사콤뱅크(Sacom bank : 사이공상업은행)처럼 큰 기업들의 상장이 이제야 본격적으로 이루어지고 있다는 것이다.

특히 통신, 은행, 보험, 시멘트 등 매력적인 국영기업들의 민영화와 상장이 속속 이루어질 예정이어서 외국인의 베트남 자본 시장 참여도 더욱 확대될 것이란 분석이다. 더욱이 WTO 가입은 베트남 경제 및 자본 시장의 성장뿐만 아니라 외국인 투자가들의 참여를 부추길 것으로 내다봤다.

중국의 경우엔 WTO 양허안에 따라 관세를 지속적으로 인하했고, 자본 시장에선 A시장을 개방하고 적격외국기관투자가(QFII) 제도를 도입했다. 또 외국계 생보사를 허용하고, 외국계 은행의 위안화 업무를 대폭 확대했다. 이후 외국계 보험사의 자격요건 완화와 QFII 배정한도 확대, 전략적투자자 주식매입 허용 등 금융시장 개혁 개방정책을 확대했다.

결국 베트남도 중국처럼 WTO 양허안을 충실히 수행할 것이고, 이는 베트남 금융시장의 개방과 외환시장 개혁, 무역 장벽 요인 해소, 외국인 투자 확대 등으로 이어져 베트남 경제는 물론이고 자본 시장의 구조적인 발전을 가져올 것이란 분석이다.

또한 베트남의 경제상황이 지난 1970~1980년대의 우리나라와 흡사하다고 진단했다. 예를 들어 베트남 최대 도시인 호찌민 인구가 현재 620만 명인데, 이는 1972년 서울 인구와 같다. 또 지난해 베트남 국내총생산(GDP)이 1970년 우리나라와 비슷하며, 무역규모도 1983년도 우리나라 수준과 엇비슷한 규모이다.

그러나 다른 점도 분명히 있다고 분석했다. 우리나라의 1970년대에는 '1970년대' 당시의 상황만 존재했지만, 베트남의 경우에는 인터넷을 통해 넘쳐나는 정보가 예전과 크게 달라 우리의 1970~1980년대는 물론이고, 1990년대와 2000년대의 시대상이 혼재돼 있다는 것이다.

우리나라는 1970년대에 주로 차관을 중심으로 외자를 받아들였지만, 베트남의 경우에는 외국인의 직접투자를 유인하면서 경제성장을 가속화하려는 차이가 있다고 설명한다. 이러한 여러 정황을 볼 때 베트남의 고도성장이 지속될 수밖에 없다는 것이 오 팀장의 생각이다.

베트남 투자는 펀드로 시작하자

그렇다면 베트남 자본 시장에는 어떻게 투자할까. 오 팀장은 일단 간접투자를 권했다. 베트남에 직접 증권계좌를 개설해 투자하는 경우도 있지만 전문가가 아닌 이상 개인의 직접투자는 쉽지 않을 것이란 설명이다. 현지 계좌개설도 번거로울 뿐만 아니라 베트남 기업에 대한 정보를 얻기도 만만찮을 것이란 지적이다.

개인이 베트남에 직접투자를 하기 위해선 베트남 증권사에 증권계좌를 터야 한다. 베트남을 직접 방문하지 않고 대행을 통해 국내에서 증권계좌를 개설할 수도 있지만, 궁극적으로 돈을 찾기 위해선 반드시 베트남을 방문해야 하는 번거로움이 남아있다.

주문을 할 때도 전화나 전자메일로 해야 하는데, 베트남 어나 영어에 익숙하지 않으면 어렵다. 극히 일부 증권사를 통해 온라인 매매도 가능하지만 우리나라와 상이한 거래 시스템 등을 고려할 때 결코 만만치 않다.

오 팀장은 "한국운용이 향후 적절한 시점에 베트남 투자펀드를 추가로 설정할 것으로 보인다."고 밝히고, 펀드 운용사들이 자금을 모아 펀드로 투자하는 '간접투자' 방식으로 베트남에 접근할 것을 조언했다.

한국운용은 이에 앞서 2006년 3월 240억 원 규모의 베트남 투자 사모펀드를 설정했으며, 6월에는 740억 원 규모의 '한국월드와이드베트남' 공모펀드를 설정해 베트남 투자에 나서고 있다. 이 펀드는 베트남 국영기업들의 민영화 과정에서 지분을 확보, 이들의 주식 시장 상장 시 수익을 실현하는 구조를 갖고 있다.

오 팀장은 "베트남 시장은 1970년대 우리나라와 유사하다는 평가를 받을 정도로 성장 잠재력이 높다."며 "선발주자의 기득권(First Mover Advantage) 관점에서 접근이 가능한 블루오션 시장이다."라고 거듭 강조했다.

호찌민 국제공항 내의 대원 칸타빌 광고. (주)대원이 건설한 '대원 칸타빌 안푸 1차 아파트'는 베트남에서 외국 업체가 시공한 최초의 분양용 아파트였다. 하노이 시 타이호타이 지역에서는 대원, 대우건설, 코오롱건설, 경남기업, 동일 등이 컨소시엄을 구성하여 63만 평 규모의 신도시를 조성 중이다

해외 여행을 하려면 여권과 비자가 필요한 것처럼 해외 투자를 하려면 현지 금융계좌를 개설해야 한다. 우리나라에서 현지로 투자자금을 송금하고, 다시 투자이익을 회수하려면 해당 국가의 통화로 거래되는 예금계좌가 있어야 하기 때문이다.

해마다 한두 차례 이상 해외 여행을 하지만 해외에 자기 명의의 예금계좌를 만드는 사람은 거의 없다. 여행이 주목적이기 때문이다. 그러나 해외 투자는 달라야 한다. 그럼에도 해외 투자에 관심이 있는 사람들 대부분이 중국이나 인도, 베트남에 본인 명의의 예금통장을 만들 수 있는지조차 모르는 경우가 많다.

해외 투자의 성공과 실패를 가르는 기준은 '누가 먼저 시작하느냐'이다. 낯선 나라에 자기 돈을 투자할 때는 대단한 용기가 필요하다. 때문에 일단 저지르지 않는 이상 선뜻 용기가 나지 않는 것이 해외 투자이다. 많은 사람들이 '설마' 하며 망설이는 때가 바로 투자할 순간이다. 이때 나서야 큰돈을 벌 수 있다. 대박을 좇아 너도나도 나설 때쯤이면 이미 늦었다. 인도에서는 아직까지 계좌를 개설하기 어렵지만 중국과 베트남에서는 여권만 있으면 개설이 가능하다.

이번 장에서는 중국, 인도, 베트남에서 예금계좌를 만드는 방법에 대해 알아보기로 한다. 각국의 통화 단위에서부터 계좌 개설 가능 여부, 개설 절차와 방법, 현지로 송금하는 방법 등을 상세히 소개한다.

10. 해외 여행과 해외 투자를 위한
예금계좌 만들기

해외 투자의 동반자 '외국환 거래규정'

　해외 여행처럼 해외 투자도 무턱대고 나섰다가는 큰 코를 다칠 수 있다. 해외 여행에 앞서 여행 국가의 비자를 만들고 그 나라의 날씨와 음식, 문화 등을 챙기는 것처럼 해외 투자를 하기 전에는 해외로 돈을 가지고 나가는 방법을 알아야 한다. 우리나라에서는 '외국환 거래 규정'에 따라 원화를 외화로 바꿔 나가는 것을 규제하고 있다.

　해외 투자는 크게 증권 투자와 부동산 투자로 나눌 수 있다. 증권 투자는 해외 주식과 채권을 직접 사거나 펀드를 통해 간접적으로 투자하는 방식이 있다. 부동산은 거주자('거주자'라는 말은 국적(國籍)에 따른 구별이 아닌 경제적 활동을 근거로 한다. 그래서 외국에 있는 국내 기업체의 법인이나 개인 또는 2년 이상 체재할 목적으로 외국에 나가 있는 우리나라 사람은 거주자가 아니라 비거주자이다. 물론 한국에 주소를 가진 한국민은 개인과 법인(法人) 모두 거주자이다. 외국인은 원칙적으로 비거주자이나, 한국에 있는 사업체에 근무하는 자 또는 입국 후 6개월 이상 거주하는 자는 거주자이다)가 해외에 있는 부동산(주택, 토지, 건물 등) 또는 이에 대한 권리(소유권, 물권, 임차권 등)를 취득하는 것을 의미한다.

우리나라의 해외 투자 제도는 1989년을 기점으로 대폭 자유화됐다. 1989년 9월 해외 사업과 관련된 부동산 투자가 허용된 데 이어, 2006년에는 주거 목적의 해외 부동산 투자가 전면 자유화됐고, 투자 목적의 해외 부동산 투자도 일부 허용됐다.

또 1,000만 달러(약 100억 원)로 정해져 있던 개인이나 개인 사업자의 해외 직접투자 한도도 폐지해 금액 제한 없이 자유롭게 해외 기업이나 음식점, 세탁소, 호텔 등을 인수할 수 있게 됐다. 해외 증권 투자도 마음대로 할 수 있다. 지금까지 개인은 해외 상장증권, 외국정부 국공채, 해외펀드 등에만 투자할 수 있었지만 2006년 3월 2일부터는 소수 투자자들로부터 돈을 모아 투자하는 사모증권이나 비상장증권, 위험도가 높은 투자부적격 등급의 채권에도 투자할 수 있다.

해외 투자에 대한 규제가 많이 풀렸지만 아직 100% 없어진 것은 아니다. 투자 목적의 해외 부동산 투자에 제한이 있는 것처럼 개인이 국내 증권사를 통하지 않고 직접 해외 유가증권에 투자하려면 한국은행 총재에게 신고하는 절차를 밟아야 한다. 원칙적으로 해외 상장 유가증권에 대한 투자는 투자자 보호 차원에서 국내 증권사를 거치도록 하고, 해외 비상장 유가증권은 한국은행 신고절차를 통해 투자할 수 있다. 만약 국내 증권사에서 중개하지 않는 해외 상장 유가증권이라면 한국은행을 거쳐야 한다. 외국에 있는 증권사에 직접 증권계좌를 개설해 현지로 투자자금을 보내려면 한국은행 신고 절차를 거쳐 신고필증을 발부받아야 외국환취급은행에서 송금이 가능하다.

국내 증권사(국내에 진출한 외국계 증권사 지점 포함)를 통해 해외 유가증권에 투자할 경우에는 한국은행 신고절차를 밟지 않아도 된다. 증권사가 사후에 한국은행에 보고하는 것으로 갈음하기 때문이다.

개인인 국내 거주자가 건당 5만 달러를 초과해 해외에 있는 금융기관에 예치하고자 할 경우에도 한국은행 총재에게 사전에 신고해야 한다.

만약 한국은행에 해외예금계좌로의 송금이나 해외 증권투자로 자금 송금 목적을 신고해 놓고 고급 자동차나 호화 주택을 구입하는 등 신고 내용과 다를 경우 국세청 세무조사를 비롯해 검찰에 고발돼 형사처벌을 받을 수 있다. 한국은행의 외환전산망은 1,000달러(약 100만 원) 초과의 해외 송금을 모두 걸러낼 수 있어 불법 자금 유출을 철저하게 감시하고 있다.

증여 목적으로 1인당 연간 해외 송금액이 5만 달러(약 5,000만 원)를 넘는 경우 외국환은행에 증여성 지급신고를 해야 한다. 증여성 송금이 연간 1만 달러를 초과하면 국세청에 자동으로 통보된다. 30만 달러(약 3억 원)가 넘는 해외 부동산을 구입한 경우에는 국세청에 해당 사실이 통보된다.

일부 개인 투자자들은 신고절차를 피하기 위해 자금 송금에 제한이 없는 유학경비나 증여성 송금 명목, 또는 1,000달러를 여러 번 나눠 송금하는 경우가 있다. 혹은 다른 사람의 명의로 분산 송금하는 경우도 있는데, 실제로 2006년에 이런 식으로 해외 주식에 투자했다가 금융감독원에 적발된 경우가 있다. 한국은행 신고절차가 번거롭기는 하지만 나중에 투자 대상 국가에서 자금을 회수할 때 자금 성격을 밝히지 못하면 증여로 간주되어 과중한 세금이 부과되고, 심지어 투자자금을 아예 회수하지 못할 수 있다는 사실을 유념하자.

구분	현행	개선안	시행시기
실수요 목적 해외 부동산 취득	2년 이상 체재할 목적으로 100만 달러(10억 원) 이하짜리만 취득 가능	취득 한도 폐지	2006년 3월 2일부터
귀국 후 해외 부동산 처분	귀국일로부터 3년 이내 처분	2년 이상 체류한 경우 해외 부동산 처분 의무 없음	2006년 3월 2일부터
해외 부동산 취득 시 국세청에 통보되는 기준 금액	20만 달러	30만 달러	2006년 3월 2일부터
투자목적 해외 부동산 취득	불가	2007년부터 단계적 허용 검토	2006년 5월 22일 100만 달러 이내 투자목적 취득 허용
해외 직접투자	법인에 대해서는 한도 없으나, 개인은 1,000만 달러 한도	개인 투자한도 폐지	2006년 3월 2일부터
국내펀드 해외펀드 투자한도	자산 총액의 5% 이내	자산 총액 20% 이내	2006년 상반기
재간접투자기구의 해외펀드 투자 한도	자산 총액의 50% 이내	자산 총액의 100% 이내	2006년 상반기
대외채권 회수	10만 달러 초과 대외 채권은 만기일로부터 1년 6개월 안에 회수	회수 의무 면제금액을 건당 50만 달러로 확대	2006년 3월 2일부터
외환거래 국세청 통보 대상	해외 콘도 등 시설물 이용권 취득 시 5만 달러 초과 시	10만 달러 초과로 상향조정	2006년 3월 2일부터
해외예금 국세청 통보 대상	연간 1만 달러 초과	연간 5만 달러 초과	2006년 3월 2일부터
비거주자 원화증권 발행	외국인·외국기업이 국내에서 원화증권 발행 제한	외국기업의 국내 증시 1차 상장 허용, 상장 기준 완화 등 개선 계획	2006년 상반기
외국환 은행의 외국환 포지션 제한	통화별 매각(매입) 초과액이 전월 말 자기자본의 20%를 넘어서는 안 됨	초과액을 30%로 상향 조정	2006년 3월 2일부터
일반투자자의 투자대상 외화증권 범위	외국 증권시장 상장 증권, 외국 정부 등 국·공채	제한 폐지	2006년 3월 2일부터

한국은행 홈페이지(www.bok.or.kr)의 '외환거래 심사업무 안내'에서 '증권취득'을 검색하면 해외 유가증권 투자에 관한 신고절차와 필요한 서류를

알 수 있다.

해외 유가증권 10% 미만 취득 시 한국은행 제출서류는 ▶증권취득신고서 ▶증권취득 사유서 ▶증권취득 계약서 ▶신고인 및 거래관계인의 실체확인 서류 ▶보유증권을 대가로 취득하는 경우에는 교환대상 증권의 가격 적정성 입증 서류 ▶기타 신고기관의 장이 필요하다고 인정하는 서류 등이다. 남대문 한국은행 본점이나 지점을 방문하면 자세한 상담을 받을 수 있다.

중국 계좌 개설하기

　30만~40만 원만 있으면 상하이행(行) 왕복 항공권 구입이 가능하다. 여권만 있으면 중국 현지 은행에서 외화예금계좌를 개설할 수 있다. 예금할 돈과 본인 여권을 가지고 현지 은행에서 '은행계좌 개설 신청서(銀行開戶申請書)'를 작성하면 본인 명의의 예금계좌를 만들 수 있다. 은행에 따라 계좌개설비를 받는 곳도 있다. 중국은행과 공상은행은 계좌개설비가 무료다. 통장을 개설하면서 5위안을 지불하면 현금카드를 만들 수 있는데, 이 카드로 현금자동인출기(ATM)에서 자유롭게 출금을 할 수 있다.

　중국은 대부분 국영은행이기 때문에 예금원금을 잃지 않을까 걱정하지 않아도 된다. 중국은행(中國銀行), 공상은행(工商銀行), 건설은행(建設銀行), 농업은행(農業銀行)은 4대 국영은행으로 아무 걱정 없이 계좌를 개설할 수 있다. 5대 국영은행에는 교통은행(交通銀行)이 포함된다.

　중국의 중앙은행은 인민은행(人民銀行)이다. 5대 국영은행 외에 초상은행

(招商銀行), 민생은행(民生銀行), 중신은행(中信銀行), 중국광대은행(中國光大銀行) 등을 이용할 수도 있다.

외화예금계좌를 개설할 때 인터넷뱅킹을 신청하면 국내에서도 인터넷으로 은행 업무를 볼 수 있다. 중국 은행 대부분은 영문 홈페이지를 제공하고 있어 중국어를 몰라도 은행 업무를 할 수 있다. 다만, 영문판 내용의 업데이트가 늦어 정보가 정확한지 확인해야 한다.

중국 은행에서는 입·출금을 할 때 용지에 금액을 적어 내지 않고 창구에서 바로 입·출금할 금액을 말하면 된다. 중국말을 모르는 경우에는 어쩔 수 없이 용지에 기입할 수밖에 없다. 이때 필요한 것이 중국식 숫자 표기다. 중국 은행을 이용할 때 알아둬야 할 숫자 한자를 정리해 보자.

중국 19 　　　　　　　　　　중국식 숫자 표기

이외에 '儲蓄(저축)', 저금이나 예금을 뜻하는 '存款(존관)', 저축의 종류를 뜻하는 '儲種(저종)', 돈 인출을 의미하는 '取款(취관)' 등의 단어로 금융기관을 이용하면 된다.

위안화 자산이란?

신문이나 재테크 관련 서적들을 보면 '위안화 절상을 노려라' '위안화 자산을 사라' 같은 말을 쉽게 볼 수 있다. '위안화'란 중국의 법정 통화 단위인 위안(Yuan · 元)을 뜻하는 것으로, 인민폐(人民幣) 또는 런민삐(RMB)라고도 불린다.

위안화를 사라는 것은 중국 경제의 성장으로 위안화 가치가 올랐으니 위안화로 표시되는 중국의 예금이나 주식, 채권, 부동산에 투자하라는 말이다.

위안화의 유통 단위는 100위안, 50위안, 10위안, 5위안, 1위안, 5지아오(角), 2지아오, 1지아오, 4펀(分), 2펀, 1펀 등이다.

2005년 7월 21일 중국은 위안화 환율 움직임을 일정 범위로 제한하는 고정환율제(정부가 환율의 변동폭을 일정 범위로 묶어두는 제도를 말한다. 페그(peg)제라고도 부른다. 고정환율제 하에서는 환율 움직임이 제한되기 때문에 환율 변동의 위험이 없다. 대외 거래가 잦은 국가들은 대부분 변동환율제도를 채택하고 있다. 이 경우 그 나라 통화의 가치는 경제여건에 따라 자유롭게 변동한다. 우리나라는 변동환율제도를 채택하고 있다.)를 포기하면서 '1달러=8.2위안'이었던 위안화 가치가 상승세를 타 '1달러=7위안' 수준까지 올랐다. 원화 가치로 환산하면 '1위안=120원' 수준이다.

위안화 가치가 절상될 때 위안화 자산을 사두었다가 나중에 외화로 환전하면 자산가치가 늘어나는 효과가 있다.

1만 달러를 위안화로 환전해 7만 9,000위안을 중국의 시중은행에 예금했다고 가정해 보자. 1달러=7.9위안인 위안화 가치가 1달러=7.0위안으로 변동될 경우, 1만 달러 가치의 변동을 살펴보면 위안화 절상에 따른 자산증식 효과를 분명하게 알 수 있다.

1달러를 사기 위해 과거에는 7.9위안이 필요했지만 이제는 7.0위안만 있으면 된다. 과거 '7만 9,000위안=1만 달러'가 환율 변동으로 '7만 9,000위안=1만 1,286달러'로 바뀐 셈이다.

이같은 위안화 자산 증식 효과 때문에 많은 해외 투자자들은 위안화로 가치가 표시되는 '위안화 자산'에 투자하고 있다. 현재 외국인이 구입 가능한 위안화 자산은 위안화 예금(정기·보통), 주식(B주식), 부동산(아파트·업무용 빌딩·상가) 등이다.

외국인이 위안화 자산에 투자하려면 먼저 위안화 계좌를 개설해야 한다. 현재 국내에서는 위안화 예금계좌를 개설할 수 없고, 중국 현지에 가야만 가능하다.

위안화 자금 합법적으로 반출하는 방법

외국인이 중국에 가지고 갈 수 있는 외화와 반출가능 한도는 미국 달러화 기준으로 5,000달러로 제한되어 있다. 세관에 신고하지 않고 그 이상을 가져가면 나중에 외화로 다시 반출하는 것이 불가능할 수 있다.

5,000달러 이상 1만 달러 이하의 외화를 합법적으로 반출하려면 은행에서 휴대외화출국허가증(携帶外貨出國許可證)을 발급받아 출국 시에 제시해야 한다. 1만 달러를 초과할 경우 국가외환관리국에서 별도의 허가를 받아야

한다.

중국 정부는 2006년 9월 단기 투기 자본의 과도한 유입을 막기 위해 외국인의 부동산 구입 자금을 부동산 개발업체의 위안화 계좌로 입금하도록

중국 20	위안화 자산 비교 대조표			
구분	예금	국채	부동산	주식
상품내용	보통예금	3년 물	주택(아파트)	A주 (B주와 H주는 위안화 자산이 아님)
상품내용	정기예금	5년 물 (1,000위안부터 1,000위안 단위로 구입 가능. 매월 신규 발행 국채는 은행에서도 구입 가능. 개인은 신물량만 구입 가능하며, 이미 발행되어 유통되는 국채는 구입이 불가능)	오피스 상가 호텔	A주 (B주와 H주는 위안화 자산이 아님)
세후 이율 (2006년 9월 기준)	보통예금 0.72%	3년 물 2.32%	주택 : 5~12%(임대)	–
세후 이율 (2006년 9월 기준)	정기예금 1.80~4.14%	5년 물 2.63%(중도 매각도 가능. 단, 6개월 이자가 붙지 않는다. 0.1% 수수료가 부과됨)	오피스 : 15~30%(임대) 상가 : 15~36%(임대) 호텔 : 9~15%(임대)	–
리스크	은행 신용리스크	중국 정부 리스크	미들 리스크 · 미들리턴	하이리스크 · 하이리턴
레버리지 효과	없음	없음	있음(위안화 · 외화 모두 레버리지 효과)	신용거래 제도 제한
외국인 구입가능 여부	가능(여권 지참)	원칙적으로 QFII*에 한해 구입 가능 (중국 현지 은행에서는 가끔 외국인에게 국채를 판매하는 경우가 있음)	가능	A주는 QFII*에 한해 허용. B주, H주는 가능
외화로의 재환전 여부	환전 후 6개월이 지나면 외화로 재 환전 불가능 1회 반입외화 금액이 5,000달러를 초과할 경우에는 세관신고 필요	–	부동산 관련 세금 납부사실 증명하면 외환관리국의 인가 후 가능	–

＊QFII(Qualified Foreign Institutional Investor) : 적격외국기관 투자가 제도. 중국 '주식편' 참조

했다. 또한 부동산을 매각한 자금을 해외로 송금하기 위해서는 외환관리국의 심의 확인과 함께 세금납부 증명서를 제출해야 한다.

중국에서는 외화를 위안화로 교환하는 것도 간단치 않다. 은행을 통해서만 환전이 가능하고, 환전 후 6개월이 지나면 외화로 다시 교환하는 것이 사실상 불가능하다. 위안화 예금에 가입한 후 6개월이 지나면 외화로 재환전하는 것이 어렵다. 6개월 내에 위안화 예금계좌에서 인출해 외화로 바꿀 생각이라면 애시당초 위안화에 투자할 마음을 먹지 않는 것이 좋다.

사실 중국 투자에서 가장 걱정되는 것이 가지고 들어간 외화를 위안화에 투자했다가 다시 외화로 바꿔 나갈 수 있느냐이다. 몇 년 후면 분명 자금 회수가 자유로워지겠지만 현 시점에서는 위안화를 외화로 바꾸는 것이 불가능하다.

중국의 핫머니 단속

중국은 위안화 절상을 노린 핫머니(단기 투기자본) 유입을 막기 위해 외화의 유입을 제한하고 있다. 특히, 외화를 위안화로 환전하거나 해외로 송금하는 절차를 까다롭게 해 외화나 위안화를 반입할 경우 세관에서 반입신고서를 작성하지 않으면 나중에 반출을 못 할 수 있으므로 주의가 필요하다.

국가외환관리국이 지난 2004년 발표한 '비거주 개인 외환관리 규범화 관련 문제에 관한 통지'에 따르면, 외국인이 중국으로 반입하는 외화 현금으로 외화계좌를 개설할 경우 실명을 사용해야 한다. 외화현금 계좌 개설 시 1인 하루 예금액이 5,000달러 이하인 경우에는 신분증을 제시해야 하고, 그 이상일 경우에는 신분증과 외화현금 반입신고서 또는 다른 은행의 외화현금 인출 증빙서류를 제출해야 한다.

중국 내 외화계좌에서 현금을 인출할 경우 신분증을 제시하고, 1인 하루 인출액이 1만 달러를 초과할 경우에는 '외국인 개인 외화수지 상황표(非居民個人外滙收支情況表)'를 기입해서 제출해야 한다. 또 외화계좌의 외화를 인민폐로 환전할 때 1인당 매회 환전액이 1만 달러보다 적을 경우 은행에서 처리할 수 있다. 그러나 1인당 매월 누계 환전액이 5만 달러를 넘을 경우에는 소재지 외환국의 허가를 받아 은행이 처리하도록 했다.

이 외에 외화현금을 위안화로 환전할 때 1인당 매회 5,000달러 이하일 경우에는 신분증만 제출하면 되지만, 5,000달러가 넘을 때는 신분증과 함께 휴대 외화현금 반입신고서 또는 다른 은행의 외화 현금인출 증빙 서류를 제출하도록 엄격히 규제하고 있다.

중국에서 자금을 이체할 때는 '외국인 개인 외화수지 상황표'를 작성해 외화자금의 이체 용도를 밝혀야 한다. 은행은 외화계좌 간 이체와 현금계좌 간 자금이체만 허용하고 있다. 외국인계좌 예금 외화를 해외로 반출할 때는 '외국인 개인 외화수지 상황표'를 은행에 제출해야 한다. 반출 금액이 5,000달러 이상일 경우, 신분증과 본인 휴대 외화현금 신고서를 제시해야 한다.

이같은 외국인 자금의 유·출입에 대한 제한에도 불구하고 2006년부터 중국이 금융시장을 전면 개방함에 따라 외환 규제가 서서히 풀릴 것으로 예상된다. 1년 내에 자금을 회수할 목적이 아니라면 느긋하게 기다리면 외환 규제가 대부분 풀릴 것이다.

중국 환율제도 변천사

- ● 1994년   고정환율제 채택. 달러당 8.27~8.28위안에서 고정(페그제)
- ● 1996. 12   대외거래용 위안화 환전 허용
- ● 2000. 4   위안화 환율 변동폭* 달러당 8.2760~8.2800위안으로 확대
- ● 2001. 12   세계무역기구(WTO) 가입. 5년 내 자본 시장 전면개방 약속
- ● 2003. 12   외국인 위안화 유가증권 투자 허용
- ● 2004. 12   원자바오 총리, 점진적 변동 환율제 도입 방침 발표
- ● 2005. 7   고정환율제 폐지. 위안화 2.1% 절상 발표. 일일 변동폭 ±0.3% 제한
- ● 2005. 11   '1달러=8위안' 붕괴
- ● 2006. 4   '외환관리 신정책' 발표. 금융기관 해외 증권투자 허용
- ● 2006. 9   개인·기관 투자가 해외 주식투자 허용

＊환율 변동폭이란 하루 동안 환율이 기준 환율을 기준으로 움직일 수 있는 범위를 말한다

인도 계좌 개설하기

인도는 중국과 달리 외국인의 루피(Rupee)화 예금계좌 개설을 제한하고 있다. 인도에서 루피화 계좌를 개설하려면 중앙은행인 RBI(RBI · Reserve Bank of India)의 승인이 필요한데, 외국인은 원칙적으로 불가능하다. 만약 외국인이 임대차계약서 등 현지 거주 사실을 증명할 수 있는 서류를 제출하면 가능하다.

단기 루피화 계좌만 개설 가능

RBI는 거주 사실이 불분명한 외국인에 대해 루피화 계좌 개설을 허용하지 않는다. 6개월 단기 비거주자용 루피화 계좌(NRO · Non-Resident (Ordinary) Rupee)의 개설은 가능하지만 현실적으로는 거의 불가능하다고 보는 것이 낫다.

만약 인도 현지에서 급하게 돈을 인출해야 한다면 한국계 은행으로는 유일하게 인도에 진출한 신한은행 뭄바이·뉴델리 지점으로 여권번호와 성명을 기재한 후 보내면 현지에서 루피화로 인출이 가능하다.

현재 인도에는 스테이트 뱅크 오브 인디아(SBI·State Bank of India) ICICI 등 100개가 넘는 은행들이 영업을 하고 있으며, 씨티은행 ABN암로 스탠다드차타드(SC) 등 29개 외국계 금융기관이 지점 형태로 진출해 있다. 외국계 금융기관은 외화 대출이 불가능하고 루피화만 가능하다. 이들은 주로 자동차 및 주택 담보 대출 영업을 하고 있다.

인도 은행연합회(IBA)에 따르면 루피화 예금금리는 2006년 8월 기준으로 1년 미만의 단기 금리는 61~90일짜리가 연 3.5~7.5%, 180일~1년이 연 5.25~8.75% 수준이다. 1년 이상 장기 금리는 1~2년 연 5.75~9.50%, 2~3년 연 5.75~8.15%, 3~5년 연 6.0~8.00% 수준이다.

인도의 외환거래 자유화 일정표

인도는 1991년 전까지는 고정환율 제도를 채택했다가 1991년부터 시장 변동 환율체제를 선택했다.

1991년부터 대외 투자·대내 투자 문호를 개방하기 시작해 자본계정(투자 목적의 자본 입출금) 거래도 중앙은행의 통제 하에 허용하기 시작했다. 1990년대 중반에는 완전 태환을 검토하기도 했다. 그러나 1997년 아시아 외환위기로 외환거래 자유화 정책은 전면 백지화됐다.

　인도 중앙은행인 RBI는 1997년 6월 당시 '3년 내 완전 태환 계획'을 수립했었다. 당시 보고서는 자본거래 자유화의 조건으로 ▶인플레이션 목표치 설정 ▶정부의 재정수지 적자 감소 ▶금융부문의 강화 ▶국제수지 및 외환보유액 등을 지목했다.

　2004년 총리 취임식에서 "21세기는 인도의 세기가 될 것"이라고 말한 만모한 싱 인도 총리는 2005년 3월 "루피화의 완전 태환을 추진하겠다."고 해 외환거래 자유화에 대한 기대감을 높이고 있다.

　현재 상품과 서비스 교역 부문에서의 자금 입출금은 자유롭지만 투자 목적의 루피화 환전은 연간 5억 달러로 제한하고 있다. 즉, 개인이나 법인이 상품과 서비스를 수출하거나 수입할 때 루피화를 달러화 등으로 바꾸는 데는 제한이 없지만, 투자 목적으로 루피화를 환전하는 것은 쉽지 않다는 말이다.

　인도 정부는 내국인의 여행 및 기업 업무와 관련된 기본적인 외환거래만을 제한적으로 허용하고, 개인의 해외 투자 한도는 연간 2만 5,000달러로 제한하고 있다. 그러나 2011년까지 개인의 해외 투자 한도를 최대 20만 달러까지 확대하고 해외 계좌의 예금 예치 등도 허용할 방침이다. 2006년 9월 RBI는 오는 2011년까지 개인 및 기업들의 외환거래를 단계적으로 자유화할 방침이라고 발표했다.

　또 연간 5억 달러로 묶여 있는 인도 기업의 해외 자금조달 한도 역시 2008년 9월에는 7억 5,000만 달러, 2011년에는 10억 달러까지 단계적으로 확대한다는 계획이다. 인도 현지에서 영업 중인 뮤추얼펀드들의 해외 투자 허용 범위를 최대 30억 달러까지 확대하는 방안도 검토 중이다.

인도 정부로부터 주식 거래 인증을 받은 외국계 금융기관들이 외국인들을 대상으로 인도 주식 시장에 대한 간접적인 투자 기회를 제공하기 위해 발행하고 있는 participatory notes(p-note)의 단계적 폐지도 검토하고 있다. 'p-note'란 씨티그룹이나 메릴린치 등 외국계 금융기관들이 불특정 외국인 투자자들이 보유하고 있는 인도 기업 주식에 대한 권리를 보장하는 약식차용증서(IOUs) 형태의 파생 금융상품으로, 그동안 외국인 투자자들은 이를 통해 인도 주식 시장에 간접적으로 투자할 수 있었다.

인도가 이처럼 외환거래 자유화에 적극적으로 나선 것은 최근 인도 경제의 성장세가 호조를 보이면서 인도 경제가 외국자본 진출과 자본 유출에 대응할 수 있다는 자신감이 생겼기 때문이다. 또는 2006년 7월에 러시아가 외환규제를 전면 철폐한다고 발표하고, 중국이 외환규제를 지속적으로 완화함에 따라 인도도 경쟁력 제고 차원에서 자본 시장의 문을 열지 않으면 살아남을 수 없다는 절박감이 작용한 것으로 보인다.

인도에 씨티은행 지점이 많은 이유

인도의 은행은 10~12개 정도의 대형 은행을 제외하면 대부분 영세한 은행들이다. 그 중 씨티은행 점포가 눈에 많이 띈다.

씨티은행의 인도 지점은 50개(2006년 5월 기준) 남짓. 그렇지만 인도 정부가 은행에 대한 외국인 투자한도를 5%로 제한하고 있다는 점을 감안하면 적지 않은 숫자임에 분명하다. 씨티그룹은 2005년 5월 인도에서 주택담보대출 영업을 가장 많이 하는 HDFC 은행 지분을 13%로 늘려 최대 주주로 올라서기도 했다. 인도 정부가 비은행 금융회사에 대해 외국인의 투자를 제한하지 않는다는 점에 착안해 인도 중산층의 주택대출 시장을 장악하려는 포석인 셈이다.

세계적인 컨설팅 회사 맥킨지에 따르면, 인도 은행산업의 연간 매출액은 향후 5년간 2배 이상 늘어나 350억 달러(약 35조 원)에 이를 것으로 예상된다.

현재 세계 최저 수준인 인도의 장기 고정금리 주택담보대출(모기지론) 신청비율도 빠르게 늘어날 것으로 전망된다. 2004년 현재 인도 가계의 모기지론 이용금액은 90달러로 중국과 태국의 모기지론 이용 금액이 각각 500달러, 1,466달러라는 점을 감안하면 믿기지 않을 정도이다.

참고로 한국씨티은행에서 원화 계좌를 만들고 100만 원 이상 예치하면 해외에서 수수료 없이 현금카드로 인출할 수 있다. 인도의 대도시에는 현금 자동인출기(ATM)가 많이 보급되어 있다. 지방 단위 은행이 많고 대부분 ATM기가 있다. 또 현금인출기 주변에는 무장경비원이 배치되어 있기 때문에 안심하고 이용할 수 있다. 다만, 은행 환전 비율은 그다지 좋은 편이 아니다.

루피와 페이샤

인도의 통화는 루피(공식 표기는 INR)와 동전 페이샤(Paise)로 나뉘어진다. 1루피는 100페이샤이다. 현재 5루피, 10루피, 20루피, 50루피, 100루피, 500루피, 1,000루피 등이 지폐로 통용되고 있다. 동전 단위는 10페이샤, 20페이샤, 25페이샤, 50페이샤 등이다. 1루피, 2루피 짜리 은행권은 동전 형태로 바뀌면서 발행이 중단됐다. 5루피는 동전으로 발행되나 동전 공급이 부족해 2001년 8월부터 은행권으로도 발행되고 있다.

50페이샤까지의 동전을 '작은 동전(small coins)' 라고 부르고, 1루피, 2루피 5루피, 동전은 '루피 동전(Rupee Coins)' 이라고 불린다.

인도의 시중은행 및 주요 금융기관

상업은행	웹사이트
Allahabad Bank	www.allahabadbank.com
Andhra Bank	www.andhrabank-india.com
Bank of Baroda	www.bankofbaroda.com
Bank of India	www.bankofindia.com
Bank of Maharashtra	www.maharashtrabank.com
Canara Bank	www.canbankindia.com
Central Bank of India	www.centralbankofindia.co.in
Corporation Bank	www.corpbank.com
Dena Bank	www.denabank.com
ICICI Bank	www.icicibank.com
IDBI Bank Limited	www.idbibank.com
Indian Bank	www.indian-bank.com
Indian Overseas Bank	www.iob.com
Industrial Development Bank of India	www.idbi.com
ING Vysya Bank	www.ingvysyabank.com
Karnataka Bank	www.karnatakabank.com
Karur Vysya Bank Limited	www.kvb.co.in
Oriental Bank of Commerce	www.obcindia.com
Punjab & Sind Bank	www.psbindia.com
Punjab National Bank	www.pnbindia.com
State Bank of Bikaner and Jaipur	www.sbbjbank.com
State Bank of Hyderabad	www.sbhyd.com
State Bank of India	www.sbi.co.in
State Bank of Indore	www.indorebank.org
State Bank of Mysore	www.mysorebank.com

상업은행	웹사이트
State Bank of Patiala	www.sbp.co.in
State Bank of Saurashtra	www.sbsbank.com
State Bank of Travancore	www.statebankoftravancore.com
Syndicate Bank	www.syndicatebank.com
The Ratnakar Bank Ltd	www.theratnakarbank.com
UCO Bank	www.ucobank.com
Union Bank of India	www.unionbankofindia.com
United Bank Of India	www.unitedbankofindia.com
Vijaya Bank	www.vijayabank.com
Yes Bank	www.yesbank.in
금융기관	웹사이트
인도농협 (National Bank for Agriculture and Rural Development)	www.nabard.org
수출입은행(Export-Import Bank of India)	www.eximbankindia.com
국립주택은행(National Housing Bank)	www.nhb.org.in
중소기업은행 (Small Industries Development Bank of India)	www.sidbi.com
산업은행 (ndustrial Investment Bank of India Ltd.)	www.iibiltd.com
북동발전금융공사 (North Eastern Development Finance Corporation)	www.nedfi.com

베트남 계좌 개설하기

베트남 점진적 연동환율제도 채택

베트남의 화폐 단위는 동(Dong)이며, VND는 베트남 동(VietNam Dong)의 줄인 말이다. 베트남 화폐의 단위는 100동, 200동, 500동, 1,000동, 2,000동, 5,000동, 1만 동, 2만 동, 5만 동, 10만 동, 20만 동, 50만 동 등 모두 12가지에 달하는데, 특이할 점은 고액권에서 소액권에 이르기까지 오로지 호찌민(胡志明) 한 사람의 초상만이 들어 있다는 사실이다.

호찌민은 프랑스의 식민통치를 몰아내고 미국과의 전쟁을 승리로 이끌면서 베트남의 독립을 이끌어낸 인물. 평생을 청렴하고 검소하게 산 것으로도 유명하다.

그는 베트남에서 빡호(호 아저씨)라고 부릴 정도로 국민들에겐 매우 친근한 인물이며, 1969년 숨진 지 40년이 가까웠지만 여전히 국민들의 추앙을 받고 있다. 그는 유네스코(UNESCO)로부터 세계적인 인물로 선정되기도 했다.

베트남 동화 환율은 2006년 12월 기준으로 1달러당 1만 6,000동 수준이다. 베트남의 환율은 중앙은행(State Bank of Vietnam, www.sbv.gov.vn)이 전일 시장에서 거래된 평균환율을 산출해 기준가격(Official Rate)을 매일 고시하는 방식으로 정해진다. 각 은행들은 고시가격을 기준으로 상하 0.50%의 스프레드를 잡아 전신환 매입율과 매도율을 책정한다.

이에 따라 베트남 대외무역은행(www.vietcombank.com.vn), 아시아상업은행(www.acb.com.vn), 메콩델타주택은행(www.mhb.com.vn), 베트남투자개발은행(www.bidv.com.vn), 베트남상공은행(www.icb.com.vn), 베트남농업은행(www.vbard.com) 등 주요 은행들은 자사의 웹사이트에 당일 외환시세를 안

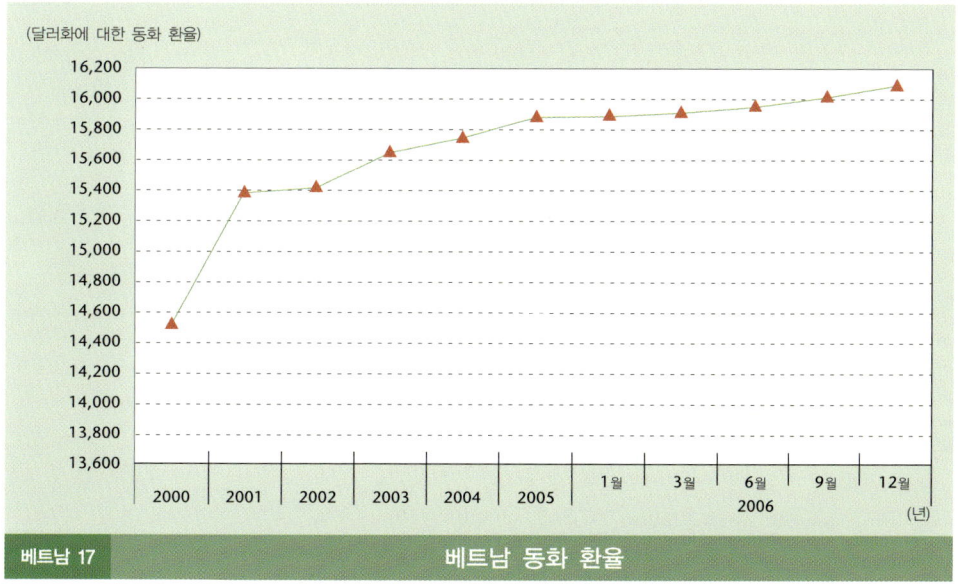

(달러화에 대한 동화 환율)

| 베트남 17 | 베트남 동화 환율 |

* WTO에서는 향후 베트남 VND에 대해서 USD/VND를 VND18,000/USD1으로 잠정적인 가이드라인으로 보고 있음

내한다.

베트남은 1999년 이전에는 고정환율제를 채택했으나 1999년 2월 26일 시장 수급을 반영하는 일종의 변동환율제로 변경해 운용해왔으며, WTO 가입 직후인 2007년 1월 상하 변동폭을 기존 0.25%에서 0.50%로 확대했다. 물론 환율제도 변경에도 불구하고 베트남 정부는 여전히 어느 정도 시장에 개입하고 있다.

베트남의 환율제도는 자금시장의 자율성 확대를 도모하는 한편 변화에 따른 충격을 완화하기 위해 환(換) 평가를 연속적으로 조금씩 변경하는 방식인 점진적 연동환율제도(크롤링 페그, crawling peg) 방식을 취한다.

당초 스프레드가 기준가격대비 0.1%였지만 2002년 0.25%로 확대됐다. 0.1%의 환율변동폭이 너무 제한적이란 지적에 따른 것이다. 물론 국제사회에서 환율정책에 대한 압박이 지속되고 있다. 세계무역기구(WTO)는 향후 1달러당 베트남 동화의 환율을 1만 8,000동까지 가이드라인으로 권유하고 있는 상황이다.

베트남 동화 계설

베트남에서는 미국 달러화 및 베트남 동화 계좌를 모두 개설할 수 있다. 외국인은 베트남국가은행이 인가한 베트남 국내은행이나 외국합작은행 또는 외국은행 베트남 지점을 이용하면 된다.

베트남에서는 개인의 통장 개설 방법이 비교적 간단하다. 여권 원본과 세관신고서만 있으면 된다. 법인 및 개인 사업자의 경우엔 제출서류가 좀 더 복잡한데, 사업자등록증과 대표자 등재확인서, 인감증명서 및 신고된 인감, 과세코드 증명서 등이 필요하며 대표자가 은행을 방문해 자필로 서명해야 한다.

통장에 달러를 입금하거나 출금할 때는 몇 가지 유의할 점이 있다. 개인의 경우 입국 때 세관신고서에 기재한 범위 내에서만 입금이 가능하며, 만약

베트남 18	베트남 계좌 개설 시 필요한 자료
구분	**필요 자료**
개인	1) 여권원본 2) 세관신고서(YELLO PAPER, 유효기간 - 최종 입국일 이후 3개월 이내)
대표사무소 (모든 서류는 공증을 받아야 함)	1) 사업자등록증 (무역부(Ministry of Trade)로부터 발급) 2) 대표자 등재확인서 3) 인감증명서 및 신고된 인감 4) 대표자 내점하여 자필 서명(여권 원본 지참 : 사본 불가)
100% 외국 투자 법인 (모든 서류는 공증을 받아야 함)	1) 투자허가서(각 시 & 성 인민위원회로부터 발급) 2) 대표자 등재확인서(시의 투자기획사무소(Planning & Investment Office)로 　부터 발급된 이사회에 대한 확인서) 3) 인감증명서 및 신고된 인감 4) 과세코드 증명서 5) 대표자 내점하여 자필 서명(여권 원본 지참 : 사본 불가)
합작 법인 (모든 서류는 공증을 받아야 함)	1) 사업자등록증 (투자기획부(Ministry of Planning & Investment)에서 발급) 2) 대표자 등재확인서(투자기획부(M.P.I)로부터 발급된 이사회에 대한 확인서) 3) 인감증명서 및 신고된 인감 4) 과세코드 증명서 5) 대표자 내점하여 자필 서명(여권 원본 지참 : 사본 불가)
개인사업자 (모든 서류는 공증을 받아야 함)	1) 사업자등록증 (투자기획사무소(Planning & Investment Office)로부터 발급) 2) 인감증명서 및 신고된 인감 3) 과세코드 증명서 4) 대표자 내점하여 자필 서명(여권 원본 지참 : 사본 불가)

출처 : 코트라 2005 베트남 비즈니스스쿨 강의자료(작성 : 신한은행 호찌민 지점)

소유한 달러를 입국 시 세관에 신고하지 않으면 베트남 현지에서 7,000달러까지만 통장에 입금할 수 있다.

베트남에 거주하는 외국인이라면 베트남 현지에서 급여증빙서류나 소득세 납세필증상의 금액 범위 내에서만 달러를 입금할 수 있다. 물론 해외에서 송금된 금액은 지정계좌로 전액 입금이 가능하다. 법인은 현금으로 입금할 수 없으며 해외에서 송금을 통해 지정계좌로 입금할 수 있다.

달러화로 출금할 때 개인은 현금인출에 제한이 없으며, 본인 계좌의 잔액을 이용한 송금도 비거주자인 경우 제한이 없다. 법인은 외국인 근로자에 대한 급여 및 상여금 지급, 해외출장경비 지급의 경우 증빙서류를 통해 현금인출이 가능하다.

달러 현찰을 인출할 경우 4,000달러까지는 수수료가 없다. 4,000달러 초과부터 1만 달러까지의 경우 0.44%(부가세 10% 포함), 1만 달러 초과인 경우에는 1.1%(부가세 10% 포함)의 현찰수수료가 발생한다.

베트남 국내 은행으로의 송금은 미국 달러화나 베트남 동화 모두 가능하다. 다만, 아직 온라인 시스템이 제대로 구축되지 않아 통상 2~3일 정도 소요된다.

베트남에서 납세의무만 잘 준수하면 동화의 달러화 환전이나 외국으로의 송금에 특별한 제한이 없다. 즉, 외국인이 정당하게 취득한 이익금의 대외송금(對外送金), 즉 과실송금을 보장하고 있다. 법인의 경우 현지에서 발생한 이윤을 송금할 경우 국가협력투자위원회(SCCI)와 세무서의 허가를 통해 우리나라로 돈을 보낼 수 있다.

달러화로 예금할 경우 연 4% 이상의 금리를 받을 수 있다. 동화의 이자는

상품종류	예금금리 개인 VND	개인 USD	법인 VND	법인 USD	상품종류 (대출금리)	VND	USD
당좌예금	2.4	1.25	2.4	0.5	I. 단기		
저축예금	2.4				+ Service and trade	10.44	5.8
하룻밤					+ Individual consumption	10.2	
1주					+ Manufacturing for domestic market	10.2	
2주					+ Export (L/C not yet opened)		
1달	6.24	3.7	6.96		+ Export (L/C opened VCB)		
2달	6.84	3.8	7.2		+ Export(L/C negotiable in VCB)		
3달	7.44	4.2	7.56	0.85	+ VCB Credit card10.08		
6달	7.8	4.4	7.8	1.2	+ Mortgaged by Savings FD,NCD		
9달	8.04	4.55	8.16	1.35	II.중기		
12달	8.4	4.85	8.4	1.5	+ For all economic sectors	12	
18달	8.52	4.85	8.76		+ Mortgaged by Savings FD,NCD		
2년	9	4.9	9		III.장기		
3년	9.12	5	9.12		+ For all economic sectors	12.6	
4년			9.24		+ Mortgaged by Savings FD,NCD		
5년	9.36	5.1	9.36		IV. 어음할인율	10.08	5.55
					+ Export L/C		
					+ Fixed Deposit, NCD		

이보다 2배 가량 높은 수준이다. 한 달 맡기면 연 6% 정도, 1년이면 연 8% 의 금리가 붙는다. 국내은행 베트남 지점의 이자율은 현지 로컬은행(베트남 국내은행)에 비해 낮지만 언어 장벽이 없고, 사업자의 경우 대출과 관련한 다 양한 부가서비스를 받을 수 있다는 것이 장점이다. 대출금리는 현지 로컬

은행 기준으로 달러화의 경우 단기로 5%대, 동화는 장단기 10~12% 수준 이다.

유의할 점은 달러화를 베트남 현지에서 동화로 환전해 입금했다면 나중에 동화를 달러로 바꿔 다른 나라로 송금하는 데 애를 먹을 수 있다. 기본적으로 베트남으로 유입된 달러 중 확인된 금액에 대해서만 국외 인출이 허용되기 때문인데, 달러화의 유출을 통제하겠다는 의도가 담겨 있다.

다시 말하면 해외에서 송금 방식으로 계좌에 입금된 달러나 베트남 현지에서 꼬리표를 확인해 입금된 달러화의 경우에는 투자원금과 투자수익 전액을 달러로 바꿔 나가는 데 문제가 없다. 하지만 베트남에서 굳이 달러화를 동화로 바꾸어 입금할 경우에는 외국에서 달러자금이 들어왔다고 입증할 수가 없다. 이에 따라 투자원금과 수익금을 동화로 인출할 수는 있지만 달러화로 교환해 해외로 송금할 수는 없다.

세계 최고의 성장시장 아시아 황금시장에 투자하라

초판 1쇄 인쇄   2007년 4월 2일
초판 1쇄 발행   2007년 4월 10일

지은이 | 김현동 지영한
펴낸이 | 한 순 이희섭
펴낸곳 | 나무생각
편집 | 김현정 이은주
디자인 | 노은주 임덕란
마케팅 | 나성원
경영지원 | 손재형 김선영
출판등록 | 1998년 4월 14일 제13-529호
주소 | 서울특별시 마포구 서교동 475-39 1F
전화 | 02)334-3339, 3308, 3361
팩스 | 02)334-3318
이메일 | tree3339@hanmail.net namu@namubook.co.kr
홈페이지 | www.namubook.co.kr

ⓒ 김현동 · 지영한, 2007

ISBN 978-89-5937-129-7 03320